ULRICH WARNKE

Quantenphilosophie und Spiritualität

Ulrich Warnke

Quantenphilosophie und Spiritualität

Wie unser Wille Gesundheit und Wohlbefinden steuert

GOLDMANN

Dieses Buch erschien erstmals 2011 unter dem Titel *Quantenphilosophie und Spiritualität. Der Schlüssel zu den Geheimnissen des menschlichen Seins* im Scorpio Verlag in München.

Sollte diese Publikation Links auf Webseiten Dritter enthalten, so übernehmen wir für deren Inhalte keine Haftung, da wir uns diese nicht zu eigen machen, sondern lediglich auf deren Stand zum Zeitpunkt der Erstveröffentlichung verweisen.

MIX
Papier | Fördert
gute Waldnutzung
FSC
www.fsc.org   FSC® C014496

Penguin Random House Verlagsgruppe FSC® N001967

12. Auflage
Vollständige Taschenbuchausgabe Februar 2017
© 2017 Wilhelm Goldmann Verlag, München,
in der Penguin Random House Verlagsgruppe GmbH,
Neumarkter Str. 28, 81673 München
© 2011 by Scorpio Verlag GmbH & Co. KG, München
Umschlag: HAUPTMANN & KOMPANIE Werbeagentur, Zürich,
Umschlagmotiv: © Shutterstock
fm · Herstellung: cb
Satz: Buch-Werkstatt GmbH, Bad Aibling
Druck und Bindung: GGP Media GmbH, Pößneck
Printed in Germany
ISBN 978-3-442-22179-0

www.goldmann-verlag.de

INHALT

Kapitel 8

UMSETZUNG DES NEUEN UND DES ALTEN WISSENS 223

Kapitel 9

DIE ALCHEMIE WEIST DEN WEG 253

LITERATUR 276

REGISTER 285

VORWORT

Wer hat den Zugvögeln beigebracht, sich über Tausende von Kilometern zu orientieren? Wie können manche Menschen »wissen«, dass es zu einer Naturkatastrophe kommen wird? Wo sind unsere Erinnerungen verborgen? Was ist Geist, was Materie und was Seele?

Fragen wie diese beschäftigen mich schon, seit ich zurückdenken kann. Und ich habe meine Interessen zum Beruf machen können. Nach Examen und Promotion im Fach Biologie wurde ich von der Universität zum »Lehrer für besondere Aufgaben« ernannt und bekam Lehraufträge in allen für das Leben wichtigen Fachbereichen. In meinen Vorlesungen und Seminaren ging es um Themen aus den Bereichen Biophysik, Biomedizin, Umweltmedizin, Bionik und Physiologische Psychologie. Meine Arbeitsgruppe konstruierte nicht-invasive physikalische Therapiesysteme, die in der Medizin gute Erfolge erzielten. Ich hatte also jahrzehntelang das Privileg, sozusagen »über den Tellerrand« der einzelnen Fächer hinausschauen und fachübergreifend Biologie, Psychologie, Physik sowie Medizin und Technik miteinander verbinden zu können. Die interdisziplinären Erkenntnisse, die ich auf diese Weise gewann, konnte ich dann auf den biologischen Organismus im Allgemeinen und auf den Menschen im Besonderen anwenden. Letztlich ging es immer um die Frage: »Wie sind wir aufgebaut, wie funktionieren wir, wie bleiben wir gesund und wie können wir mit sanften Hilfsmitteln Einfluss auf die Vorgänge in unserem Organismus nehmen?«

Damals war es üblich, die Molekularphysik (Chemie) als Basis des Lebens zu betrachten. Auf dieser Grundlage bauten alle Lebensfunktionen (Physiologie) auf und darüber thronte das gesamte Verhalten (Psychologie). Aber wie gelang es den Organismen, dass sich entscheidende Vorteile für ihr Leben daraus ergaben?

In diesem Zusammenhang stellte sich immer auch die Frage nach dem Zusammenwirken von Geist und Materie. Warum können wir mit unserem Willen, einem rein geistigen Prinzip, beliebig die Materie beispielsweise unserer Arme und Beine bewegen? Warum können wir Worte und Sätze bilden, wenn wir es wollen? Wo sind unsere Erinnerungen verborgen? Wo kommen unsere Gefühle her? Warum haben wir einen inneren Hang zur Spiritualität?

Meine alten Fragen waren immer noch nicht beantwortet, und neue waren hinzugekommen. Auch sie konnte ich letztlich nicht beantworten – und vielen anderen, größeren und bedeutenderen Naturwissenschaftlern als mir ging und geht es nicht anders. Es gibt natürlich auch immer diejenigen, die sich keine solchen Fragen stellen, weil sie sich an das vermeintlich Selbstverständliche, an das Mess- und Berechenbare halten. Und das scheint zunächst auch der einfachere Weg zu sein: nicht zu fragen, was Materie ist, was Geist und Seele sind, kurz, die Frage nach dem Wesen des Lebens ganz auszuklammern.

Mir wurde schnell klar, dass die Molekularphysik, eine wichtige Grundlage meines wissenschaftlichen Arbeitens, zur Beantwortung der entscheidenden Fragen nicht ausreichte. Es musste noch mehr geben. Ich stand also vor der Aufgabe, herauszufinden, wer wir wirklich sind und wie wir werden können, was wir wirklich sind.

Wenn man sich als Naturwissenschaftler vor dem Hintergrund dessen, was Quantenphysiker vor noch nicht allzu langer Zeit herausgefunden haben, auf die Suche nach Antworten auf die drängenden Fragen des Lebens macht, wird man nach und nach fündig und stellt schließlich erstaunt fest, dass Menschen zu allen Zeiten und aus allen Kulturen Zugang zu einem Wissen hatten, das wir uns heute erstaunlich mühsam wieder aneignen müssen.

Offenbar hat uns unser vermeintlich sicheres und beweisbares Wissen den Erfahrungen der Altvorderen gegenüber überheblich gemacht. Nüchtern und »wissenschaftlich« haben wir die Welt betrachtet – bis sie uns eines Besseren belehrte.

Ulrich Warnke, April 2011

Kapitel 1

WISSENSCHAFT UND SPIRITUALITÄT – UNVEREINBARE GEGENSÄTZE?

»Jeder, der sich ernsthaft mit der Wissenschaft beschäftigt, gelangt zu der Überzeugung, dass sich in den Gesetzmäßigkeiten der Welt ein dem menschlichen ungeheuer überlegener Geist manifestiert, dem gegenüber wir mit unseren bescheidenen Kräften demütig zurückstehen müssen.«

Albert Einstein

Wissenschaft setzt sich zusammen aus Hypothese oder Theorie, aus Beobachtung, Erfahrung und aus Glauben. Daraus entstehen Modelle, nicht die Wahrheit. Keiner weiß, wann ein wissenschaftliches Modell lediglich ein Hilfsmittel ist und wann die wahre Wirklichkeit beschrieben ist. Das Modell ist immer nur ein Beispiel für den Dialog zwischen Geist und Natur; es erklärt aber weder Geist noch Natur. Um eine Theorie aufstellen zu können, wird ein Rahmen um ein ausgesuchtes Problem gelegt, also ein Ausschnitt aus der Natur gewählt. Keinesfalls betrifft das die Wirklichkeit. Die Wissenschaft konstruiert immer und ausschließlich geistige Modelle von natürlichen Prozessen.

DER MENSCH, DAS IMMER
NOCH GEHEIMNISVOLLE WESEN

Der Mensch hat enorme geistige Fähigkeiten, doch die meisten von uns nutzen sie nicht – wissen nicht einmal, dass sie vorhanden sind.

Dabei brauchten wir uns nur zu fragen, warum unser Körper überhaupt funktioniert. Wie kommt es, dass ich sprechen oder laufen kann? Oder nehmen wir ein ganz einfaches Beispiel für unsere willentliche Motorik: »Ich will jetzt meinen rechten Arm heben«, sage ich – und die Materie des Armes hebt sich tatsächlich gegen die Schwerkraft.

»Das ist ja lächerlich simpel« – sagen Sie vielleicht spontan und aus der Gewohnheit heraus. Aber schauen Sie sich den Satz, der mit »Ich will ...« beginnt, einmal genau an. Ich frage Sie: »Wer ist ›ich‹? Wer oder was ist ›mein Wille‹? Und warum kann ich mit einem geistigen Prinzip – das mein Wille ja wohl ist – die Materie meines Armes beeinflussen?« Denn dieser gehorcht in seiner mechanischen Bewegung exakt meinem Willen, sofern mein Körper unversehrt ist.

Das erste Geheimnis lässt sich also wie folgt umschreiben: Geist steuert die Materie unseres Körpers in jedem Augenblick unseres täglichen Lebens. Wie sonst könnten wir mit nichts anderem als unserem Willen – einem puren geistigen Prinzip – sprechen, laufen und alle anderen motorischen Aktivitäten ausführen? Warum haben wir dieses Geheimnis bis heute nicht aufgeklärt?

Die Kernaussage dieses Buches ist provokativ. Deswegen werde ich sie auf den folgenden Seiten mehrmals wiederholen und auch gleich hier an den Anfang stellen:

Ohne Bewusstsein existiert nichts – tatsächlich überhaupt nichts auf dieser Welt. Alles, wirklich alles, was wir über diese Welt wissen; alles, was unsere Welt ausmacht, alles Erdenkliche ist bis zu diesem Zeitpunkt immer und ausschließlich über ein menschliches Bewusstsein gelaufen.

Wenn es kein Bewusstsein gibt, kann auch nicht bewiesen werden, dass es die Welt und das gesamte Universum gibt. Wenn nirgendwo ein Bewusstsein vorhanden ist, gibt es auch keine »Ichs«, keine Umwelt, keine Natur, keine Sonne, keinen Kosmos. Daraus folgt im Umkehrschluss, dass das Bewusstsein alles erschafft – alles, was existiert; alles, was wir über unsere Sinne erfahren; alles, was wir erleben; alles, woran wir uns erinnern.

Wir machen uns die wahren Wunder einfach nicht klar. Es grenzt doch beispielsweise an ein Wunder, dass wir unseren Körper mithilfe unseres Bewusstseins dirigieren können. Wir laufen, wir heben, wir greifen, weil wir es wollen. Unser Wille hat die Macht, all das zu bewirken. Nun ist der Wille aber ein rein informatives Prinzip, während Laufen, Heben oder Greifen immer mit einer Änderung der Körpermaterie einhergehen: Nerven werden aktiviert, Muskeln verkürzen sich. Mein Wille und meine Gedanken haben einen Einfluss auf die Materie. Die entscheidende Frage ist nun: Wie und wo findet jene Transformation eines geistigen Impulses statt, die zu einer reinen Beeinflussung der Materie führt? Was genau passiert, wenn ich beispielsweise meinen Arm hebe? Was passiert, wenn der Wille die Materie aufruft, etwas zu tun?

Es fließen offensichtlich Informationen. Informationen vermitteln zwischen Geist und Materie. Schauen wir uns also an einem Beispiel an, welche wichtige Rolle die Information auf der Quantenebene spielt.

Was bewirkt ein willentlich (durch Information) ausgelöster Einfluss auf die Materie, wenn ich zum Beispiel den Arm hebe?

> Damit ich den Arm heben kann, müssen Muskeln kontrahieren.

> Damit Muskeln kontrahieren können, müssen Membrane für bestimmte Minerale (Natrium, Kalium, evtl. Chlorid)

durchlässig gemacht werden (Auslösen eines elektrischen Aktionspotenzials).

> Damit Membrane durchlässig werden, müssen bestimmte Proteine/Enzyme die Membrantore bewegen und öffnen.

> Damit Proteine/Enzyme die Membrantore öffnen können, müssen sie ihre Form/Struktur/Gestalt (Konfiguration) in eine neue Form/Struktur/Gestalt (Konformation) verwandeln.

> Damit eine Verwandlung in die aktive Protein-Konformation stattfinden kann, müssen Kraft- und Zeitoperationen auf die Molekülbindungen der Proteine/Enzyme einwirken.

> Für diese Kraft- und Zeitoperationen müssen Spins ihre Eigenschaften (universal verbreitete Wellenfunktion) ändern.

> Damit Spins ihre Eigenschaften ändern können, müssen Informationen fließen.

> Wille/Geist/Psyche/Bewusstsein kanalisieren diese Informationen.

> Erst wenn all diese Voraussetzungen erfüllt sind, kontrahiert der Muskel.

Ein geistiges Prinzip, mein Wille, hat also ursächlich (kausal) eine Kraft an Molekülbindungen erzeugt. Doch wie kann diese vom Geist ausgelöste Kraft wirken? Wodurch wird sie ausgelöst? Jede Kraft setzt zwingend Energie voraus. Doch woher kommt diese Energie? Wie kann sich mein Ich diese Energie nutzbar machen, wie kann es sie dirigieren? Wir haben noch keine endgültigen Antworten auf diese Fragen, aber wir kennen die Phänomene und haben sowohl Modelle als auch Hinweise.

Der Prozess, in dessen Verlauf Energie auf eine molekulare Konstruktion in Raum und Zeit einwirkt, folgt den Gesetzmäßigkeiten der Quantenphysik.

Auch das Bewusstsein moduliert offensichtlich derartige molekulare Raum-Zeit-Gebilde und folgt dabei den Gesetzmäßigkeiten der Quantenphysik.

Aufbau und Funktion des lebenden Organismus zu ergründen gehört zu den Aufgaben der Naturwissenschaft. Das Wirken einer »geistigen Kraft« im Leben dieses Organismus wurde bisher von der Disziplin Philosophie bearbeitet.

Die neue Physik stellt nun fest, dass auf elementaren Ebenen unseres Lebens ein fließender Übergang stattfindet und eine strikte Trennung der beiden Forschungsdisziplinen unmöglich ist. Offiziell wird der Bereich, in dem sie sich überschneiden, mit dem Begriff Quantenphilosophie umschrieben. (Neuser und Neuser-von Oettingen 1997)

Information und subjektives Bewusstsein steuern Materie. Das war eine der folgenreichsten Erkenntnisse, die sich aus den Forschungen der neuen Physik ergeben haben. Und wenn man diese Erkenntnisse ganz allgemein auf die Naturwissenschaften anwendet, kann man sagen, dass wir definitiv einen Fehler machen, wenn wir die zusammengehörigen Paare Information und Bewusstsein einerseits und Spiritualität und Geist andererseits als vermeintlich unwissenschaftlich aus der Medizin verbannen. Wie kommt es, dass die Medizin der Naturvölker laut WHO ähnlich gute Erfolge zu verzeichnen hat wie die westliche Schulmedizin? Dürfen wir in den wissenschaftlichen Nachweisen zur Wirkung von Pharmazeutika weiterhin Placebos verwenden – auch wenn wir nicht wissen, wie sie wirken und warum? Dürfen wir die zahlreichen wissenschaftlichen Veröffentlichungen über ein Phänomen namens *Remote Viewing* (Situationssehen auf Entfernung; Puthoff 1996) und die wissenschaftlichen Berichte über Fernheilung weiter ignorieren? (Siehe auch Kapitel 4.)

DIE GESELLSCHAFT FRÖNT DOGMEN UND PARADIGMEN

Wenn wir Aufbau und Funktion des Menschen betrachten, tun wir das meist auf der Basis der Molekularphysik. Darauf aufbauend, kann die Anatomie/Morphologie beschrieben werden, die wiederum Grundlage der Physiologie (Funktion) ist. Mit der Physiologie Hand in Hand geht schließlich das Verhalten, was wir mit Psyche umschreiben. Dieses Bild des Menschen wird eingegliedert in ein mehr oder weniger mechanistisches Weltbild, das in seiner Kausalität von Newton entwickelt wurde und seither als streng wissenschaftlich gilt. Übersehen wird, dass es sich bei diesem Weltbild ebenso wie bei unserem modernen Wissenschaftsbegriff um ein Paradigma handelt. »Ein Paradigma ist nichts anderes als eine Abstraktion, die sich eine Gesellschaft in einer bestimmten Phase ihrer Geschichte zu eigen macht«, sagt Shimon Malin (Malin 2003), und damit ist eigentlich alles gesagt: Wir machen uns diese Abstraktion zu eigen, halten sie für die Wahrheit und verfahren mit allem, was nicht dazu passt, nach dem Motto: Was nicht sein darf, ist auch nicht.

Es mehren sich jedoch die Hinweise darauf, dass wir das Leben und unsere Welt nicht richtig verstanden haben. Was Lebewesen in ihrem Kern ausmacht, ist eine Frage, die sich die heutige Naturwissenschaft nicht stellt. Wohl aber erklärt sie uns, dass lebende Organismen mithilfe von Regelkreisen wie Maschinen funktionieren. Es besteht kein Zweifel daran, dass die heutige wissenschaftliche Medizin das menschliche Leben einseitig auf einer Ebene erforscht, die nur einen Teilaspekt unseres Lebens darstellt: die Materie des Körpers, ihre Form und Funktion. Die Verfechter des biologischen Materialismus betrachten den Menschen und andere Organismen als eine Art von Genmaschinen. Mittlerweile wird jedoch immer deutlicher, dass diese Sichtweise zu eng ist für eine Welt, in der Materie zum kreativen Element werden kann – weil sie vom Geist gesteuert wird. Daraus ergibt sich zwingend, dass sich auch Begriffe wie Wirklichkeit inhaltlich von Grund auf ändern. Der aktuelle Paradigmenwechsel bringt eine völlig neue Sichtweise des Menschen und seiner Rolle im Kosmos mit sich.

Das geht natürlich auch die Medizin an. Eine neue medizinische Wissenschaft muss ihren Horizont erweitern und bei der Erforschung der biologischen Aspekte einer Krankheit auch die psychische Situation des Patienten, seine Persönlichkeit und sein soziales Umfeld einbeziehen.

Krankheit und Heilung sind Prozesse, in denen sich der Organismus selbst organisiert. Und da der Geist diese Selbstorganisation maßgeblich steuert, sind Krankheit und Heilung vor allem geistige Phänomene. Dies mag auch der Grund für die sich epidemisch ausbreitenden psychosomatischen Funktionsstörungen sein. Jeder Dritte ist laut Untersuchungen der Universität Dresden und des Max-Planck-Instituts München inzwischen davon betroffen. Die Veranstalter des Arbeitsschutz-Kongresses *Moderne Berufskrankheiten,* der 2001 in München stattfand, errechneten die Folgekosten von sozialem und mentalem Stress: 85 Milliarden Euro für die Wirtschaft und 100 Milliarden für den Staat. Die Ärzteschaft hat nur wenige probate Mittel und Heilverfahren dagegenzusetzen.

Offensichtlich ist es an der Zeit, dass sich Biologie und Medizin für die Ergebnisse der neuen Physik interessieren. Warum?

Medizin ist eine angewandte Naturwissenschaft, die sich vor allem auf die Fachgebiete Chemie, Pharmazie und Biologie stützt. Und weil die Quantenphysik in diesen Disziplinen eine große Rolle spielt, sollte sie auch Teil der Medizin sein. Doch genau das ist in den Köpfen der meisten Mediziner noch nicht angekommen. Nun gibt es ein Nichtwissen, das entschuldbar ist. Ungünstiger wirkt sich jedoch das weitverbreitete »dogmatische Wissen« aus, jenes vermeintliche Wissen, das auch dann noch als unantastbar vertreten wird, wenn sich das vertraute Weltbild, auf dem es basiert, längst als falsch herausgestellt hat und bereits gründlich revidiert wurde.

Die westliche Wissenschaft zerfällt in zahllose Disziplinen und Fachrichtungen, die sich mit immer enger begrenzten Spezialgebieten beschäftigen, sich aber untereinander so gut wie gar nicht austauschen. Das kann durchaus sinnvoll sein, wenn die technische Verwertbarkeit des Erforschten im Mittelpunkt steht. Nicht sinnvoll ist diese Aufgliederung jedoch, wenn es um Menschen geht. Da hat sich die zunehmende Spezialisierung der Experten und ihr Bemühen, das »System Mensch« in immer

Wie wir in diesem Buch immer wieder feststellen werden, unterliegt unsere Ich-Instanz den Prinzipien der Quantenphilosophie:

> Sie schaltet Kräfte an Massen.
> Sie kann über beliebige Entfernungen wirken.
> Sie kennt weder Vergangenheit noch Zukunft, sondern nur das immerwährende Jetzt.
> Sie ist Teil eines universellen Energie- und Informationsfelds.
> Sie ist fähig, quasi durch Programmierung dieser universellen Matrix Geschehnisse hervorzurufen.

kleinere Funktionseinheiten zu zerlegen und sie alle unabhängig voneinander zu betrachten, offenbar nicht als der Weisheit letzter Schluss erwiesen. Im Gegensatz dazu stellt sich der menschliche Organismus aus Sicht der Quantenphilosophie als ein unendlich komplexes System von Beziehungen dar, das sich keinesfalls in einzelne geschlossene Systeme zerlegen lässt. Die Komponenten des Geschehens lassen sich nicht von ihrem gemeinsamen Ursprung trennen.

Es ist also ein Dogma, wenn immer wieder betont wird, dass aufgrund der molekularen Beschreibung letztlich das einzig mögliche naturwissenschaftliche Wissen über den Menschen zustande kommen kann, das die Welt in unzählige Teile zerlegt, die als Folgen von Ursachen angesehen werden, die aber voneinander unabhängig existieren und keine ersichtliche Beziehung zu einem spirituellen Ganzen haben.

Eine ausschließlich kausale Weltsicht zielt allein darauf ab, sich die gesamte Natur technisch-kommerziell anzueignen. Bis heute wird die Quantenphysik höchst selten in der Molekularbiologie angewendet, obwohl diese Biologie allein darauf beruht.

Genau das ist die Ursache dafür, dass der holistische Charakter der Welt bisher keine Beachtung gefunden hat. Eine gewisse Ehrfurcht vor der überaus intelligenten Schöpfung bleibt dann zwangsläufig aus, und einer spirituellen Komponente im Geschehen wird massiv widersprochen. Die zielgerichtete Denkweise gerade auch in der Evolution wird zugunsten einer rein kausalen Denkweise aufgegeben, was in eine Sackgasse führte.

Der Physiker Wolfgang Pauli hat diesen Mangel in Bezug auf die Evolutionstheorie bereits 1954 beschrieben: »Dieses Modell der Evolution ist ein Versuch, entsprechend den Ideen der zweiten Hälfte des 19. Jahrhunderts, an der völligen Elimination aller Finalität theoretisch festzuhalten. Dies muss dann in irgendeiner Weise durch Einführung des Zufalls ersetzt werden.«

Natürlich können wir zum Beweis spiritueller Gesetzmäßigkeiten keine Messinstrumente einsetzen. Wir können aber unser Bewusstsein dahin ausrichten, die gewöhnliche Wahrnehmung zu erweitern.

Die traditionellen spirituellen Wissenschaften haben angewandte Quantenphilosophie betrieben, um aus abstrakten Möglichkeiten konkretes Wissen abzuleiten. Doch wie kann man abstrakte Möglichkeiten wahrnehmen? Auf diese Frage gab der tschechische Mathematiker Kurt Gödel 1930 eine hochaktuelle Antwort, mit der wir uns in Kapitel 8 noch ausführlich beschäftigen werden:

1. Zunächst muss man alle anderen Sinne schließen, indem man sich zum Beispiel an einem ruhigen Ort niederlegt. Es reicht jedoch nicht aus, einfach nur diese negative Handlung auszuführen, man muss auch aktiv mit dem Geist suchen.

2. Es ist ein großer Fehler, zuzulassen, dass die alltägliche Wirklichkeit die Möglichkeiten begrenzt und bedingt, weil man sich dann nur die Kombinationen und Permutationen physischer Objekte vorstellen kann. Der Geist ist in der Lage, unbegrenzte Mengen direkt wahrzunehmen.

3. Das Ziel solcher Gedanken und aller Philosophie ist die Wahrnehmung des Absoluten.

Und auf die Frage, ob Gödel an die Existenz des Geistes oder eines spirituellen Ganzen hinter den vielfältigen Erscheinungen und Aktivitäten dieser Welt glaube, antwortete er, der Geist existiere unabhängig davon. Gödel führte weiterhin aus, er teile die Auffassung aller großen mystischen Traditionen, dass der Geist nicht auf das menschliche Gehirn begrenzt ist, sondern überall existiert. (Schmieke 2009)

Es gibt mittlerweile viele anerkannte Wissenschaftler, die bestens belegte Argumente dafür liefern, dass die traditionellen Weisheiten sehr genau mit den Erkenntnissen der modernen Physik übereinstimmen. Aber woher hatten die Altvorderen ihr Wissen, das wir uns heute mühselig über Theorie und Experiment aneignen müssen?

Es handelt sich höchstwahrscheinlich um durch Innenschau oder Versenkung gewonnene Erkenntnisse. Im Mittelpunkt dieser Innenschau steht das sogenannte Einheitserlebnis. Es entspricht der Erfahrung eines undifferenzierten, unpolarisierten »Urfelds«. Ich nenne es das »Meer aller Möglichkeiten«. Aus diesem Urfeld heraus sind offensichtlich viele bedeutende Erkenntnisse gewonnen worden und auch heute noch zu gewinnen, und zwar für jeden.

Kann das von der Wissenschaft akzeptiert werden?

Seit vielen Jahrzehnten ist gut definiert, was wir als Naturwissenschaft bezeichnen und was als Geisteswissenschaft. Verbindungen zwischen diesen beiden Disziplinen gab es kaum. Doch mittlerweile erkennen Wissenschaftler überall auf der Welt, dass wir mit diesen Abgrenzungen falsch liegen. Immer mehr Erfahrungen und Fakten sprechen dafür, dass an entscheidenden Schnittstellen in der Mikrowelt Energie und als Folge physikalische Kraft einerseits und Information als Bestandteil eines Geistfelds andererseits zusammenfließen. Aus diesem Zusammenfluss wird laufend erzeugt, was wir schließlich als »das Leben« erfahren – das, was wir erleben.

Werner Heisenberg sagte einmal: »Das Argument, lebende Organismen seien nur mit den Gesetzen der Physik und Chemie zu erklären und es gäbe keine Vitalitätskraft, stimmt nicht mit der modernen Quantentheorie überein.« (Ludwig 1994)

Kräfte-Wechselwirkungen werden durch Quantenfelder beschrieben. Quantenfelder bestehen aus Quantenteilchen. Quantenteilchen bestehen aus Quantenbits. Die von uns wahrgenommene Materie enthält dies alles. Sie hat ihre Form/Struktur/Gestalt also durch pure Quanteninformation erhalten. Alle Quanteninformationen sind als Möglichkeiten in einem universellen Urfeld niedergelegt.

»Quanteninformation ist Grundsubstanz; sie zeigt, dass die Materie im Prinzip aus demselben Stoff ist wie unsere Gedanken.« (Görnitz 2007)

IST DIE NATURWISSENSCHAFT LEBENSFREMD?

Es fällt immer mehr auf, dass die naturwissenschaftlichen Disziplinen lediglich die Erscheinungen des Lebens untersuchen, aber nicht erklären können, was Lebewesen tatsächlich sind. Die Wissenschaft geht davon aus, dass sich die Formen der Natur nach und nach selbst aus dem Sternenstaub entwickelt haben. Aminosäuren, die Bausteine dieser Formen, wurden und werden ständig im Universum synthetisiert. Sie befinden sich also auch in Meteoriten. Kann das die Entstehung der Lebensformen erklären?

Darwins Theorie zum Auftreten neuer Arten, der zufolge die natürliche Auslese auf Zufallsmutationen beruht, ist lediglich eine spekulative Idee und nicht im Geringsten bewiesen. Kann Leben – biologische Ordnung und Information – tatsächlich von selbst entstehen und sich fortentwickeln? Was spricht dagegen?

Nehmen wir als Beispiel eine weitverbreitete Formkonstruktion: ein Flagellum. Das ist ein Rotationsmotor, mit dem sich ein Kleinstlebewesen fortbewegt – ein Gebilde von außerordentlicher Komplexität. Das Bakterium *Escherichia coli* besitzt sechs dieser Ultraminiatur-Elektromotoren (30 nm lang), deren Rotor, Stator und Lager sich in und zwischen der inneren und äußeren Abschlussmembran des Bakteriums befinden.

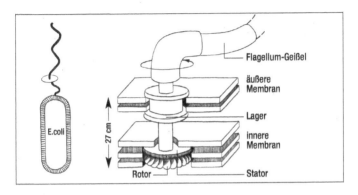

Die innere Membran ist ein Dielektrikum eines Kondensators, innen negativ mit 0,2 Volt. H^+-Protonen fließen durch den Motor nach innen und treiben durch elektrische Kräfte den Motor an. Er kann mit jeweils 100 Umdrehungen pro Sekunde vorwärts und auch rückwärts rotieren.

Ist es denkbar, dass ein so intelligenter Bauplan durch rein zufällige Mutation der DNA mit vielen Tausend Nukleotiden entstanden ist? Und wo bitte ist eine Vorstufe dieses Motors, der ja laut These durch Selektion optimiert worden sein soll? Ein Rotationsmotor, der noch nicht zur Drehung fähig ist, hat in diesem Fall keinen Selektionswert. Denn konstruiert wurden diese sechs Motoren ja, damit Kolibakterien zu den höchsten Nährstoffkonzentrationen navigieren und sich außerdem aktiv von hohen Schadstoffkonzentrationen entfernen können.

Das Prinzip des H^+-Protonenflusses durch eine Membran wird in Bakterienstrukturen auch zur Bildung von ATP-Energie in Zellen verwendet. Diese Bakterien sind in unsere Zellen eingewandert und leben dort in Symbiose. Wir erhalten Energie von ihnen, indem sie die Elektronen aus unserer Nahrung herauspicken. Sie profitieren von einem besser geschützten Eigenleben.

Mithilfe der ATP-Energie entsteht dann ein molekularer Linearmotor, der in jedem Muskel arbeitet: Ein ATP-getriebener Kick des Proteins Myosin verschiebt die Membran um etwa ein hunderttausendstel Millimeter gegen das Aktin-Proteinkabel. Da der Motor mit hoher Geschwindigkeit nacheinander immer wieder die gleichen Abstände verarbeitet, verkürzt sich die Muskelfaser.

Eine geeignete Kombination von Aminosäuresequenzen für die Bildung der notwendigen Motorapparaturen würde laut Kalkulation per Zufall 10^{-85} betragen. Das heißt: Von 10^{85} Zellen trägt im Durchschnitt eine einzige die notwendige Kombination von Mutationen. Selbst wenn alle Urmeere voller Bakterienleben gewesen wären, könnte man in einer Milliarde Jahren nur 10^{45} Individuen erwarten. Die Gesamtwahrscheinlichkeit dieses Ereignisses ist also $10^{-85} \times 10^{45} = 10^{-40}$.

Um diese Zahl zu verdeutlichen: Die Chance, eine Stecknadel von 1 mm^3 im gesamten Erdinnern zufällig zu finden, liegt bei 10^{-32}. Das bedeutet, dass das beschriebene Ereignis unmöglich von allein eintreten kann.

Auch zum Planungsprinzip stehen viele Fragen im Raum. Einzelteile müssen ja von vornherein so konstruiert sein, dass sie letztlich in wechselnden Kombinationen zusammenpassen (Baukastenprinzip). Wo sind die Bauanleitungen?

Über die Ursachen, die zu Form/Struktur/Gestalt (Musterbildung/Phänotyp) eines Lebewesens führen, ist uns bisher nichts bekannt. Es können nur *vorhandene* Informationen kombiniert werden. Aber woher kommen sie?

Für fast alle Funktionen unseres Körpers werden Proteine benötigt, vor allem Enzyme, die ja ebenfalls Proteine sind. Mittlerweile haben zahlreiche wissenschaftliche Arbeitsgruppen (Princeton University, Manchester University, Adelaide University) aber auch herausgefunden, dass psychische Phänomene – Angst, Freude, Liebe usw. – ebenfalls Materie beeinflussen, und zwar sowohl die Materie unseres Körpers als auch die Materie außerhalb davon. Die Psyche ist offenbar in der Lage, Enzyme zu bilden und zu veranlassen, dass sie Neurotransmitter und Hormone ausschütten.

Enzyme sind Biopolymere, also gewaltige Molekülkonstruktionen. Jeder Baustein, jede Aminosäure muss durch exakte Kraftbrücken an einer ganz bestimmten Stelle gehalten werden. Wenn unsere Psyche also die Aktivität eines Enzyms verändert, verändert sie primär die Kräftekonstellation innerhalb des Enzyms. Sie verändert allerdings nicht nur ein einziges Enzym (das wäre nutzlos), sondern immer Millionen von Enzymen gleichzeitig.

Diese Änderung der Enzymstruktur beruht auf Information, und unser Bewusstsein ist eine solche Information, die Materie in uns und außerhalb von uns beeinflusst. Die Information entsteht durch das Geben von Sinn und Bedeutung. Wille und Gefühl setzen voraus, dass wir eine Situation interpretiert und ihr Sinn und Bedeutung gegeben haben.

Wir können die DNA heute so manipulieren, dass sie Proteine nach unserem Willen erzeugt. Wir wissen aber nicht, was diesen Proteinen an »Lebendigkeit« mitgegeben wird. Schaut man sich die komplizierten Mechanismen der Entwicklung und des Wachstums an, wo alles zeitpunktgenau organisiert ist, kann man einen Zufall ausschließen. (Zöller-Greer 2007)

Der bekannte britische Physiker Roger Penrose kalkuliert, dass die Werte für Naturkonstanten aus unermesslich vielen Möglichkeiten, nämlich 10 hoch 10 hoch 123, auf die lebensfreundlichen exakten Werte festgelegt wurden. (Penrose 1997)

Wenn die Werte der Konstanten lediglich um 0,000000000001 Prozent anders wären, hätte kein biologisches Leben, wie wir es kennen, entstehen können. Doch selbst wenn die Naturkonstanten so sind, wie sie sind, ist damit noch kein Leben entstanden. Und angenommen, aufgrund diverser Zufälle sei primitivstes Leben entstanden, ist noch lange kein Bewusstsein und keine Intelligenz vorhanden.

Wenn das Leben nicht auf Physik und Chemie der Materie reduziert werden kann, sind alle Bemühungen, die Entstehung des Lebens allein auf selbstverständlich existierende Naturgesetze zurückzuführen, bereits im Ansatz verfehlt. Und selbst wenn man dies tut, bleibt die Frage: »Woher kommen die Naturgesetze?«

WISSENSCHAFTLER AUF DER SUCHE NACH DEM WESEN DES LEBENS

Wissenschaftler, die sich nicht nur mit der Untersuchung einzelner Phänomene beschäftigt haben, sondern auch und vor allem mit Fragen zum Wesen des Lebens – also eigentlich mit religiös-spirituellen Fragen –, waren noch im 19. Jahrhundert auch an unseren Universitäten anzutreffen. Hans-Peter Waldrich beschreibt einige dieser Universalgelehrten, die all ihr Wissen aus unterschiedlichen Fachgebieten zu einer Gesamtschau zusammenführten, in seinem Buch *Grenzgänger der Wissenschaft*. Die folgenden Kurzporträts stammen inhaltlich aus seiner Abhandlung. Alle diese Wissenschaftler sind durch ihr klares Denken zu Berühmtheiten geworden. Nach einigen von ihnen wurden Gesetze benannt. Sie sind also weit davon entfernt, zweifelhaft zu sein.

Gustav Theodor Fechner (1801–1887)
Physiker, Mediziner, Psychologe, Philosoph, Begründer der experimentellen Psychologie in Deutschland. Vordenker der Neuen Wissenschaft. Vertreter einer spirituellen Sicht mit hoher Aktualität im heute noch immer materialistischen Zeitalter. Mit 33 Jahren Professor des Lehrstuhls für Physik an der Leipziger Universität.

Er stellt plausible Argumente gegen die Auffassung, der Geist sei ein Produkt des Gehirns. Zur damaligen Zeit hatte Karl Vogt verkündet, Gedanken stünden zum Gehirn wie die Galle zur Leber oder der Urin zu den Nieren.

Auch Fechner war anfangs als Mediziner der Meinung, dass

der Organismus krank wird durch einen Defekt an der Mechanik des Räderwerks und Heilung durch Reparatur des Räderwerks bewirkt wird.

Die Begegnung mit dem Mediziner, Zoologen und Philosophen Lorenz Oken (1779–1851), Professor in Zürich, öffnete Fechner die Augen. Oken vertrat die Ansicht, die Natur sei der Ausdruck des göttlichen Geistes. Er stellte fest, dass die Wissenschaft nicht imstande war, die wirklichen Zusammenhänge in der Natur zu erkennen. Die ursprünglichen Menschen seien der Wahrheit weit näher gewesen.

So sind Geist und Bewusstsein keine objektiv messbaren Dinge. Aber sie bedingen jeden Augenblick unseres Lebens.

Frage Fechners: Wo in der Natur verläuft die verbindliche Trennungslinie, wo das Bewusstsein aufhört und das rein Materielle beginnt?

Bewusstsein kann nicht plötzlich gewissermaßen aus dem Nichts heraus entstehen.

Argumentation: Wenn alle Organismen einen gemeinsamen Ursprung haben, so muss auch das Bewusstsein bereits in den frühesten Lebenskeimen enthalten gewesen sein.

Hermann von Helmholtz zusammen mit Robert Mayer stellten seinerzeit das Gesetz von der Erhaltung der Energie auf: Energie kann weder vernichtet noch geschaffen werden. Daraus ergibt sich zwingend die grundlegende Einheit aller Naturkräfte in einem universellen Zusammenhang.

Fechner fragte sich nun, wie man einerseits auf physikalischem Gebiet vom Zusammenhang aller Dinge ausgeht, auf der anderen Seite aber den Geist als zusammenhängender Faktor von allem leugnet. Es wäre unwissenschaftlich, zu verkünden, Geist und Bewusstsein entstünden im Kopf des Menschen gewissermaßen aus dem Nichts heraus.

Er schrieb: »Lebendiges wird von Lebendigem erzeugt, Beseeltes nur von Beseeltem, Geistiges nur von Geistigem hervorgebracht. Der Satz von der Erhaltung der Energie gilt auch im Bereich des Geistes.«

Die Natur ist ein kosmisches Weltgebäude, und die Bausteine bilden eine geistig-materielle Einheit. Die gesamte Natur muss als Stufenreich des Geistes angesehen werden, und über dem Menschen wölbt sich ein universelles Bewusstsein, das die Geister der Individuen enthält und speichert. Als bedeutendsten Bewusstseinssprung, der den Einzelnen mit dem Ganzen verbindet, der einen Wechsel vom begrenzten Weltausschnitt des Individuums zum universellen Aspekt bewirkt, sah Fechner im Vorgang des Sterbens zum Tod.

Fechner war der Meinung, der Mensch – eine geistig-materielle Einheit – könne im Sterben nicht einfach aus dieser Einheit herausfallen. Laut Fechner verlässt der Mensch nur sein »enges Kämmerlein« und betritt einen neuen, größeren Raum. Sein Bewusstsein hat sich in eine neue Dimension erstreckt.

Fechner sagt: »Das Jenseits liegt nicht irgendwo im Himmel, sondern ist eine höhere Entwicklungsstufe des Diesseits« (Seite 229). Und: »Wie das Leben der Raupe, der Puppe nicht untergeht, wenn der Schmetterling hervorkommt, sondern im Schmetterling selbst zu einer höheren, freieren Form erhoben wird« (Seite196), so wird durch die Zerstörung des Körpers im Sterben nur eine neue Entfaltungsstufe freigesetzt. Im Tod wird auch das menschliche Gehirn aufgelöst. Aber daraus entsteht laut Fechner wie aus einem Samen ein neues, jenseitiges Leben.

Fechner geht davon aus, dass ein Ich-Bewusstsein auf eine komplexe psychische Struktur aufbaut, von der das Gehirn ein Teil ist. Aber Bewusstsein ist nicht auf den Menschen beschränkt, und deshalb gibt es auch noch andere materielle Strukturen als das Gehirn als Voraussetzung für ein Bewusstsein, so wie auch ein und derselbe Ton auf völlig unterschiedlicher materieller Basis produziert werden kann.

Fechner war seiner Zeit weit voraus, wenn er fragte und erklärte, wie Erinnerungen zustande kommen – ein Phänomen, das die Wissenschaft bis heute intensiv beschäftigt. Wo findet die Speicherung der Information statt? Welcher Mechanismus sorgt dafür, dass allein mein Ich Erinnerungen aus dem Gedächtnisspeicher herauslösen kann? Das Ich, sagt Fechner, kann Geschehnisse beliebig anknipsen oder auslöschen, je nachdem, ob mich mein Bewusstsein dem Geschehen gegenüber offen oder verschlossen macht. John C. Eccles (australischer Nobelpreisträger für Medizin und Physik 1963) hat diese Fragestellung später wieder aufgenommen und kommt zu dem Schluss, dass der Geist das Gehirn gleichsam wie einen Computer verwendet.

Laut Fechner ist dieser Mechanismus analog zu dem Übergang vom Diesseits zum Jenseits. Für Fechner ist der Kosmos ein geistig-materielles System höchster Intelligenz. Aus der Sicht dieses höheren intelligenten Systems leben wir nach dem Tod weiter als Erinnerung eines übergeordneten Bewusstseins. Der Kosmos, der letztlich alles hervorgebracht hat, ist als All-Bewusstsein, als universales Gehirn zu begreifen. Der Geist verwendet dieses Gehirn, das bisher jedes Leben enthalten hat, um es als Erinnerung weiter bestehen zu lassen. Der Gestorbene behält sein Ich, seine Individualität ohne jede materielle Körperlichkeit.

Der Tod ist nach Fechner (Seite 168) ein Lichtwerden des ganzen Geistesbaues. Weil der Kosmos lebendig ist, hat er eine Tendenz zur Stabilität und bringt mit den vielen Leben immer komplexere Phänomene auf immer höheren Stufen hervor – ein laufender Entwicklungsprozess. Für Fechner ist Evolution ein Weg der Verwandlung vom Ungeordneten zum Geordneten, vom Instabilen zum Stabilen, vom Einfachen zum Komplexen.

Fechner starb am 18. November 1887 mit 87 Lebensjahren. In seinen letzten Manuskripten finden sich Sätze wie: »Ich sterbe mit der Überzeugung, dass Religion und Naturwissenschaft sich versöhnen, dass dem Pessimismus entgegengetreten wird und dem Materialismus die Waffen entwunden werden.«

Fechner war ein enger Freund von Karl Friedrich Zöllner.

Karl Friedrich Zöllner (1834–1882)

Professor für Astrophysik an der Universität Leipzig. Genial und bekannt ist seine »Allgemeine Photometrie des Himmels«. Konstrukteur astronomischer Instrumente wie Astrophotometer und -kalorimeter. Er gehört zu den Begründern jener wissenschaftlichen Metaphysik, die von Max Dessoir 1898 als Parapsychologie bezeichnet wurde.

Mit seinen Erfahrungen im Bereich des Paranormalen passte Zöllner nicht in das auch heute noch gängige Paradigma, wonach das wissenschaftliche Wahre vermeintlich nur erreichbar ist, wenn sich der Mensch der Natur als objektiv messender Beobachter gegenüberstellt. Der mechanistischen Physik zufolge sind Kosmos und Welt eine Art Maschinerie. Wer sich dieser Überzeugung nicht anschloss, ist eher als krank zu bezeichnen und muss als Scharlatan und Dilettant ausgesondert werden.

Der englische Physiker und Chemiker *Sir William Crookes* war in dieser Zeit als Koryphäe und Skeptiker unumstritten und ließ verlauten, er werde den gerade aufkommenden Spiritismus innerhalb von zwei Wochen entschleiern. Die Parapsychologie hat ihn dann sein gesamtes restliches Leben beschäftigt. Er beobachtete paranormale Phänomene und »psychische Kräfte«, die nicht mit der gängigen Wissenschaft vereinbar waren, und veröffentlichte seine Ergebnisse mit der Forderung, man müsse die Tatsachen auch dann akzeptieren, wenn sie nicht in ein vorgefertigtes Weltbild passten. Zöllner besuchte Crookes und war Zeuge des Phänomens Katie King. Katie King war ein Geist, der zwischen dem Jenseits und dem Diesseits hin und her pendelte und sich im Diesseits für alle sichtbar materialisierte. Zöllners Ziel war es, das Jenseits als Über-Realität physikalisch zu erfassen.

In den Jahren 1877 und 1878 veranstaltete Zöllner mehr als 40 spiritistische Sitzungen in Leipzig, meistens in seiner Privatwohnung, unter anderen mit dem Medium Henry Slade. Wichtige Persönlichkeiten wohnten diesen Sitzungen bei: Alfred Russell Wallace, Zoologe und Mitarbeiter Darwins, ein enger Mitarbeiter des Mathematikers Karl-Friedrich Gauß, Professor Wilhelm Weber und der Mathematikprofessor Scheibner. Unerklärliche Phänomene, die verstorbenen Seelen zugeschrieben wurden, wurden beobachtet. Ein Betrug war nach Aussage der

experimentell sehr erfahrenen Professoren vollkommen ausgeschlossen. Beispielsweise spielte ein Akkordeon in der Hand von
Scheibner, der das Instrument lediglich an einem Ende anfasste.
Gegenstände schwebten in der Luft, ohne dass irgendjemand sie
berührte. Wasser sprühte von oben herab. Auf einer abgedeck-
ten Schiefertafel erschienen Botschaften, und alle konnten das
Entstehen des Geschriebenen hören und sehen, ohne dass jemand manuell tätig wurde. Außerdem tauchten Fußabdrücke
auf der Tafel auf, nachdem man sie mit Ruß überzogen hatte.

Zöllner schrieb diese Phänomene einer von ihm so bezeich-
neten »Trancendentalphysik« zu. Doch weil er keine wissenschaftliche Erklärung dafür fand, wurde er schließlich als
verrückt, närrisch, verblendet bezeichnet, und seine Experimente wurden als läppisch, Tingeltangel und Schaubuden-
effekte disqualifiziert. Im Jahr 1880 ging beim Kultusminister
eine Beschwerde des akademischen Senats der Leipziger Universität ein. Sie führte dazu, dass Zöllner seine Professur ver-
lor. Doch bevor das geschah, starb er mit nur 48 Jahren.

Hans Driesch (1867–1941)

Hans Driesch war Zoologe und Philosoph und hatte bei Ernst
Haeckel an der Universität Jena studiert.

Vertreter eines Vitalismus wurde er, weil er angesichts der
Frage »Was ist Leben?« erkannte, dass der Organismus gar
nicht wie eine Maschine funktionieren kann. Im Jahr 1926
übernahm er den Vorsitz der 1882 gegründeten *Society of Psychical Research*, die unter anderem Phänomene wie Hellsehen,
Telepathie und Telekinese untersuchte.

Driesch ging davon aus, dass ein übersinnlicher geistiger
Faktor für die Formbildung der Organismen verantwortlich
sei. Er nannte diesen Faktor Entelechie und machte ihn auch
für die – gemeinsam mit Thomas Mann – immer wieder erlebte Telepathie verantwortlich. Er ging davon aus, dass das vermeintlich Paranormale eine alltägliche Erscheinung sei, ohne
die Leben überhaupt nicht möglich ist.

Driesch schrieb 289 Bücher und Aufsätze zu diesem Thema, doch nichts davon ist in irgendwelche Lehrbücher übernommen worden.

Seine grundsätzlichen Fragen waren:

> Woher stammen der Bauplan und die Energie/Information, die den Organismus steuern?
> Welche Kraft ermöglicht telepathische und telekinetische Leistungen?

Wenn sich ein Embryo zu einem Menschen entwickelt und dieser Mensch sich dann weiter selbst organisiert, muss es eine intelligente Steuerzentrale geben, die alle Aktivitäten organisiert und auch den Zeitpunkt festlegt, zu dem sich jede Zelle mit unterschiedlicher Geschwindigkeit teilt oder differenziert, wann aus einer Stammzelle eine Muskelzelle, eine Nervenzelle oder eine Blutzelle wird.

Waldrich weist in seinem Buch auch darauf hin, dass jede einzelne Zelle offensichtlich weiß, wann ein Wachstumsprozess aufhören muss, weil die endgültige Form erreicht ist. Alle Zellen scheinen im Übrigen ständig in Kontakt miteinander zu stehen. Das ist bei etwa 10^{12} Zellen mit unterschiedlichster Spezialisierung ein unglaublich leistungsfähiger Informationstransfer.

Auch ich habe in meinen anderen Büchern mehrfach darauf hingewiesen, dass die Atome unseres Körpers nach etwa sechs Jahren komplett ausgetauscht sind (Ausnahmen bilden das Herz, einige Nerven und die DNA). Aber wir erkennen eine uns bekannte Person immer wieder, obwohl nach dieser Zeit kein Molekül mehr an seinem ursprünglichen Platz ist. Wir meinen zu wissen, dass die DNA alles steuert, aber dabei stellt sich vor allem die Frage, wie ein Molekül derart komplizierte und riesige Informationsmengen aufnehmen, speichern und wieder ausgeben kann.

Indem wir die DNA materiell entschlüsseln, haben wir keineswegs den Plan beziehungsweise die Konstruktionsidee entschlüsselt, denn dieser Plan ist nichts Materielles, sondern etwas Geistiges; aber die Desoxyribonukleinsäure kann nicht denken.

Driesch bezeichnete dieses geistige Prinzip in uns als Entelechie. Das ist keine Kraft, also keine Energie im physikalischen Sinne, sondern eine Information mit Sinn und Bedeutung. Waldrich interpretiert Driesch so, dass dieser parallel zum materiellen Universum ein Feld seelisch-geistiger Energie postulierte, das auf bisher ungeklärte Weise mit diesem materiellen Universum verknüpft ist. Ohne diese Kommunikation von Feld zu Feld machen weder Physik noch Biologie Sinn. Und eine Wissenschaft, die sich dieser Phänomene nicht annimmt, ist unvollständig. Im Feld seelisch-geistiger Energie sind die Baupläne der Organismen gespeichert. Von hier kommt die Information über die Zielrichtung der Handlungen in die physikalisch-materielle Welt. Das Jenseits ist die wahre Wirklichkeit des Diesseits.

Hans Driesch starb am 16. April 1941.

Ludwig Wittgenstein (1889–1951)

Wittgenstein floh zeit seines Lebens aus dem akademischen Milieu mit seinen Konventionen und Zwängen. Einen Lehrstuhl für Philosophie an der Universität Cambridge gab er schnell wieder auf, weil er »die absurde Stellung eines Philosophie-Professors« als »eine Art lebendig Begrabenseins« empfand. Er war als Siebzehnjähriger nach Amerika gereist, hatte später in Berlin einige Jahre Maschinenbau studiert, begann ein Ingenieurstudium an der Universität Manchester, wandte sich dann der Mathematik zu und wollte Pilot werden. Viele Monate verbrachte er in absoluter Abgeschiedenheit in einem Blockhaus in Norwegen. Schließlich entschied er sich für ein Studium bei dem Philosophen Bertrand Russell am berühmten Trinity College in Cambridge.

Heute greifen alle Lehrbücher der Philosophie auf das Genie Wittgenstein zurück. In sein Tagebuch schrieb er Sätze wie: »Der Trieb zum Mystischen kommt aus der Unbefriedigtheit durch die Wissenschaft. Wir fühlen, dass selbst wenn alle möglichen wissenschaftlichen Fragen beantwortet sind, unser Problem noch gar nicht berührt ist.« Und: »Die Lösung des Rätsels des Lebens in Raum und Zeit liegt außerhalb von Raum und Zeit.« (Wittgenstein 1980)

Kapitel 2

ERWARTUNG UND GLAUBE

Frage: Was ist das, der Glaube?
Buddha sagt: »Lasst eurem Glauben, eurem Vertrauen, freien
Lauf und öffnet euch der Wahrheit.«

Das gläubige Vertrauen *(saddha)* wird der buddhistischen Tradition zufolge eingesetzt, um innere Verbindungen neu zu gestalten und so erlebbare Wahrheiten hervorzurufen. Der Wille
ist Teil des Glaubens. Der andere Teil sind Gefühle – Gefühle
hauptsächlich des Vertrauens, aber auch der Zuversicht und der
Erwartung. Hoffnung ist ein schlechter Glaubensbestandteil.
Wenn ich hoffe, dass sich etwas ereignet, dann hofft mein Körper ebenfalls darauf. Realität wird nicht geschaltet. Fester, un-
umstößlicher Glaube dagegen ist »körpereigenes Wissen«. Alle
Funktionen des Körpers stellen sich auf das Ereignis ein.

Beispiel: Wenn ich morgens aus dem Bett steige, dann gelingt
das, weil ich davon überzeugt bin, dass ich es kann. Oder umgekehrt: Wenn ich unerschütterlich glaube, dass ich nicht auf-
stehen kann, geht es nicht.

Die Macht des Glaubens ist also tägliche Erfahrung, aber –
und das ist sehr wichtig: Erfahrung ist das Regulativ des Glaubens, und Erfahrung beruht auf Bewusstsein. Gemeinhin wer-

den verschiedene Bewusstseinsmodi unterschieden: Tagesbewusstsein, Traumbewusstsein, Nahtodbewusstsein und durch Drogen transformiertes Bewusstsein. Aber es ist nicht das Bewusstsein, das sich ändert. Bewusstsein ist eine stets identische Eigenschaft. Vielmehr ändert sich die Wahrnehmung, also der Ausschnitt der Welt, der wahrgenommen werden kann. Diese veränderte Wahrnehmung wird uns dann bewusst.

Schauen wir uns das genauer an: Das, was wir mit unserem Tagesbewusstsein glauben, wird mit den Erfahrungen abgeglichen, die wir aufgrund der Wechselwirkung von Umweltenergien und Körpermaterie gesammelt haben.

Beispiel: Wenn ich glaube, ich sei ein Vogel und könne fliegen, dann ist das im Tagesbewusstsein nicht kompatibel mit meinen Erfahrungen, und ich lasse es lieber. Ist meine Wahrnehmung aber verschoben, transformiert, beispielsweise durch LSD oder andere Drogen, kann die sich täglich bewährende Erfahrungskompatibilität ausgeschaltet werden. Schamanen sind deshalb häufig in Lebensgefahr und brauchen Erfahrungen, die weiter reichen, als das Tagesbewusstsein hergibt.

Jeder intensive Gedanke ist mit bewertenden Gefühlen verknüpft – automatisch und ohne dass wir mithilfe eines Bewusstseins steuernd eingreifen können. Intensive Gedanken steuern die Funktionen meines Körpers. Jeder kann den Einfluss intensiver Vorstellung an sich selbst testen. Stellen Sie sich vor, Sie beißen in eine reife Zitrone. Merken Sie, wie Ihr Speichel zur Verdünnung der Säure aus den Speicheldrüsen fließt?

In unseren Universitätspraktika haben wir ein berührungsloses Infrarotgerät zur Messung der Pupillengröße eingesetzt. Die Probanden wurden aufgefordert, sich ein grelles weißes Licht vorzustellen, das die Augen blendet. Sofort zogen sich die Pupillen zusammen, und das bei exakt denselben Lichtverhältnissen wie kurz zuvor.

Ein Experiment des amerikanischen Forscherteams Christopher Davoli und Richard Abrams von der Washington University, das in der Fachzeitschrift *Psychological Science* vom April

2009 beschrieben ist, bestätigte folgende Arbeitshypothese: Man muss sich nur etwas vorstellen, an etwas glauben, dann wird es auch Realität. Die konkrete Vorstellung von der Bewältigung einer Aufgabe bewirkt, dass sie erfolgreicher und gründlicher erledigt wird. Das entspricht dem biblischen Versprechen: »Der Glaube (die Vorstellung) kann Berge versetzen.«

Dass sich diese Verwirklichung auch in die falsche Richtung bewegen kann, haben Wissenschaftler der North Carolina State University entdeckt. Senioren ab 60 mussten einen Gedächtnistest absolvieren. Ergebnis: Diejenigen, denen man beiläufig gesagt hatte, dass ältere Menschen in diesen Tests normalerweise schlechter abschneiden, schnitten tatsächlich schlechter ab. Offensichtlich ist dieser Effekt schon mehrfach beobachtet worden. Man spricht dann von einer sich selbst erfüllenden Prophezeiung.

Der Glaube setzt sich zusammen aus dem Willen, eine bestimmte Situation genauer zu betrachten, und aus einem diese Situation bewertenden Gefühl. Insgesamt entspricht er dem »Geben von Sinn und Bedeutung«. Werden die Dinge positiv betrachtet, spricht man von Placebos, werden sie negativ bewertet, von Nocebos. Nocebo (lat. »ich werde schaden«) ist der gegenteilige Effekt des Placebos (lat. »ich werde gefallen«). Der Noceboeffekt kommt zustande durch negativ gefärbte Vorstellungen und Erwartungen, welche eine Funktionsstörung, eine Krankheit und manchmal sogar den Tod zur Folge haben können.

Bekannt ist, dass unsere Überzeugung, die Umwelt könne uns krank machen, also ein rein psychischer Faktor, unsere Körperfunktionen selbst dann beeinträchtigen kann, wenn keinerlei Noxen aus der Umwelt auf uns einwirken.

Bei Chinesen ist der Glaube verbreitet, dass das Schicksal des Menschen durch sein Geburtsjahr bestimmt ist. Wenn eine Erkrankung auftritt, die eine Entsprechung mit bestimmten Merkmalen des Geburtsjahrs hat, wird diese Krankheit als schicksalhaft empfunden. Genau dieser Zusammenhang wurde in einer wissenschaftlichen Studie bei chinesischen Einwanderern und ihren Nachkommen in Amerika untersucht. (Phillips und Wagner 1993) Verglichen mit einer nicht chinesischen Kontrollgruppe, starben Traditionsverhaftete chinesischstämmige Amerikaner signifikant früher (1,6 bis 5 Jahre) an Lungen- und Bronchialkrebs, malignen Neoplasien, Herzinfarkt, Bronchitis, Emphysem oder Asthma, wenn ihr Geburtsjahr mit einem dieser Krankheit entsprechenden Element assoziiert war. Die Erkrankten starben umso früher, je stärker sie der Tradition verhaftet waren.

Ein weiterer Fall wurde im Jahr 2007 in der amerikanischen Fachzeitschrift *General Hospital Psychiatry* beschrieben: Der 26-jährige D. A. schluckte 29 Kapseln eines Antidepressivums, weil er nicht länger leben wollte, denn seine Freundin hatte ihn verlassen. Die deutliche Überdosis bewirkte, dass sein Blutdruck rapide absackte. D. A. bekam Todesangst. Auch als er in die Klinik eingeliefert wurde, war eine Stabilisierung unmöglich.

Die eingenommenen Tabletten hatte er im Rahmen einer klinischen Doppelblindstudie erhalten, in der besagtes Antidepressivum gegen ein Placebo getestet werden sollte. Was D. A. nicht wusste: Er gehörte zur Placebogruppe, und sein Medikament enthielt keinerlei Wirkstoff.

McMahon konnte bereits 1976 nachweisen, dass die Erwartung eines gefürchteten Ereignisses für die betroffene Person oft verhängnisvoller war als das Ereignis selbst. Die Angst vor dem Tod tötete mit derselben Präzision wie eine dem Körper mechanisch zugefügte tödliche Verletzung. Die starke Vorstellung von einer bestimmten Krankheit, von Fieber, Lähmung oder vom Zustand des Erstickens, reichte aus, um die entsprechenden Symptome hervorzurufen.

Bereits Anfang der 1980er-Jahre gab es eine umfangreiche Bibliografie von über 1300 wissenschaftlichen Artikeln, die sich mit dem Einfluss des Geistes auf das Immunsystem und die neuroendokrinen Systeme befassen. (Locke 1983)

Spätestens ab diesem Zeitpunkt war für alle erkennbar, dass

das Immunsystem einer Person ständig mit ihrer Gefühlswelt korrespondiert. Die Vorstellung, man sei schwer krank, hat messbare Auswirkungen auf die Herzfrequenz, die Muskelspannung und den elektrischen Hautwiderstand. (Lichstein und Lipshitz 1982, Shaw 1940) Vorstellungen kontrollieren Bereiche des Immunsystems. (Schneider et al. 1983) Das Gefühl der Hilflosigkeit kann unter Umständen sogar zum Tod führen. Dieser Effekt lässt sich mit dem Begriff »aufgeben« umschreiben. Zunächst kommt es zu einer schweren Depression, dann zu Apathie und zum Verlust jedweden Antriebs. (Seligman 1975)

Herzspezialisten betonen aufgrund ihrer Erfahrung mit Patienten, welche Macht das Wort bei Kranken hat: Es kann vernichten oder auch heilen, je nach Sinn und Bedeutung. (Girstenbrey 1986)

Heute ist bekannt, dass sehr intensive, von inneren Bilderleben begleitete Vorstellungen mit ausgeprägten physiologischen, darunter zum Teil pathologischen Begleiterscheinungen Hand in Hand gehen, als sei das Geschehen real. Allein die Vorstellung, man laufe im Wettkampf, stimuliert den Adrenalin-/Noradrenalinspiegel, den Kaliumstoffwechsel, die Muskelvorspannung, den Herzschlag, die Pupillengröße, den elektrischen Hautleitwert und vieles mehr. Dies war bereits 1929 bekannt, nachdem Jacobsen herausgefunden hatte, dass die Vorstellung vom Schwingen eines Golfschlägers in den entsprechenden Muskeln unterschwellige Aktionspotenziale auslöst. Systematische Versuche bestätigten diesen Effekt immer und immer wieder. (Shaw 1940)

So, wie Sexualität nicht ohne Vorstellungen und Fantasien funktionieren kann, kann auch Angst nicht ohne Vorstellungen funktionieren. Umgekehrt kommt es zu dramatischen Empfindungen im Körper, wenn durch bestimmte Vorstellungen Angst ausgelöst wird. (Lichstein und Lipshitz 1982)

» Vorstellungen werden so bereitwillig in ihre physische Entsprechung umgesetzt, dass Tod aufgrund einer gefürchteten Diagnose, von einem glaubwürdigen Arzt gestellt, ebenso denkbar ist wie Tod durch Zauberfluch für einen Haitianer.« (Achterberg 1987, Seite 106)

Dr. Jeanne Achterberg, Ärztin und Psychologin, beschreibt den Fall einer Frau, bei der die Untersuchung einer Gewebeprobe aus der Brust den Verdacht auf Krebs bestätigt hatte und die daraufhin innerhalb von Stunden starb: »Tod aufgrund zu lebhafter Vorstellungen.« Diese Frau hatte ihre qualvoll dahinsiechende Mutter, die ebenfalls an Brustkrebs erkrankt war, jahrelang gepflegt und konnte sich intensiv ausmalen, was nun auf sie selbst zukommen würde. Daraufhin stellte ihr Körper seine Funktionen ein.

Auch von gegenteiligen Fällen wird häufig berichtet: Selbst in eigentlich hoffnungslosen Fällen verschwindet die Geschwulst und die Patienten werden geheilt, weil sie bestimmte Aussagen des Arztes so interpretierten, dass der Körper nun alles Schädliche abgestoßen habe und der Genesung nichts mehr im Wege stehe.

Ein US-amerikanisches Team aus Medizinern und Wissenschaftlern (Ira Collerain, Pat Craig, Jeanne Achterberg) führte eine Untersuchung der Todesursachen geistig Behinderter durch. Ihr Ergebnis deckte sich mit den Resultaten ähnlicher Untersuchungen aus England, Griechenland und Rumänien: Menschen, welche die Krebsdiagnose ihres Arztes intellektuell nicht verstehen, sterben zu einem deutlich geringeren Prozentsatz. Während in der Normalbevölkerung die Mortalität durch Krebs 14 bis 18 Prozent beträgt, sind es bei der untersuchten Gruppe nur vier bis sieben Prozent. Da die Aktivität des Immunsystems stark von kognitiven Fähigkeiten abhängt, ist die alte Volksweisheit »Was ich nicht weiß, macht mich nicht heiß« durchaus plausibel.

Heute kennt man sehr viele Zusammenhänge zwischen Psyche und dem Verschwinden von Krebszellen. Weithin bekannt geworden ist der Fall des tödlich an Krebs erkrankten Mr. Wright, dem in einem Krankenhaus in den USA auf seinen ausdrücklichen Wunsch hin Krebiozen, ein neues »Wunderheilmittel«, verabreicht wurde. Innerhalb nur weniger Tage ging es ihm besser. Der Zustand jener Patienten, denen das Mittel gespritzt wurde, ohne dass sie Hoffnungen und Erwartungen damit verknüpften, änderte sich nicht. Der Tumor von Mr. Wright hingegen war nur wenige Tage nach der Behandlung auf die Hälfte zusammengeschrumpft (»wie Schnee auf einem heißen Ofen«). Eine so gründliche und schnelle Rückbildung wäre mit keiner noch so intensiven Behandlung möglich gewesen.

Mr. Wright verließ das Krankenhaus praktisch geheilt und kehrte im eigenhändig gesteuerten Flugzeug nach Hause zurück. Später erfuhr er aus einigen Nachrichtensendungen, dass Krebiozen ein höchst umstrittenes Medikament sei. Sein Glaube kam ins Wanken, und nach zwei Monaten verfiel er wieder in seinen ursprünglichen hoffnungslosen Zustand. Da die Ärzte annahmen, sie hätten nichts zu verlieren, verabreichten sie ihm eine »doppelte Dosis« – behaupteten sie jedenfalls. Es handelte sich jedoch um klares Wasser. Und wieder genas Mr. Wright. Seine zweite Heilung war sogar noch viel dramatischer als die erste. Der Patient konnte völlig gesund entlassen werden. Weitere zwei Monate später gab die American Medical Association bekannt, landesweite Tests hätten gezeigt, dass Krebiozen ein zur Krebsbehandlung völlig wertloses Arzneimittel sei. Wenige Tage nach dieser Veröffentlichung starb Mr. Wright. (Achterberg 1987) Dieser Fall macht deutlich, wie dramatisch sich die Wirkung von Placebos und Nocebos gegenseitig aufheben kann – wobei hier offenbar das Nocebo gesiegt hat, das in nicht mehr als einer »Expertenmeinung« bestand.

Ergebnisse der berühmten Framington-Studie besagen, dass diejenigen Frauen, die sich selbst für gefährdet hielten, unabhängig von den geläufigen Risikofaktoren fast viermal so häufig einen Infarkt erlitten. Allein der Glaube, man sei für einen

Herzinfarkt anfällig, stellt also einen markanten Risikofaktor dar. (Voelker 1996) Hierfür gibt es viele Beispiele, von denen hier nur eines stellvertretend beschrieben sei:

Mehreren Asthmatikern versetzte man die Atemluft mit bestimmten allergischen Stoffen – sagte man ihnen jedenfalls. In Wirklichkeit handelte es sich um beste Luft aus Salinen, die keinerlei Schädlichkeit aufwies. Dennoch hatte fast jeder Zweite aus dieser Gruppe typische Atemprobleme, 14 Personen bekamen sogar klinische Anfälle. Die Anfälle milderten sich umgehend, sobald – in einem Anschlussversuch – die gleiche Luft als therapeutisch wirksam deklariert wurde.

Auch Allergien konnten durch Injektion einer absolut neutralen Kochsalzlösung in beliebiger Schwere ausgelöst werden, je nachdem, welche suggestive Beeinflussung durch den Versuchsleiter die Erwartung der betroffenen Person dirigierte. Psychogen vorgezeichnete Personen bekamen sogar epilepsieähnliche Anfälle, nachdem ihnen ein Pflaster mit »Medikamenten« auf die Haut geklebt worden war. Ohne jeden Wirkstoff im Pflaster erlitten 77 Prozent der Testpersonen einen Anfall.

Ein Problem sind in dieser Hinsicht auch die jedem Medikament beigefügten Nebenwirkungslisten. Hautausschlag und vegetativ markante Symptome traten bei immerhin 20 Prozent der Probanden eines Versuchs auf, die annehmen mussten, sie hätten ein Medikament (den Tranquilizer Mephenesin) eingenommen, das derartige Nebenwirkungen hat. Auch hier wirkte allein der Noceboeffekt. Selbstverständlich bedeutet dies nicht, dass es keine rein pharmakologisch ausgelösten Nebenwirkungen gibt. Es besteht nur der begründete Verdacht, dass einige Patienten durch das Wissen um die Nebenwirkungen eine vergrößerte Sensibilität entwickeln. Sogar bei einer vermeintlichen Chemotherapie wurden 30 Prozent der Versuchspersonen Opfer des Noceboeffekts: Ihnen fielen die Haare auch dann aus, wenn sie keine Wirksubstanz erhalten hatten, aber glaubten, die Chemotherapie sei an ihnen vorgenommen worden.

Auch der Verlust des Partners führt zu einem Anstieg von Morbidität und Mortalität. Dies betrifft Herz-Kreislauf-Erkrankungen nicht weniger als Tumorgeschehen. Die Immunschwächung ist zwei bis acht Wochen nach dem Verlust am deutlichsten.

Ferner ist dokumentiert: Jeder Stress führt zu Modifikationen des Zellsuizids, der »Apoptose«. Die Apoptose wird entweder verringert, dann können sich defekte DNA-Reparaturen als Starter für Tumore auswirken. Oder der Zelltod steigert sich über das normale Maß. Mechanismen hierfür sind: erhöhter Symphatikotonus, erhöhte Katecholamine, erhöhte Glukocortikoidlevel, erhöhte Ausschüttung von Kommunikationsstoffen. Sekundäre destruktive Mechanismen sind schließlich verringerter Kernschlaf mit negativen Folgewirkungen auf viele Funktionen. Auch die Psyche ist massiv unter Druck.

Wir brauchen uns allerdings nicht auf gesonderte Stressmomente einzulassen. Generell jeder Gedankengang und jede Gefühlswallung haben Auswirkungen auf Funktionen des Organismus. Messbar sind diese Wirkungen anhand des psychogalvanischen Reflexes der Haut, der auf der elektrischen Widerstandsabnahme der Schweißdrüsenmembranen beruht (oft verwechselt mit der Messung von Akupunkturpunkten).

Die Medizin wird ihrer Aufgabe nicht gerecht, wenn die Vertreter dieser Disziplin weder Psyche noch Geist nicht in ihre Behandlungen einbeziehen. Auch die beschriebene »Allmacht der Autoritäten« braucht gewisse Umgangsformen, denn sonst werden effiziente Heilkanäle womöglich verschüttet, und der Krankheit, im schlimmsten Fall sogar dem Tod, werden allein durch Mitteilen der Diagnose Tür und Tor geöffnet.

Wie sich ein Placebo- oder Noceboeffekt physiologisch und pathologisch im Organismus zeigt, ist recht gut dokumentiert. Die Forderung der Heilwissenschaften lautet daher mit Recht: *Placeboeffekte müssen zum Zweck der Heilung optimiert werden.*

Dass auf der hier diskutierten Ebene aber noch mehr statt-findet als nur Placeboeffekte bei zuversichtlichen Patienten, zeigt der folgende Fall.

Herbert Benson, Medizinprofessor an der Harvard-Universi-tät, hat Beweise für die Heilung durch Glauben erbracht. Er be-zeichnet sie als Selbstheilung im Rahmen einer neuen Medizin. Natürlich ist Heilung letztlich immer Selbstheilung. Medizin kann nur eine Induktion und Verstärkung dieses Prinzips be-wirken.

In den USA ist *Therapeutic Touch,* ein standardisiertes »Handauflegen«, dessen Wirksamkeit in Doppelblindversu-chen bewiesen wurde, eine anerkannte Methode, die Kranken-schwestern und Krankenpfleger durchführen dürfen.

Ein Versuch sah so aus: Allen Testpersonen – 44 gesunde junge Männer – wurde mit einem Skalpell eine kleinere Wunde zugefügt. Alle Wunden waren gleich groß, gleich tief und be-fanden sich an der gleichen Stelle. Den Probanden und dem be-handelten Arzt wurde gesagt, man wolle die »Bioelektrizität« während des Heilvorgangs überprüfen. Die Männer mussten nun jeden Tag im Institut erscheinen, wo das Verbandsmateri-al gewechselt wurde. Dafür mussten sie ihre Arme durch eine speziell gefertigte Wand in einen anderen, nicht einsehbaren Raum schieben.

Dort geschah dann Folgendes: Die 44 Personen waren nach dem Zufallsprinzip in zwei Gruppen eingeteilt worden. Eine Gruppe wurde von Krankenschwestern mit Therapeutic Touch aus geringer Entfernung, also ohne Körperkontakt, behandelt, die andere Gruppe nicht. Das Experiment wurde 16 Tage lang durchgeführt, und jeden Tag wurden alle Wunden vermessen und protokolliert. Danach wurden die Protokolldaten ausge-wertet.

Das Ergebnis konnte eindeutiger nicht sein: Bei der nicht mit *Therapeutic Touch* behandelten Gruppe war die Wunde nach acht Tagen durchschnittlich 19,3 Quadratmillimeter groß, bei der behandelten Gruppe 3,9 Quadratmillimeter. Am 16. Tag war sie bei den Unbehandelten etwa 5,9 Quadratmillimeter groß und bei den Behandelten etwa 0,4 Quadratmillimeter. Bei 13 Personen aus dieser Gruppe war die Wunde bereits komplett geschlossen, während in der unbehandelten Gruppe noch keine einzige Wunde verheilt war.

Es gibt also noch mehr als Placebo. Zu genau diesem Ergebnis kam auch eine Studie mit 80 Patienten, die Ted Kaptchuk von der Harvard Medical School durchführte: Scheinmedikamente lindern Beschwerden von Patienten mit Reizdarmsyndrom selbst dann, wenn die Versuchspersonen genau darüber informiert sind, dass sie keine wirksamen Medikamente, sondern Placebos bekommen. Auf den Flaschen, die während der Behandlung verwendet wurden, stand sogar groß »Placebo«. Dennoch waren die Beschwerden in der offenen »Placebogruppe« um 59 Prozent zurückgegangen, in der unbehandelten Kontrollgruppe nur um 35 Prozent. Außerdem war die Wirksamkeit des Placebos vergleichbar mit der Wirkung des effektivsten Medikaments gegen Reizdarmerkrankung. Darüber, warum Placebos auch ohne Täuschungsmanöver funktionieren, kann man vorerst nur spekulieren. Die Versuchsleiter kamen zu dem Schluss, das bloße Durchführen eines medizinischen Rituals könne den merklichen Nutzen ausgelöst haben.

Sind Placebowirkung und Fremdinduktion der Selbstheilung planbar? Die Optimierung des Placeboeffekts für Heilzwecke scheint jedenfalls möglich. Doch wenn die Medizin solche Vorgänge in ihr tägliches Handeln einbeziehen soll, muss der ihnen zugrunde liegende Mechanismus wissenschaftlich geklärt sein.

WIE WIRD VON GEISTIGEN AUF MATERIELLE PROZESSE UMGESCHALTET?

Das Hauptproblem ist bislang ungeklärt: Mein Wille und meine Gefühle sind rein geistige Prozesse. Sie beeinflussen aber materielle Strukturen, also Materie. Wo aber ist der Mechanismus, der geistige auf materielle Prozesse umschaltet? Und wie funktioniert dieser Umschalter?

Die Lehrbuchdarstellung besagt, dass Gefühle durch Neuronen und Neurotransmitter ausgelöst werden. Diese Darstellung ist nicht ausreichend, denn die Anfangsproblematik bleibt offen. Das Dilemma ähnelt der Frage, was wohl zuerst da war, das Huhn oder das Ei. Mit anderen Worten: Es ist ungeklärt, ob die Gefühle bewirken, dass Neurotransmitter und Hormone ausgeschüttet werden, oder ob die Ausschüttung der Neurotransmitter die Gefühle erzeugt.

Wenn nun Gefühle die Ausschüttung von Neurotransmittern bewirken, was anzunehmen ist, bleibt die Frage: Was hat die Gefühle ausgelöst? Wo ist der Beginn der Gefühle?

Wie wir wissen, sind die Hauptgefühle angeboren. Und die uns angeborenen Gefühle sind quasi die Erfahrungen unserer Vorfahren. Das ist erstaunlich, denn wie kann etwas angeboren sein, das geistig ausgelöst wird? Für alles Angeborene brauchen wir einen Informationstransfer. Wo ist die Information gespeichert und wie wird transferiert? Die gängige Wissenschaft spricht von der DNA als der Instanz, die Information speichert – aber die DNA meiner Hand ist dieselbe wie die meiner Füße, meiner Leber, meines Speichels und so weiter. Woher weiß die DNA, wie sie das Organ und die Moleküle jeweils aufbauen soll?

Kein Mensch kennt die einzig wahre Antwort auf all diese Fragen. Solange die Wahrheit aber nicht auf dem Tisch ist, sind alle Thesen – sofern sie plausibel sind – gleichermaßen gültig.

Es zeichnet sich schon jetzt folgendes Paradoxon ab: Die kritischen Menschen unserer wissenschaftlich geprägten westlichen Welt entwickeln nur dann einen wirksamen Glauben, wenn sie glauben, dass das, was geglaubt wird, auch bewiesen ist. Andererseits ist es für die Steuerung eines wirksamen starken Glaubens eigentlich unentbehrlich, den Wirkungsmechanismus des Geschehens kennenzulernen, erstens um ihn zu optimieren und zweitens um ihn abzuwehren, wenn es sich beispielsweise um einen fehlgeleiteten Glauben handelt, der schlimmstenfalls eine Psychose auslösen könnte.

WIE FUNKTIONIERT DER PLACEBO-/NOCEBOEFFEKT?

Der Effekt besteht darin, dass unsere emotional aufgeladenen Gedanken innerhalb unseres Körpers Realität werden. Tatsache ist, dass so etwas auch erlernbar ist. Auch Willenshandlungen lassen sich mit diesem Wirkeffekt erklären: Ich will laufen, ich will Rad fahren, ich will Auto fahren – alles muss erlernt werden. Die Anlage für motorische Bewegungen ist angeboren. Jedes Kleinkind lernt dann, die Verwendungen eines geistigen Prinzips, nämlich den Willen, auf diese motorische Anlage zu projizieren. Danach dann kann der Wille direkt in die Materie eingreifen. (Rosso 2002)

Autogenes Training ist eine weitere Facette dieses Prinzips. Durch Üben und Rückkopplung (Feedback) des Erfolgs entsteht eine Art Resonanz. Feedback ist dann effektiv, wenn der Erfolg des Lernens oder Übens anhand von wahrgenommenen Veränderungen im Körper überprüft werden kann.

Stellt sich dann aufgrund der Gedanken ein weiterer Erfolg ein, wird der Effekt massiv verstärkt – eine Art Resonanzaufschaukelung bis zur »Resonanzkatastrophe«. (Dies ist ein Ausdruck aus der Physik, der das bezeichnet, was passiert, wenn die Rückkopplung sich mit dem eingehenden Signal überlagert und schließlich aufsummierte Energien entstehen, die das System zerstören, z. B. bei Panikattacken.)

Fazit: Überall dort, wo die Ziele der Gedanken überprüfbar sind, kann im Fall positiver Effekte die Beeinflussung erlernt werden. Danach entsteht die erleichternde Automatik. Die Lerndauer beträgt in der Regel mindestens 14 Tage, maximal einige Monate.

Jeder Gedanke besteht aus zwei Anteilen: erstens einem bewussten, der das Ziel anvisiert, es in Worte, Sätze, also Sprache kleidet und einer gewissen Logik folgt, und zweitens einer unbewussten, nonverbal emotionalen Einfärbung. Im täglichen Leben geben wir einem Geschehen Sinn und Bedeutung – und genau dadurch wird es relevant für uns.

Gefühle wie »Gewissheit« steuern Materie, zum Beispiel Enzyme und Hormone. Umgekehrt steuern Hormone und Enzyme auch Gefühle. Verschiedene Gefühle ergeben sich durch Verarbeitung eines Signalmusters, das von den Sinnesrezeptoren ausgeht. Die Qualität des Gefühls ist verbunden mit dem »Geben von Sinn und Bedeutung«. Kein Gefühl ist mit dem Willen direkt dirigierbar: »Ich will jetzt fröhlich sein« klappt nicht ohne eine passende Gelegenheit.

ERWARTUNG UND GLAUBE SCHALTEN REALES ERLEBEN

Unser Gehirn ist in ganz unterschiedliche Funktionsareale gegliedert. Zwei davon wollen wir hier betrachten, weil sie für die später beschriebenen Mechanismen wichtig sind.

Da haben wir zum einen ein evolutionsgeschichtlich uraltes Areal, das für unsere Gefühlswelt und die Erinnerungen zuständig ist – das Limbische System mit den Regionen Hippocampus (Lernen und Gedächtnis), Mandelkern oder Amygdala (Kontrolle von primitiven Emotionen) und Gyrus cinguli (Emotionen und Gedächtnis). Das Limbische System dient als Bindeglied zwischen höheren kognitiven Funktionen und emotionalen Reaktionen. Letztere zeichnen sich dadurch aus, dass es schwierig ist, sie willentlich an- und abzuschalten.

Zum anderen haben wir den stammesgeschichtlich jüngsten Teil der Großhirnrinde, den Neokortex, der viele Aufgaben hat, darunter die, dass er eine wichtige Kontrollinstanz ist, der Zensor des Limbischen Systems.

Reize, die in die Großhirnrinde eingespeist werden, erzeugen eine Repräsentation der Welt. Sobald die eingehenden Informationen von den Assoziationsarealen im Neokortex integriert

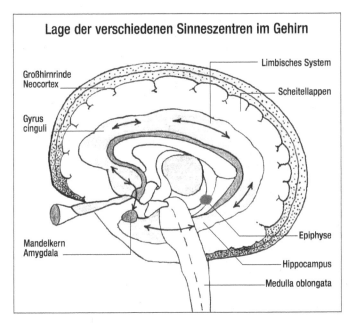

Lage der verschiedenen Sinneszentren im Gehirn

Großhirnrinde
Neocortex

Gyrus
cinguli

Mandelkern
Amygdala

Limbisches System

Scheitellappen

Epiphyse

Hippocampus

Medulla oblongata

sind, werden sie an das Limbische System weitergegeben. Feedback zur Großhirnrinde schafft ein Bewusstsein für Gefühle und Stimmungen, die der Information zugeteilt werden, während absteigende Bahnen zum Hypothalamus und zum Hirnstamm Willkürverhalten und unbewusste Reaktionen einleiten (autonomes, endokrines, Immun-, somatomotorisches System). Stimmungen sind lang anhaltende emotionale Zustände.

Keines unserer Sinnesorgane kann ein Gefühl wahrnehmen. Man kann es weder sehen noch hören oder riechen. Dennoch sind die Gefühle unsere wichtigsten Anpassungsregulatoren. Wie komplex wir von Gefühlen gesteuert werden, zeigt auch der sogenannte psychogalvanische Reflex.

Er wird durch ein Gefühl der »aufgeregten Peinlichkeit«, ähnlich der Ursache des »Errötens«, ausgelöst. In den USA wird er auch zum Nachweis des Lügens eingesetzt. Physiologisch passiert Folgendes: Durch hormonell ausgelöste Enzyme werden

Na$^+$-Ionen durch die Schweißdrüsenmembran in die Schweißdrüse gebracht. Diese Ionen ziehen Wassermoleküle nach sich. Die an die Ionen gebundenen Wasserteilchen erzeugen innerhalb der Schweißdrüse einen Überdruck, der sich über den Schweißdrüsenausgang entlädt. Dadurch wird die Hautoberfläche nuanciert feuchter und vor allem für elektrischen Strom leitfähiger. Diese Leitfähigkeit kann man in Töne, Klänge oder Farben umwandeln – und dann sieht und hört man die peinliche Berührtheit des Probanden.

Dieses Prinzip diente ursprünglich einer Art von nonverbaler Kommunikation. Die Feuchte aus den Schweißdrüsen enthält nämlich Pheromone, die unbewusst von den Menschen in der Umgebung aufgenommen werden. Als Aufnahmeorgan dient das vomeronasale Organ in der Nasenscheidewand. Der von diesem Organ aufgenommene Reiz wandert direkt zum Limbischen System und steuert die Erkennungsgefühle bei den Mitmenschen.

In Fällen einer besonders starken Erregung des Limbischen Systems im Schläfenlappenbereich des Gehirns entsteht eine ganz spezielle Wahrnehmung.

Wenn dieser Bereich im Gehirn von elektrischen Aktionspotenzialstürmen heimgesucht wird, quasi als epileptische Anfälle, dann empfindet die Person ein grelles Licht und verbindet es oftmals mit spiritueller »Erleuchtung«. Gleichzeitig entstehen machtvolle Gefühle des Einsseins mit allem, glasklares Erkennen, wie alles funktioniert. Große Glücksgefühle überkommen den Menschen. Es fehlen ihm die Worte, um zu beschreiben, was er erlebt.

Wenn viele Neuronen des Schläfenlappens im Gleichtakt feuern (Kohärenz), wird eine Art übersinnliches »Schöpfermodul« eingeschaltet. Für die Disziplin, die sich mit der Erforschung dieses Phänomens beschäftigt, hat sich der Name *Neurotheologie* etabliert.

Der Schläfenlappen ist tatsächlich eine entscheidende Instanz im Gehirn. Er ist verantwortlich für die Verarbeitung von Sprache, das Erkennen von Gegenständen, Gesichtern und Begriffen. Letztlich wird der erlebten Welt genau hier Sinn und Bedeutung verliehen. Und er enthält zu einem guten Teil das bereits erwähnte Limbische System mit dem paarig angelegten Mandelkern (Amygdala). Hier laufen die Signale aus allen Großhirnteilen, die Sinneseindrücke verarbeiten, zusammen: Warm-/Kaltempfindungen, Gerüche, Klänge, Bilder, Berührungen und Tastempfindungen.

Das Besondere an dieser Sammelstelle von Umweltreizen ist die Aufladung mit Gefühlen, ein einmalig sensationeller Vorgang. Die Gefühlszuordnung zu den in den Körper hereingelassenen Energien versetzt das Unterbewusstsein in die Lage, integrativ eine Bewertung dieser Energiemuster vorzunehmen: Schaden sie? Sind sie gut für mich? Und wie muss ich jetzt reagieren? Das bedeutet, die Gefühle bewirken darüber hinaus eine sofortige automatische Steuerung der Materie, die auf die gefühlte Situation für die Reaktion eingestellt wird.

Die Mandelkerne gehen fließend über in eine weitere entscheidende Instanz, den ebenfalls paarig angelegten Hippocampus. Im Hippocampus wird entschieden, was als Erinnerung weiterleben darf und was vergessen werden soll. Gleichzeitig teilt er die Geschehnisse in falsch und richtig ein und schafft somit eine Schubladenordnung. Aber genau diese Aufgabe kann den Hippocampus auch überfordern, denn um dieses Schema strikt einzuhalten, wird das neu Wahrgenommene mit dem, was der Geist erwartet hat, abgeglichen. Vollkommen unerwartete, abstruse Geschehnisse, die vor dem Hintergrund der bisherigen Erfahrungen gar nicht sein können, werden verworfen. Es sei denn, der Hippocampus-Filter stellt sich genau auf das eigentlich Unmögliche, das nicht in die Alltagswelt Gehörende, das Jenseitige ein.

Aber so etwas ist für die Menschheit im Allgemeinen nicht vorgesehen und geschieht nur bei speziell »Wissenden«. Das Problem ist, dass der Mensch bei zu weit gestelltem Filter in der Informationsflut versinkt und durch Überforderung Schaden nehmen kann. Andererseits ist er bei zu eng gestelltem Filter unfähig zu jeder Kreativität und führt ein langweiliges Leben.

Mehr oder weniger abgeschwächt, ist dieses Prinzip des Jenseitserlebens jedoch in uns allen tätig. Eine an Universitäten in den USA durchgeführte Umfrage brachte ans Licht, dass 40 Prozent der Wissenschaftler an einen Gott und ein ewiges Leben nach dem Tod glauben und überzeugt sind, dass Gebete erhört werden. In Deutschland glaubt jeder Dritte an Auferstehung und jeder Zweite an Schutzengel.

Wir können den besonderen Zustand des Jenseitserlebens bewusst herbeiführen, beispielsweise durch Meditation. Physiologisch kann man ihn anhand bestimmter Messungen identifizieren: Die Atmungsrate sinkt, der Sauerstoffverbrauch geht um bis zu 30 Prozent zurück, die elektrische Hautleitfähigkeit nimmt rapide ab, der Magen verzichtet auf sein saures Verdauungsmilieu, dafür wird das Blut saurer und entgiftet über die Nieren.

Im Gehirn können innerhalb einer Minute nach Beginn der Meditation Alphawellen gemessen werden und mitunter sogar die langsamen Thetawellen – ein Zeichen dafür, dass sich Neuronen zum kohärenten Feuern zusammengeschlossen haben. Dies geschieht im Alltag höchst selten und schon gar nicht bei geöffneten Augen.

Mithilfe einer untrüglichen Methode, der SPECT *(Single Photon Emission Computed Tomographyl)* konnte schließlich deutlich gemacht werden, dass die Stoffwechselaktivität in dem Gehirnbereich, den man Scheitellappen nennt, stark zurückgefahren wird. Dazu muss man wissen, dass im Scheitellappen alle Informationen des Körpers zusammenkommen: Muskelstellung, Gelenkstellung, Gleichgewichtssignale, Augeneindrücke, also sozusagen der Ganzkörperzustand. Wenn dieser Teil des Gehirns weniger stark durchblutet wird, verblasst die Präsenz des eigenen Körpers, und der Mensch wird purer Geist. Genau davon berichten die Probanden: Die Schwerkraft wird nicht mehr gefühlt, losgelöst vom Irdischen, entschweben sie gleichsam ins Unendliche.

Besonders faszinierend sind jene Erlebnisse, die darauf beruhen, dass die Selbstzensur des Hippocampus überlistet wird. Dann eröffnen sich plötzlich gänzlich neue Welten, die als Fantasie begonnen haben und nun völlig real erscheinen.

In solchen Ausnahmesituationen werden körpereigene Drogen ausgeschüttet, die eine ähnliche Wirkung haben wie halluzinogene Drogen, mit denen man solche Zustände auch erzeugen könnte, wären sie nicht ebenso illegal wie gefährlich. Andere Methoden, mit denen man solche Zustände herbeiführen kann, sind Trommeln, rituelle Tänze, Fasten, Schlafentzug oder Adrenalinflashs. In dem Zustand selbst stellen sich vorübergehend eine erhöhte Sensibilität und gesteigerte Aufmerksamkeit ein, manchmal auch eine Hellsichtigkeit, ein Vorauswissen und immer wieder Wahrnehmungen und Empfindungen, die an einen allwissenden Schöpfer erinnern.

Diese visionäre Aktivität ist im Menschen seitens der Evolution offensichtlich durchaus »absichtlich« etabliert worden. Tatsächlich hat die Evolution einen Körper konstruiert, der den allgemein anerkannten Naturgesetzen unterworfen ist, und gleichzeitig hat sie ihn mit einem Geist ausgestattet, der sich genau diesen Gesetzen entzieht.

AUFSUCHEN EINER KREATIVEN ANDERSWELT

Nachdem wir nun diese beiden Teile des Gehirns näher kennengelernt haben, können wir erklären, wie der Glaube als Funktion abläuft.

Intensiver Glauben bedeutet *physiologisch*:

> Verminderung der linken Kortexaktivität (≈ Vernunftreduzierung)

> erhöhte Aktivität des Limbischen Systems (≈ Gefühlsauslieferung).

Wenn das Limbische System aktiviert ist, arbeiten auch unsere Schläfenlappen verstärkt, und die Welt bekommt Sinn und Bedeutung. Die linke Gehirnhälfte (vernünftig, Logik-zentriert, analytisch, linear) wird ausgebremst. Gleichzeitig wird die rechte Gehirnhälfte (kreativ, intuitiv) aktiver.

Was bedeutet diese erhöhte Aktivität des Limbischen Systems für unser Verhalten und Erleben? Zur Beantwortung dieser Frage wenden wir uns einem höchst intelligenten Mechanismus zu, den die Natur in uns etabliert hat.

Im Zentrum des Geschehens steht die Zirbeldrüse. Sie bildet in etwa den Mittelpunkt des menschlichen Gehirns, produziert einige für unseren Wach-Schlaf-Rhythmus wichtige Stoffe und greift offenbar massiv in unser Seelenleben ein. Julius Axelrod entdeckte im Jahr 1972, dass auch die körpereigene Droge DMT (N, N-Dimethyltryptamin) von der Zirbeldrüse produziert wird.

Die Wirkung von DMT ist, kurz zusammengefasst:
> weitere Steigerung der Aktivität im Limbischen System,
> Unterbindung der Filterfunktion bestimmter Großhirninstanzen,
> leichte Hemmung besonders der linken Hälfte des Kortex (Logik, Vernunft).

Das sind genau die Funktionen, die wir oben aufgezählt hatten, um den Zustand des intensiven Glaubens physiologisch zu beschreiben. Damit steht der geistigen Beeinflussung der Materie nichts mehr entgegen. Warum kann DMT das Unterbewusstsein, das Bewusstsein und schließlich die Materie steuern?

DMT dockt an Serotoninrezeptoren im Limbischen System an und reguliert außerdem NMDA-Rezeptoren (NMDA= M-Methyl-d-Aspartat: Kationenkanäle, die durch Glutamat aktiviert und durch Magnesium blockiert werden). Serotonin ist der Vulgärname für den Stoff 5-Hydroxtryptamin (5-HT), ein als Botenstoff und Hormon wirkendes Molekül, das neben den

Hormonen Dopamin und Noradrenalin für unsere glücklichen, freudigen Gefühle verantwortlich ist.

DMT ist ein Agonist, ein Nachahmer von Serotonin. Nachdem es an einen der sieben Subtypen von Serotoninrezeptoren angedockt hat, steigt die Serotoninmenge im synaptischen Spalt. Nach Ausschüttung einer höheren DMT-Dosis machen Menschen mystische Erfahrungen, haben vollkommen real erlebte telepathische Kontakte und sind gewiss, besondere Kräfte in Hinblick auf die Materie zu haben.

Die Ausschüttung von DMT ist erlernbar beziehungsweise konditionierbar. Umgebungs- und Selbstsuggestion, Rituale und Yoga-(besonders Kundalini-Yoga-)Übungen verstärken sie. Jeder Traum (und jede Nahtodsituation) stimuliert die Ausschüttung von DMT. Trauminhalte werden durch DMT überhaupt erst möglich. Im Sterbeprozess wird ganz besonders viel DMT ausgeschüttet. Der Sterbende hat paranormale Wahrnehmungen, Zugang zu Sphären der Götter, er verspürt die Anwesenheit helfender Engel und empfindet ein Gefühl des wahren Zuhauseseins. (Strassman 2004)

Außer im menschlichen Gehirn befindet sich DMT auch in einigen Pflanzen, etwa in der Schlingpflanze *Ayahuasca* (Amazonas) oder in *Psychotria viridis*.

Die Ausschüttung von DMT im Menschen ist sicherheitshalber an einige Bedingungen geknüpft. Gleichzeitig muss auch ein Stoff namens Betacarbolin von der Zirbeldrüse ausgeschüttet werden, denn er sorgt dafür, dass das DMT nicht sofort wieder durch Enzyme zerstört wird (Dosis-Wirkungsverstärker). Auch Betacarbolin kommt in Pflanzen vor (z. B. in *Banisteriopsis caapi*).

Wird nun auch noch eine Ketamin-analoge Substanz gebildet (sie wirkt entspannend und anästhetisch), ist der Kontakt zu einer anderen Bewusstseinswelt perfekt, einschließlich luzider Träume und außerkörperlicher Erfahrungen sowie ungewöhnlicher Körperempfindungen und Lichtsensationen. Die erhöhte Aktivität im Limbischen System steigert wiederum die Kreativität und Intuition der rechten Gehirnhälfte, während die analytische, Logik-zentrierte linke Gehirnhälfte in ihrer Aktivität heruntergefahren wird.

Durch die verminderte Aktivität im Kortex werden Hintergrundgeräusche ausgeblendet, und das Bewusstsein kann sich ganz auf die Anderswelt konzentrieren. Wenn das Limbische System aktiver ist, arbeiten auch die Schläfenlappen verstärkt, und die Welt um uns herum erhält mehr Sinn und Bedeutung. Das Gefühl, von der Welt getrennt zu sein, wird aufgehoben. Die Vorstellung vom Ich verliert ihre Gültigkeit, und wir fühlen uns einer universellen Wesenheit verwandt.

Wir tragen also ein stimulierbares Jenseitsmodul in uns, das nicht künstlich oder von außen zugeführt, sondern von der Natur in uns angelegt ist. Von Schamanen aller Kulturen wird berichtet, dass sie durch Rituale ihre eigene DMT-Produktion erhöhen können und dass sie ihre Visionen mit einem Gebräu aus entsprechenden Pflanzen stimulieren.

Die körpereigene Erhöhung von DMT gelingt zuverlässig durch Hemmung des Neokortex. Senkt man den Sauerstoff-Partialdruck im Nervengewebe des Gehirns – beispielsweise durch Hyperventilieren oder extremen Alkoholkonsum –, kann man sich der verstärkten Ausschüttung von körpereigenem DMT und einer gesteigerten Aktivität im Limbischen System gewiss sein.

Die transzendente Welt wird von Personen in diesem Zustand als absolut real empfunden. Wenn das so ist, gibt es nur zwei Erklärungsmöglichkeiten. Entweder die neue Erfahrungswelt existiert tatsächlich, sozusagen in einer Parallelwelt, die unseren Sinnen und Erfahrungen normalerweise verschlossen ist und sich nur manchmal als Halluzination präsentiert. Oder diese Erfahrung ist eine pure Halluzination.

Unabhängig von der Lösung dieses Problems, können wir festhalten: Gefühle und Stimmungen schalten Materie zwecks Ausschüttung von körpereigenen Drogen. Diese Drogen schalten effektivere Gefühle und Stimmungen, die wiederum eigene Körpermaterie und – wie wir später noch erfahren werden – auch

Materie außerhalb des Körpers verstärkt in einer bestimmten Weise verändern. Nahtoderlebnisse, Lichttunnel, Begegnungen mit Engeln und andere Erlebnisse sind damit auslösbar und erklärbar. Das heißt aber keineswegs, dass diese Erlebnisse vom Gehirn gemacht werden. Es ist genauso gut möglich, dass das Gehirn nur auf den erweiterten Empfang geistiger Informationsmuster »getunet« wird. Wie wir wissen, hat etwas wirklich sehen, sich etwas nur vorstellen oder etwas im Traum sehen die gleichen Konsequenzen für die Funktion der Körpermaterie.

Was wir jedoch immer noch nicht wissen, ist, wie Gefühle und Glaube die Materie detailliert steuern können. Deshalb wollen wir uns nun alle Akteure zusammensuchen und ihre Funktionen genauer betrachten.

Kapitel 3

MATERIE, ENERGIE UND LEERE IM MENSCHLICHEN KÖRPER

»Wir betrachten gewöhnlich nur die Materie, weil wir sie sehen und anfassen können. Viel wichtiger sind jedoch die Wechselwirkungsquanten, welche die Materie zusammenhalten und deren Struktur bestimmen.«

Carlo Rubbia, Physik-Nobelpreisträger 1984

Wenn uns so viele Beispiele aus unserem täglichen Leben immer wieder deutlich machen, dass unser Glaube und unsere Erwartung die Funktionen unseres Körpers in jede Richtung lenken können, dann wollen wir auch wissen, wie das funktioniert. Wenn wir den Mechanismus verstanden haben, brauchen wir unsere Körperfunktion hinsichtlich Gesundheit und Wohlbefinden nicht nur sozusagen automatisch von einer unbekannten Macht steuern zu lassen, sondern sollten das auch mit unserem Willen bewerkstelligen können – eine durchaus schöne Vorstellung.

Wir wollen in diesem Kapitel zunächst alle wichtigen Komponenten aufzählen, die bei diesem Mechanismus eine Rolle spielen.

KÖRPERMATERIE —
WAS IST DAS?

Wir bestehen zweifellos aus Materie. Aber was ist diese Materie überhaupt? Wir werden gleich sehen, dass Materie durchaus eine komplizierte Konstruktion ist. Materie setzt sich zusammen aus Massen und dem Raum zwischen den Massen. Grundelemente der Massen sind Atomkerne und Elektronen. Wir spüren diese Massen als Gewicht, weil sie der Schwerkraft unterliegen. Massen sind aber – entgegen unserer sinnlichen Wahrnehmung – nichts Festes, sondern Energiewirbel.

Eine Masse verbindet sich mit einer anderen Masse über Kraftbrücken. Also kann sich der Atomkern mit Elektronen zu einem Atom zusammensetzen. Und Atome bilden über Kraftbrücken untereinander Moleküle. Diese Kraftbrücken sind elektrostatischer und elektromagnetischer Natur. Derartige Kräfte sind immer an Massen gebunden. Im masselosen Raum, der per Definition auch mit Vakuum bezeichnet wird, gibt es keine Kräfte. Da der masselose Raum keine Kräfte beinhaltet, kennt er auch keine Limitierung durch Lichtgeschwindigkeit. Die Definition der Lichtgeschwindigkeit ist als Formel: $1/\sqrt{\varepsilon\mu}$. Dabei sind Permeabilität μ und Permittivität ε beide an Kräfte gebunden, an die magnetische Kraft und an die elektrische Kraft. Beide Kräfte gibt es laut Quantenphysik nicht im Vakuum, und deshalb sind μ und ε im Vakuum gleich null. Damit wird die Lichtgeschwindigkeit unendlich groß beziehungsweise unbestimmt. Unendlich schnell ist identisch mit Stillstand. Wenn eine Größe mit unendlicher Geschwindigkeit um den Erdball herum fliegt, dann heißt das, dass dieselbe Größe hier schon wieder angekommen ist, wenn sie gestartet wird. Sie scheint also überhaupt nicht weg gewesen zu sein. Sie ist immer da.

Sie werden den nachfolgenden Satz wahrscheinlich nie wieder vergessen, denn wenn Sie ihn zum ersten Mal lesen, sind Sie sicherlich erstaunt. Wir und alle andere Materie bestehen zu mehr als 99,999999999 % des Raumvolumens aus masseleerem »Vakuum«. Würde man es entfernen, blieben weniger als 20 µm Größe übrig. Man müsste unseren so veränderten Körper mit dem Mikroskop suchen.

Das Unglaubliche an diesem Fakt ist, dass wir zwar unser ganzes Leben mit den Massen unseres Körpers verbinden – wir identifizieren uns geradezu mit ihnen –, aber mengenmäßig sind sie eigentlich ein Nichts. Sie machen nur 0,000000001 Prozent des Körpervolumens aus. Nach dem Tod bleiben sie zwar übrig, verlieren aber nach und nach ihre Bindungskräfte, bis sie wieder zu dem werden, was ihr Ausgangszustand war – Sternenstaub als freie Elektronen und Atome.

Warum also beachten wir während unseres Lebens fast ausschließlich die Masse der Materie? Das liegt daran, dass alle unsere Sinne auch Konstruktionen aus Massen sind und wir mithilfe der an diesen Sinnesmassen entstehenden Kräfte und Zeitoperationen die Umwelt und Innenwelt unseres Körpers erfassen. Wir messen sozusagen die uns umgebenden und in uns wirkenden Energien über die Kräfte an Massen. Dieses Prinzip sehen wir uns weiter unten noch genauer an.

Die drängende Frage, die sich wohl jeder stellt, ist: Wenn wir quasi vollständig aus einem massenmäßigen Nichts bestehen, was gibt es darin Wichtiges? Organismen müssen doch irgendwo mit ihrer Intelligenz und ihren Überlebensfunktionen eine Repräsentation haben? Haben sie auch. Im masselosen Raum – im Raum zwischen den Massen – befinden sich ausschließlich potenzielle Energien und Informationen. Sie sind Wahrscheinlichkeiten und werden deshalb als virtuell bezeichnet. Ein Potenzial führt nicht unmittelbar zur Leistung, sondern ist nur die Möglichkeit, etwas leisten zu können. Ein Potenzial besitzt keinen Raum, keinen Beginn und kein Ende, also auch keine Zeit. Das Entscheidende ist, *diese Wahrscheinlichkeiten müssen, damit sie wirken können, in eine Realität geschaltet werden.*

Wir wollen uns das wahre Bild unseres Körpers, wie es sich quantenphysikalisch darstellt, nochmals vor Augen führen.

Massen, also Atomkerne und Elektronen, schließen sich mithilfe von entstehenden Kräften zu Materie zusammen. Materie bildet Formen und Gestalten, die ein relativ großes Volumen einnehmen können. Das gegen seine Umwelt – hier die Erdatmosphäre – abgrenzbare Volumen besteht aber fast vollständig aus Energie und Information. Das Volumen kann sich nur deshalb formen, weil die Kräfte zwischen den Massen quasi durch das Vakuum hindurchgereicht werden.

Im Vakuum selbst kann es keine Kräfte geben. Kräfte entstehen immer erst an Massen, und Massen sind laut Definition im Vakuum nicht vorhanden. Warum kann sich die Konstruktion dann trotzdem verfestigen? Schließlich sind wir alle relativ feste Gebilde, widerstehen vielen einwirkenden Kräften und können mithilfe unserer Skelettmuskeln schwere Gegenstände heben. Das kommt daher, dass die Information, die für an Massen entstehende Kräfte im Vakuum verantwortlich ist, aktiviert werden kann.

Wenn zwei Massen miteinander korrespondieren, wird im virtuellen Informationsrauschen, dem von mir so genannten »Meer aller Möglichkeiten« – also aus dem Rauschen aller möglichen Eigenschaften –, eine einzelne Eigenschaft oder ein Eigenschaftsmuster festgelegt, woraufhin die zugrunde liegende Information die Kraft zwischen den Massen bewirkt. Interessant ist, dass unser aller bewusstes Wahrnehmen genau diese Information mit eigener Energie verändern kann.

Materie wollen wir im Folgenden also immer verstehen als Zusammenschluss von Massen innerhalb eines universell verbreiteten masseleeren Plenums, dem Hintergrundfeld, auch Nullpunktfeld, Psi-Feld oder »Meer aller Möglichkeiten« genannt.

DER ORGANISMUS ALS QUANTENSYSTEM

Die allermeisten Physiker sind sich einig über die Aussage von John Wheeler, einem unserer größten Quantenphysiker: »Die

Welt ist im Grunde eine Quantenwelt, und jedes System ist unweigerlich ein Quantensystem.«

In der Quantenwelt gelten für uns Menschen, die wir in der Makrowelt verkehren, ungewohnte Eigenschaften und Gesetzmäßigkeiten: Wir wollen hier die sogenannte Kopenhagener Deutung der Quantenphysik, die maßgeblich von Niels Bohr und Werner Heisenberg geprägt ist, auszugsweise kurz erwähnen.

Quantensysteme haben vor der Messung und Beobachtung – eine besondere Art der Resonanz – keine festen Eigenschaften. Sie sind nur virtuelle Teilchen aus Wahrscheinlichkeiten einer Wellenfunktion. Kein Quantenteilchen besitzt, bevor es gemessen wird, Eigenschaften, wie beispielsweise einen Spin.

Nur Elektronen, denen Sinn und Bedeutung, also eine Funktion zukommt, erweisen sich als Quelle von Ladung und Information für Kraft und Zeit. Die Wellenfunktion der Elektroneneigenschaft kollabiert dabei (Dekohärenz). Der Kollaps der Wellenfunktion ist der Übergang vom Potenziellen zum Wirklichen.

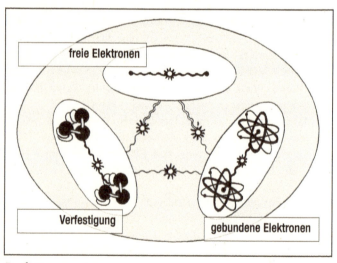

Realitätsgeneratoren

Schauen wir uns die Kaskade der Quantenaktivitäten noch einmal in der Zusammenschau an:

Möglichkeiten von Energie und Information als Wellenfunktionen (Kohärenz) werden nach Dekohärenz zu Quantenfeldern. Quantenfelder bewirken Wechselwirkungen an Massen. Quantenfelder sind aus Quantenteilchen aufgebaut. Quantenteilchen sind aus Quantenbits (Qubits) aufgebaut. Quantenbits sind die Grundlagen der Materie und unserer Gedanken.

Materie ist also im Prinzip aus demselben Stoff wie unsere Gedanken. (Görnitz 2007)

Für alle Quantenfunktionen brauchen wir ein Bewusstsein, denn wir wissen aus Kapitel 1, dass ohne Bewusstsein für uns nichts Konkretes vorhanden ist. Das wird im folgenden Kapitel noch genauer erklärt.

Der dafür notwendige Kollaps der Wellenfunktion ist der Kommunikationsmodus zwischen dem universellen Wissen und dem individuellen Wissen. Wissen orientiert sich an einer Wirklichkeit, die allen gemeinsam ist.

Dazu gehören selbstverständlich auch lebende Systeme wie der Mensch. Der Physiker Paul Davies, ein hervorragender und mit Preisen ausgezeichneter Kenner dieser Materie, stellt fest, dass das Wunder des Lebens auf den merkwürdigen Effekten der Quantenwelt basiert. Bei lebenden Zellen, so sagt er, könne man durchaus von »quantenverstärkter Informationsverarbeitung« sprechen. (Davies 2004, Seite 28) Laut Davies können auch andere Phänomene aus der Quantenwelt – zum Beispiel der Tunneleffekt oder das Bose-Einstein-Kondensat – in Zellen eine Rolle spielen. Es gelte zu erforschen, ob die Zellen einen Weg gefunden haben, Dekohärenz (die Grenzüberschreitung von Wahrscheinlichkeit zu konkretem Ereignis, also zwischen Quantenwelt und klassischer Alltagswelt) zu verzögern. Denn ein isoliertes Atom hält sich an die Gesetze der Quantenwelt mit ihren Wahrscheinlichkeiten und hört erst damit auf, wenn zu viele Einflüsse von außen auf seinen Zustand einwirken. Davies hält es für möglich, dass die Zellen einen Weg gefunden haben, die Dekohärenz teilweise zu verhindern.

Das ist genau das Problem, an dem auch die Entwickler von Quantencomputern arbeiten.

Laut Werner Heisenberg sind »die [zugrunde liegenden] kleinsten Materieeinheiten in Wirklichkeit nicht physikalische Objekte im landläufigen Sinne, sondern Formen, Strukturen oder im platonischen Sinne – Ideen, über die man nur in der Sprache der Mathematik eindeutig sprechen kann«. (Wilber 1984, Seite 51) Wir halten also fest: Organismen bestehen – wie alle Materie – immer nur aus Atomen. Atome wiederum bestehen aus Massen: Atomkerne und Elektronen – reiner Sternenstaub. Die Atomkerne und Elektronen eines Menschen haben bereits in anderen Menschen ihren Dienst getan, in Tieren, in Pflanzen. Sie waren auch schon in anderen Galaxien. Elektronen sind »unsterblich« und Protonen haben eine geschätzte Lebensdauer von 10^{30} Jahren, was für uns nahezu unendlich ist.

Neognostiker in Princeton und Pasadena haben wissenschaftliche »paradoxe Berechnungen« zu den großen Zahlen angestellt. Eine davon sagt Folgendes aus:

Als Cäsar im Jahr 44 v. Chr. die Treppen des Kapitols hinunterging und dabei ermordet wurde, stieß er im Augenblick seines Todes einen letzten Seufzer aus: Er atmete zum letzten Mal etwa einen Liter Luft aus seinen Lungen aus. Dieser Liter Luft verteilte sich im Laufe der Zeit gleichmäßig in der unseren Planeten umgebenden Luftschicht – etwa bis zu einer Höhe von 100 Kilometer über dem Boden. Und so ergibt sich, dass wir mit jedem unserer Atemzüge 25 bis 50 dieser Elektronen einatmen, die Cäsar einst ausgeatmet hat.

Ähnliche Berechnungen hat Charon, ehemals Physiker an der Universität Paris, für die Elektronen unserer DNA angestellt, die – im Gegensatz zu anderen Elektronen unseres Körpers – niemals während unseres Lebens ausgetauscht werden.

Die DNA einer einzigen Zelle wiegt etwa 10^{-6} g. Darin sind ca. hundert Milliarden (10^8) Elektronen enthalten. Einige Jahre nach unserem Tod werden auch sie in einer atmosphärischen Schicht in etwa 100 Kilometer Höhe gleichmäßig verteilt sein, und jeder Kubikzentimeter dieser Luftschicht wird einige Elektronen enthalten, die in unserer DNA ihre Funktion erfüllt haben. Charon sagt: »Unsere Nachkommen werden daher bei jedem ihrer Atemzüge einige unserer (DNA-)Elektronen einatmen, und zwar solange die Erde besteht.« (Charon 1981)

Man muss sich klarmachen, dass dieser Sternenstaub in Organismen zu Raum-Zeit-Konstruktionen verarbeitet wird. Wer konstruiert, wissen wir noch nicht, aber wir können vorerst plausibel postulieren: Organismen – auch der Mensch – sind materielle Raum-Zeit-Konstruktionen, die quantenphysikalischen Gesetzmäßigkeiten unterliegen.

Diese Konstruktionen »schwimmen« in einem Meer aus virtueller Energie und potenzieller Information und können »auf Realität schalten«, und zwar dies aufgrund quantenphilosophischer Gesetzmäßigkeiten. Der Begriff Quantenphilosophie bedeutet, dass das Bewusstsein im Mittelpunkt des Geschehens steht, was im nächsten Kapitel noch näher beschrieben wird.

Die Atome konstruieren Moleküle, die schließlich Organe bilden. Diese wiederum bilden Regelkreise, die uns Menschen Vitalität geben. Beinahe jede dieser Funktionen ist mit Enzymaktivitäten verknüpft. Die Enzyme, die ja Proteine sind, werden von der DNA aufgebaut und »wissen«, an welcher Stelle in unserem Körper zum richtigen Zeitpunkt welche Platzierung vorgenommen werden muss und welche Aktivierungen jeweils stattfinden müssen. Pro Sekunde finden ca. 10^{30} exakt aufeinander abgestimmte physikalisch-chemische Operationen statt. Die heutige Wissenschaftsgemeinde glaubt, die Information dafür sei in den DNA-Molekülen enthalten. Das muss aber nicht zwingend so sein. Genauso gut ist es möglich, dass die Molekülstruktur, also die Struktur der Nukleinsäuren, sowie die Helixstruktur der Proteine notwendig sind, um Information zu detektieren, die sich auch außerhalb der Molekülmassen befindet. Moleküle wären in diesem Modell lediglich Antennen für Signale.

Entscheidend für die Konstruktion der Materie im Mikro- und Makrobereich ist Form/Struktur/Gestalt – und die entsteht durch exakt aktivierte Bindungen zwischen Atomen und Molekülen. Doch wie entsteht die jeweils adäquate Bindungsenergie?

Die Bindungsprozesse zwischen Atomen und Molekülen sind eine Domäne der Quantenphysik. Alle Bindungsenergien können mit einem konstanten Faktor in Frequenzen elektromagnetischer Schwingungen umgerechnet werden.

Die häufigen Van-der-Waals-Bindungen haben eine Energie von 0,04 bis 0,08 eV und entsprechen damit 10 bis 19 THz, einem Schwingungsbereich der Infrarotstrahlung.

Hydrogenbindungen von 0,13 bis 0,30 eV schwingen im Bereich von 31 bis 73 THz, also im sichtbaren Licht von 970 bis 410 nm Wellenlänge als nahes Infrarotlicht bis Blaulicht.

Ionische Bindungen mit 0,2 eV und 48 THz strahlen mit 630 nm im Rotlichtbereich bei Freisetzung der investierten Energie.

Kovalente Bindungen sind energiereich mit 2,2 bis 4,8 eV, entsprechend 532 bis 116 THz, und strahlen nach Öffnung UV-Licht von 60 bis 30 nm ab.

Jedes dieser zusammengesetzten Atom- und Molekülaggregate besitzt neben der Bindungsschwingung eine eigene Hauptschwingung mit diversen Nebenschwingungen. Die dazugehörigen Frequenzen ändern sich mit den Milieubedingungen.

Damit bewahrheitet sich, was die Weisen vieler Kulturen sagen: Nichts existiert so, wie wir es wahrnehmen, nämlich als feste Form und Gestalt. Der wirkliche Urgrund aller Dinge ist nichts als eine unermessliche Symphonie von Schwingungen und Überlagerungen von Schwingungsmustern.

Alle Formen, Strukturen und Gestalten, die wir sehen, sind von der Schwingungsaktivität der Elektronen und Atomkerne abhängig, die sich in dem betreffenden Körper befinden. Wenn sie von einem Energieniveau zum anderen springen, absorbieren oder senden (reflektieren) Elektronen Photonen, die das Bild jedes Körpers übermitteln. Wir und alle anderen Körper aus Materie sind also nicht das, was uns als Bild im Gehirn präsentiert wird, sondern vielmehr komplizierte Schwingungs- und Feldhologramme.

DAS »MEER ALLER MÖGLICH-KEITEN« ALS QUELLE ALLES GESCHEHENS

Im »Meer aller Möglichkeiten« gibt es keine Massen, keine Kräfte und auch keine Zeit, denn Kräfte und Zeit entstehen ja immer erst an Massen. (Massen sind alle diejenigen Gebilde, die der Schwerkraft unterliegen, wie Atomkerne und Elektronen.) Das »Meer aller Möglichkeiten« liegt also im physikalischen Vakuum, das per Definition Masselosigkeit ist: Es gibt im Vakuum weder Atomkerne noch Elektronen als Teilchen.

Der masseleere Raum unseres Körpers geht fließend über in den identischen Raum der umgebenden Luft, weiter in die Atmosphäre der Erde und schließlich in den Kosmos bis in die Unendlichkeit des Universums. Alles zusammen bildet das erwähnte Hintergrundfeld. Dieses Feld ist also innerhalb meines Körpers in jedem Atom (zwischen Atomkern und Elektronen), und es ist auch zwischen den Atomen, also zwischen den Elektronen, die Moleküle aufbauen. Dieses Feld ist vollkommen identisch mit dem Feld, das das Universum durchzieht. Das Hintergrundfeld ist unendlich und ewig.

Wenn wir fast vollständig aus diesem Feld bestehen, wollen wir natürlich wissen, was darin verborgen ist und wofür wir es nutzen können.

Dieses Feld ist zwar leer an Massen, dafür aber voll von unvorstellbar viel Energie und Information – allerdings nur als Möglichkeit, deshalb virtuell. Mathematisch beschreibbar ist dieses Feld durch Wellenfunktionen, die sich alle überlagern.

Und da wir mit diesem in der Wissenschaft so genannten Psi-, oder Nullpunktfeld offensichtlich begrenzt korrespondieren, sprechen Wissenschaftler auch von einem Plenum.

Das (sich zu denkende) Wellenfunktionsfeld einer Energie- und Informationsgröße wird von allen Wissenschaftlern Psi genannt. Psi-Funktionen gibt es nicht nur für Elektronen und Atomkerne, sondern auch für Moleküle, Kristalle, eben für alle Teile der Materie. Psi selbst ist nicht beobachtbar und im ungestörten Zustand alternativ ohne Raum und Zeit, also nicht kausal (d. h. definierte Raumkurven existieren nicht). Psi^2 ist die Intensität und ein nachweisbares Wahrscheinlichkeitsfeld. Es gibt laut Erfahrung die Wahrscheinlichkeit eines Energieteilchens an einer Stelle zu einer bestimmten Zeit an.

Das »Vakuum« einer Glühbirne enthält nach Wheeler, einem Pionier der Quantenphysik, so viel Energie, dass alle Meere dieser Erde damit zum Kochen gebracht werden könnten.

Im Vakuumfeld liegen Energie und Information als codierte Wellenfunktion frei von Raum und Zeit vor, d. h., mit unendlicher und instantaner Verbreitung, also in jedem Augenblick universell. Schrödinger, auf den die Bezeichnung Wellenfunktion zurückgeht, bezeichnet die Wellenfunktion als »Wissen«. Insofern kann das Universum als Wissensfeld bezeichnet werden.

Dieses Wissensfeld hat demnach folgende Eigenschaften: Information wird darin aufgenommen, erkannt, gespeichert, intelligent (zielgerichtet) verwertet, mit Sinn und Bedeutung verknüpft, also insgesamt mit einem Bewusstsein verarbeitet, das Erfahrung ermöglicht. Man könnte dieses Feld durchaus als »universellen Geist« bezeichnen.

Als schwer akzeptierbares Gesamtbild ergibt sich folgende Annahme: Das universale Informationsfeld kann durch lokale mentale Aktivität des Menschen strukturiert werden. Der Mensch holt sich kontinuierlich Energie/Information aus dem Vakuum. Er emittiert Wellen mit longitudinalen Komponenten eines elektrischen Feldes und Anteile Dunkler Energie und bedient damit eine informationelle Energie rund um die Erde. Diese Wellen koppeln sowohl an andere Materie an als auch an die Energie/Information des Vakuums.

Alle biologischen und physikalischen Ereignisse werden dem Vakuumfeld eingeprägt, und der menschliche Geist kann die räumlichen Strukturen sowohl von molekularen Aggregaten als auch von Messgeräten direkt beeinflussen. In diesem Sinne verliert sich die Objektivität des Messvorgangs.

Wir Organismen können aus diesem Feld allerdings nur einen sehr geringen Teil an Energie und Information herauslösen. Aber wir nutzen diese Plenumphase zum Informationsaustausch. Wie machen wir das? Können wir den Informationsaustausch intensivieren? Können wir uns Informationen aus dem Plenum herunterladen?

Der Physik-Nobelpreisträger Erwin Schrödinger sagte 1956 in einer Vorlesung am Trinity College in Cambridge: »Unsere jetzige Denkweise hätte eine kleine Bluttransfusion aus östlichem Gedankengut notwendig.«

Aus Sicht der östlichen Kultur ist Realität das, was der »leere Raum« enthält. Der leere Raum macht die Welt aus. Alte indische Überlieferungen sprechen physikalisch korrekt von der Potenzialität der »Großen Leere«, die fähig ist, Myriaden von Dingen verschiedenster Form und Gestalt hervorzubringen.

Im tibetischen Buddhismus ist die Große Leere »das Allumfassende, das nicht mit den Sinnen Erfassbare, das wie der unendliche Mutterschoß des Weltraums alle Formen gebiert, nährt und in sich beschließt, in dem das Licht ewig strömt, ohne je verloren zu gehen«.

Leere wird definiert als die Abwesenheit aller Bestimmungen, die der Buddha als »das Unentstandene, das Ungeborene, Ungeformte« (*Sunyata* oder Tibetisch *ston-pa-nid*) bezeichnet.

Auch aus Sicht der Quantenphysik entfaltet sich die Welt aus der »Leere«, dem Vakuum. Alle Dinge treten aus dem Zustand der »Leere« in eine wirkliche Erscheinung. Wirklichkeit ist abgeleitet von »wirken«. Es entsteht wirkende Materie und damit objektive Realität. Etwas existiert nur so lange, wie es wirkt.

Der Ursprung hat laut östlicher Tradition folgende Eigenschaften:

Er ist eine vollkommen gestaltlose Einheit.

Er kann aus sich heraustreten.

Er differenziert sich.

Im Buddhismus werden drei *Kayas* (Körper) unterschieden:

1. *Dharma-kaya* (der Körper der großen Ordnung), eine grenzenlos schöpferische, ungeformte Totalität, aus der alle Dinge entstehen.
2. *Sambhoga-kaya* (der Körper des Entzückens), das unmittelbare, dauernde Aufblitzen von Energie vom Grund der Leere.
3. *Nirmana-kaya* (der Körper der Verwandlung), das ständige Verdichten von Energie zu Form und Manifestation (die Materie).

Das entspricht bis in die Einzelheiten dem Wirklichen nach den Erkenntnissen der Quantenphysik. Tatsächlich offeriert das Hintergrundfeld nicht nur Möglichkeiten und Wahrscheinlichkeiten. Immer wieder werden für kurze Momente auch konkrete Energiemengen freigesetzt – genau wie es als *Sambhoga-kaya* beschrieben ist. Diese Energie wird, wenn sie mit Materie in Resonanz geht, als Form festgehalten: *Nirmana-kaya*. Ansonsten fällt sie zurück ins »Meer aller Möglichkeiten« und das Energieerhaltungsgesetz ist gewahrt.

»Die gesamte Wirklichkeit stammt aus einem undifferenzierten Zustand des ursprünglichen Nichts – einem Hintergrund, so wichtig wie Stille für die Sprache.« (Spruch aus dem Taoismus)

WOZU BRAUCHEN LEBEWESEN KÖRPERMATERIE?

Das Prinzip der Entstehung und Beeinflussung, der Bau- und Funktionselemente und letztlich des ganzen Menschen verläuft also folgendermaßen:

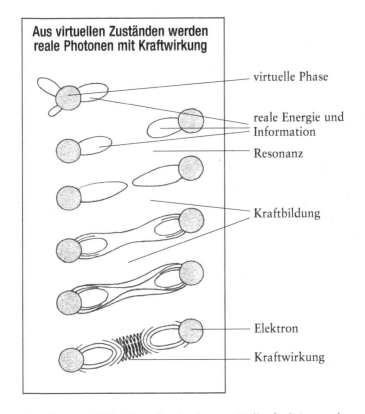

Aus virtuellen Zuständen werden reale Photonen mit Kraftwirkung

virtuelle Phase

reale Energie und Information

Resonanz

Kraftbildung

Elektron

Kraftwirkung

Aus dem Psi-Feld (virtuelle überlagerte Wellenfunktionen des Vakuums) entsteht:

1. Energieübertragung — Kraft an Massen im Raum
2. »Time-like«-Übertragung — Ereignisfolge vorher – nachher – vorher
3. Informationsübertragung — Sinn und Bedeutung

Diese drei Aktivitäten führen zu Form/Struktur/Gestalt als Raum-Zeit-Konstruktion. So entsteht das *Sein,* das Dasein, das Gesundsein – die »Realität« aus Sicht unserer westlichen Kultur und das »Trugbild« *(Maya)* aus Sicht der östlichen Kulturen.

Materie besitzt das Potenzial (die Fähigkeit, die Wahrscheinlichkeit, die Möglichkeit), virtuelle Energie durch Information
in Kräfte umzuwandeln und damit die Realität unserer dreidi-
mensionalen Körperwelt zu schalten. Als Realität bezeichnen
wir sie, weil hier mit den entstandenen Kräften Messbares entsteht und Nachweise geführt werden können.

Das »Umschalten« von der Virtualität (Potenzialität) zu
dem, was wir als Realität bezeichnen, wird durch das Absorbieren einer ausgewählten Energiegröße, sprich: durch Resonanz, eingeleitet. Ein bekanntes Gesetz aus der Hermetik besagt: Gleiches kann nur durch Gleiches erzeugt werden. Durch
Absorbieren, durch Resonanz kollabiert die Wahrscheinlichkeit
(die Potenzialität), und es entstehen Quanten, die konkrete
Kräfte entwickeln. Um Resonanzen zu dirigieren und so die
richtigen Kraftbrücken aufzubauen, ist Information notwendig.
Alles materielle Sein und Geschehen beruht immer und ausschließlich auf Physik und Information.

Information ist, so wie der Begriff hier gebraucht wird, ein
geistiges Prinzip mit physikalischer Grundlage. Es ist sinnlos,
von Information zu sprechen, ohne dass sich diese auf etwas
bezieht. Information entsteht dadurch, dass man eine Energiegröße oder ein Energiemuster aus dem »Meer aller Möglichkeiten« quasi festlegt, indem man ihm Sinn und Bedeutung
gibt. Das heißt: Erst das Verstehen der Information macht sie
zur Information.

Informationen sind letztlich nichts anderes als Antworten
auf Fragen, die wir oder andere Systeme stellen. Sie sind codierte Energie, die auf Nachfrage verstanden und entschlüsselt
wird. (Das grundlegendste Informationselement ist die Alternative Ja – Nein = 1 Bit.)

Jede Energie, die mithilfe von Massen innerhalb unserer
Materie Kräfte aufbaut, ist gepulst. Jede durch Pulse codierte
Energie dient der Information. Auch Sprache gehört in diese
Kategorie.

Das Wesen der Information werden wir später noch näher beschreiben (siehe Seite 145ff.). Hier sei nur auf eine wichtige Gesetzmäßigkeit der Quantenphysik hingewiesen, bei der Pulse eine entscheidende Rolle spielen:

DAS QUANTEN-ZENO-PARADOXON

Im National Institute of Standards and Technology, Boulder Colorado, (NIST), wurden Berylliumionen in einem Behälter energetisch angeregt, indem man sie 256 Millisekunden lang mit Radiowellen bestrahlte. Danach sind die Ionen mit hundertprozentiger Wahrscheinlichkeit alle angeregt. Die Ionen entschieden sich aber erst in dem Augenblick für einen höheren Anregungszustand, in dem sie mit Lasertechnik gemessen (beobachtet) wurden.

Die Ergebnisse im Detail:
Warfen die Wissenschaftler bereits nach 128 Millisekunden einen Blick auf die Ionen, war erwartungsgemäß die Hälfte davon angeregt.
Schauten sie innerhalb von 256 Millisekunden viermal in gleichen Zeitabständen in den Behälter, war nur noch ein Drittel der Ionen angeregt.
Wurde sogar 64-mal in den Behälter geschaut (alle vier Millisekunden), hatten nur ganz wenige Ionen die Anregung angenommen. Fast alle waren im Ruhezustand geblieben. (Itano 2009)

Bei diesem Effekt handelt es sich um das so genannte Zenonparadoxon der Quantenphysik, das in Experimenten vielfach bewiesen wurde: Dauernd »beobachtete« Quantenzustände können sich niemals ändern, auch dann nicht, wenn weitere Anregungsenergien resonant einwirken wollen. Wenn wir Quantenzustände »nicht aus den Augen lassen«, sind ihre

Energiestufen eingefroren. Nur »unbeobachtete« Quantenzustände können sich wandeln. Die Beobachtung, die Messung, das Erkennen verhindert die Ausbreitung von Wahrscheinlichkeitswellen. Es gibt deshalb in einem bestimmten Zeitraum keine Neuzustände mehr.

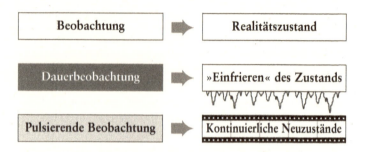

Damit es nicht mit den »eingefrorenen« Zuständen endet, kommt die Kraft des Pulsierens ins Spiel. Alles im Organismus pulsiert. Insbesondere die Molekülbindungen existieren nur eine begrenzte Zeit. Ihre Lebensdauer korreliert direkt mit der Bindungsenergie.

Mittlere Bindungsenergie	Mittlere Dauer der Molekülbindung
0,13–0,32 eV (Wassercluster)	10^{-10} bis 10^{-12} Sekunden
0,9 eV	0,1 Sekunde
1,5 eV	1,3 Jahre
1,8 eV (DNA)	30 000 Jahre

Immer wenn eine Bindung wieder aufbricht, wird die vorher investierte Energie freigesetzt. Interessant ist in diesem Zusammenhang die mittlere Bindungsenergie der Vererbungssubstanz DNA. Sie entspricht einer »Lebensdauer«, die ziemlich genau zu unserem archaischen inneren Aufbau passt. Der heutige Mensch ist in seiner Konstruktion in etwa 30 000 Jahre alt. Das kann man daraus schließen, dass der moderne Homo sapiens Afrikas von den in Europa seit ca. 35 000 Jahren bekannten Formen nicht zu unterscheiden ist. Der Cromagnonmensch, der erste in Europa lebende Homo sapiens, gehört zum anatomisch modernen Menschen und ist etwa 25 000 Jahre alt. Merkmale sind eine hohe Stirn, ein großes Gehirnvolumen, ein parabolischer Gaumen und ein vorstehendes Kinn. Aus seinen Nachfahren gingen die heutigen Europäer hervor. (http://www.evolution-mensch.de/thema/arten/sapiens1.php)

Kristalle und manche Steine sind aus Gitterstrukturen aufgebaut, das heißt, Atome, Ionen und Moleküle wiederholen sich periodisch und ergeben eine geometrisch auffällige Raumstruktur. Die Bauteile treten energetisch aus immer gleichen Abständen heraus in Wechselwirkung und unterscheiden sich dadurch von lebendiger Materie. Durch diese andauernde resonante »Beobachtung« innerhalb der Kristallgitter ist eine schnelle Veränderung wie beim Organismus, in dem alles pulsiert, nicht möglich. Schicksal jeder Materie ist der ständige Kreislauf des Aufbauens und Wiederabbauens, damit Platz für Neues entsteht.

Eine interessante Analogie liefert die göttliche Trinität Brahma, Vishnu und Shiva aus dem Hinduismus.

Brahma	Erzeuger, Schöpfer, Erneuerer	Realitätsbildung durch Beobachtung, Messung (Resonanz)
Vishnu	Bewahrer, Erhalter	andauernde Beobachtung, Dauermessung (u. a. eine Funktion der Bindungsenergie)
Shiva	Zerstörer, Transformator, Wandler	Unterbrechen der Beobachtung, Wegsehen, Pausieren, entspricht der Resonanzunterbrechung

Fazit: Alles, was wir Menschen als Realität bezeichnen, muss durch Informationsherstellung und mithilfe von bereits bestehender Information von einer virtuellen Energie im masselosen Raum (Vakuum) in eine konkrete Kraft umgewandelt werden. In unserer Raum-Zeit-Welt kann nichts existieren, das diesen Prozess nicht durchlaufen hat.

Die Herkunft der Kräfte, der Zeitphasen und der Information »Sinn und Bedeutung« resultiert laut Quantenphysik aus dem Umschalten von Virtualität

= »Meer aller Möglichkeiten«
= Superposition
= Kohärenz

auf Realität

= Festlegung auf eine der Möglichkeiten
= Kollaps der Wellenfunktion
= Dekohärenz

Danach werden die Gesetze der klassischen Physik wirksam.

Immer größer werdende Massen unterliegen immer stärker der Kausalität und nicht mehr der statistischen Möglichkeit, der Virtualität, und werden daher von der klassischen Physik behandelt.

Die zwischen Massen (Atomkern, Elektron) und Molekülen wirkenden (bindenden) Kräfte haben festgelegt:

1. Raum – die Koordinaten, zwischen denen die Bindungskraft wirkt.
2. Zeit – die Zeitspanne, in der eine Bindung bestehen bleibt. Diese Dauer korreliert mit der Bindungsenergie.
3. ›Sinn und Bedeutung‹ – muss von der Zielstruktur verstanden werden, damit Information ihre Aufgabe erfüllen kann.

RESONANZ ALS ENERGIEFÄNGER
UND ENERGIEVERSTÄRKER

Welche Möglichkeiten haben wir, an die Energie und Information aus dem »Meer aller Möglichkeiten« heranzukommen?

Energien, die Kräfte erzeugen, werden bevorzugt durch Resonanz eingefangen. Und damit eine Resonanzsituation als solche »erkannt« wird, müssen Informationen fließen. Welche Informationen sind das?

Masse-Raum-Zeit-Konstruktionen erzeugen Räume, die einem Volumen Grenzen setzen. In der Raum-Zeit-Konstruktion *Mensch* bestehen diese Grenzen – Membrane, Zellwände, Blutgefäßwände, Körperabschlussgewebe mit Haut und viele mehr – aus verdichteter Masseanordnung gegenüber der Umgebung. Verdichtete Massen – das heißt mehr Moleküle und somit mehr Elektronen.

Trifft nun elektromagnetische Energie, die von bewegten schwingenden Ladungen ausgehen kann (jedes beschleunigte oder abgebremste Elektron als Ursache von Ladungen sendet Quanten, meist Photonen, aus), auf die Elektronen, so werden diese angeregt, fallen dann aber wieder in ihren Grundzustand zurück und senden in diesem Moment selbst Energie in Form von elektromagnetischer Schwingung aus – oft in der gleichen oder einer ähnlichen Frequenz. Wir sprechen dann von Reflexion.

Und wenn diese abgesendete Schwingung die einfallende Schwingung überlagert, kann es, wenn sich die Schwingungsamplituden addieren, zu Schwingungsüberhöhungen kommen, zu Resonanz. Damit werden auch die Kräfte, die aus der Information innerhalb der Schwingungen resultieren, immer stärker. Aus kleinsten Energieanregungen können so enorme Kräftekonstellationen entstehen, bis zur (Resonanz-)Katastrophe.

Bei akustischer Resonanz können Gläser zerspringen, bei elektromagnetischer Resonanz im Rückkopplungsmodus können Mikrofone plötzlich kreischende Laute von sich geben. Bei psychischer Resonanz brechen unter Umständen betroffene Menschen in Panik aus, was im medizinischen Jargon »Panic disorder« genannt wird.

Jeder Raum lässt die für ihn typischen akustischen und elektromagnetischen Schwingungsfrequenzen zu. Alle Quanten, auch Elektronen, können beides sein: Schwingungen oder bei Kommunikationspartnern Teilchen. Alle Elektronen in einem begrenzten Raum ordnen sich dann den erlaubten Schwingungsgrößen unter. Die kollektive Schwingungsfrequenz von Elektronen hängt also von der Größe und Form des jeweiligen Raumes ab. Nur ganze Wellenberge und Wellentäler sind erlaubt. Die Wellen müssen genau zwischen die gegenüberliegenden Wände passen, halbe Wellen sind nicht erlaubt. Atome, die sich ebenfalls in diesem Hohlraum befinden, können mit den passenden Raum-Resonanzwellen angeregt werden. Sie können diese Energie aber nur dann wieder abstrahlen, wenn der Hohlraum unverändert bleibt. Wenn sich der Raum durch mechanische Einwirkung verändert hat und die Wellenlänge nun nicht mehr hineinpasst, bleibt das Atom im angeregten Zustand. Dieser Effekt wurde erstmalig 1958 durch J. M. Sprnaay experimentell bestätigt – zehn Jahre nach der Theorie von H. B. G. Casimir, der dem Effekt seinen Namen gegeben hat (Casimir-Effekt). Der Casimir-Effekt gilt in der Physik als Nachweis dafür, dass Vakuum quasi lebendig ist, voller Fluktuationen der darin enthaltenen Energie.

So sind folgende Materiekompositionen, nämlich Atom, Elektronendichte und der diese beiden Komponenten umgebende Raum, über die sich einstellenden resonanten Schwingungen (eigentlich die Zeitkomponente von Schwingungen, also die Frequenz der Wiederholung einer Schwingung) immer eine Einheit. Ein begrenzter Raum, ob leer oder gefüllt, ist also genauso zur Resonanz von Energie und Information fähig wie beispielsweise Antennen als Sender und Empfänger, die ja ihrerseits spezifisch begrenzte Raumstrukturen für Elektronen sind. Es gibt noch eine Besonderheit – das Plasma. So nennt man das Milieu geladener Teilchen. Russische Forschungen haben deutlich gemacht, dass unser Organismus voll davon ist, wenngleich die Physik hier nur ein Elektronen- oder Ionenmilieu anerkennt (Warnke 2008). So eine Plasmaphase entwickelt nicht nur elektromagnetische Schwingungen, die ja immer senkrecht zu Fortpflanzung der Welle schwingen, sondern auch longitudinale Schwingungen. Das ist ein Schwingungsmodus, über den wir uns akustisch unterhalten. Im Plasma sind diese Schwingungen nicht akustischer, sondern elektrostatischer Natur. Innerhalb der Plasmaphase können sich nur jene Wellen fortpflanzen, deren Frequenz größer ist als die Plasmaelektronen-Eigenfrequenz. Bei Wellen mit kleinerer Frequenz – und das gilt eben nur für die longitudinalen Schwingungen mit Ionen und Elektronen als Träger – tritt dagegen immer Totalreflexion ähnlich wie bei einer Metallplatte auf, und dann entstehen wieder unsere typischen Resonanzstrukturen.

Jedes Elektron fühlt die Besonderheit eines Raumes und modifiziert sein Verhalten entsprechend. Es unterwirft sich den spezifischen Schwingungsfrequenzen. So hat jeder Raum seine Eigenschwingung und ist deshalb Information für die Festlegung von Wellenlängen. Jede Frequenz entspricht einer bestimmten Quantenenergiegröße und damit einem bestimmte Eigenschaften übertragenden Teilchen. Wir brauchen die in unserem Körper konstruierten Räume also, um bestimmte Energiegrößen per Resonanz aus dem Vakuum abzugreifen, sie im Kollektiv gleichzeitig reagierender Teilchen zu verstärken und Bindungsbrücken als Kräfte zwischen Massen herzustellen.

Fassen wir zusammen, damit wir uns diese Tatsachen für die späteren Ausführungen besser merken können:

Die so aufgebaute Materie unseres Körpers mit ihren Schwingungsfeldern ist notwendig,

> weil durch sie Resonanzen entstehen, die Bindungsbrücken zwischen Massen bauen,

> weil Energie und Information aus dem »Meer aller Moglichkeiten« extrahiert werden kann; diese wird dann wie

oben geschildert »festgehalten«, umgewandelt und wieder abgegeben,

› weil selbstverständlich auch mit der Hilfe der Massen unser Körper als Materiekonstruktion über die Gravitationskraft an der Erdoberfläche gehalten werden muss.

Die Probleme ergeben sich nun zwangsläufig: Wie können bestimmte Energie- und Informationsgrößen selektiert und aus ihrem virtuellen Status in die Realität überführt werden? Und wie können selektierte Energie- und Informationsgrößen dann in der Welt der Materie zum Aufbau eines sinnvollen Systems verwendet werden?

Als Erstes braucht man ein Transformatorsystem, das die Energie- und Informationsgrößen realisiert, also in die Welt der Materie transportiert. Die zweite Voraussetzung ist ein Speicher für Informationsmuster, der sämtliche Konstruktionen und Erfahrungen enthält und auf den beliebig zugegriffen werden kann. Dafür bietet sich natürlich das »Meer aller Möglichkeiten« an.

Es gibt zwei Wege, wie aus Möglichkeiten Wirklichkeit wird, oder anders ausgedrückt: wie aus virtueller, unbestimmter Energie und Information reale, bestimmbare Materie und ihre Beeinflussung entstehen. Der eine führt über die soeben beschriebene Resonanzfähigkeit bereits bestehender Materiestrukturen mit unterschiedlich orientierten Räumen und Raumgrößen zwischen den Massen. Um ihn zu gehen, brauchen wir beispielsweise unseren Körper. Der andere führt über die Aktivität des Bewusstseins, auf die wir uns später noch konzentrieren werden.

Der direkte materielle Aufbau unseres Körpers wird möglich, weil das DNA-Gedächtnis und das Gedächtnis des »Meeres aller Möglichkweiten« dafür sorgen, dass resonant schwingende Moleküle immer wieder neu auf- und abgebaut und an den richtigen Stellen innerhalb der vorgegebenen Matrix unseres Körpers platziert werden. Auf diese Weise werden Kräfte übertragen, die uns die notwendige Festigkeit geben und uns funktionieren lassen.

Der innere Aufbau, den wir eben dargelegt haben, ist wiederum abhängig von den äußeren Energien in der Umgebung des Menschen. Einerseits prägen vor allem Gehirnneuronen dem »Meer aller Möglichkeiten« ständig die verschiedensten individuellen Informationen ein. Andererseits holt sich das Individuum laufend Informationen aus diesem Feld. Auch das DNA-Gedächtnis kann man in dieses Modell eingliedern. Die spiralige Molekülkonstruktion der DNA könnte als resonante Antenne dazu dienen, spezifische Informationen aus dem »Meer aller Möglichkeiten« abzugreifen. (vgl. Kapitel 5). Unser Geist oder das zugehörige Bewusstsein interpretiert diese realisierten Informationen, gibt ihnen Sinn und Bedeutung und steuert die Materie entsprechend.

Wir müssen nun unterscheiden:
1. Selbstorganisation der Materie (selbst regulierte Energie- und Zeitoperation),
2. Modulation der Materie durch den Geist (bewusstseinsregulierte Energie- und Zeitoperation),
3. Modulation der Materie durch Energien von außen.

Obwohl immer alle drei Faktoren ineinandergreifen und gleichzeitig vorhanden sind, wollen wir uns im Folgenden nur mit dem Zweiten, also mit der Modulation der Materie durch den Geist, beschäftigen.

Kapitel 4

ALLES ENTSTEHT DURCH BEWUSSTSEIN

»Es gibt keine Materie, sondern nur ein Gewebe von Energien, dem durch intelligenten Geist Form gegeben wurde …«

Max Planck

Man kann durchaus die Aussage wagen, dass wir auf dieser Erde in einem Körper leben, um Erfahrungen zu machen, die wir allein mit den Bauteilen unseres Körpers, den Elementarteilchen, nicht machen könnten. Genau für diesen Prozess – »Erfahrungen machen« – brauchen wir ein Bewusstsein.

Wir haben im vorigen Kapitel erfahren, dass wir unsere Körpermaterie verwenden können, um aus einem »Meer aller Möglichkeiten«, also aus den sogenannten virtuellen Inhalten des Vakuums, konkrete Teilcheninformation festzulegen, womit schließlich Kräfte an der Materie wirken. Die Frage, die sich nun anschließt, ist: Wer vollführt diese Aktion – und wer bin »ich«? Auch um diese Frage zu beantworten, wird ein Bewusstsein benötigt. Aber was ist das Bewusstsein, das wir für unser Erleben verantwortlich machen, überhaupt? Bewusstsein ist so selbstverständlich für uns, dass keiner mehr über diese Frage nachdenkt. Bewusstsein ist uns meist nicht bewusst und dennoch ist es das Wichtigste, was wir besitzen.

Worin also besteht der dem Menschen eigentümliche Zustand, »bewusst zu sein«? Diese Frage wurde von der Hirnforschung noch nicht beantwortet.

Man wollte die allgemeine Gehirnaktivität mit Bewusstsein gleichsetzen, aber das misslang. Im Tiefschlaf, in Narkose, in einigen Arten von Koma und bei epileptischen Anfällen ist ein Großteil der Gehirnareale durchaus aktiv, ohne dass sich bewusste Zustände einstellen. Auch das Kleinhirn ist dauernd aktiv und hat mehr Nervenzellen (Neuronen) als das Großhirn. Dennoch trägt es nur wenig zum bewussten Erleben bei.

Seit dem Aufkommen der Psychoanalyse wird vermehrt von bewussten und unbewussten Prozessen gesprochen, und im Anschluss an Sigmund Freuds Lehre wird angenommen, dass es ein umfangreiches Strukturnetzwerk gibt, das unsere Lebensfunktionen bestimmt, ohne dass uns dies bewusst wird. Seither unterscheidet man zwischen Bewusstsein und Unterbewusstsein. Weitere Bewusstseinszustände werden in der Literatur erwähnt: Tages- oder Wachbewusstsein, Traumbewusstsein, Nahtodbewusstsein. Nichts davon ist eindeutig definiert.

Wenn wir also keine allgemein anerkannte Definition für Bewusstsein und Unterbewusstsein haben, müssen wir selbst eine Definition finden, die festlegt, wie wir diese Begriffe im Kontext dieses Buches aufgefasst haben wollen. Menschen, die meinen, dass sich Bewusstseinszustände je nach Situationen ändern, irren scheinbar. Denn Bewusstsein kann als *ein einziger, ganz bestimmter Modus* aufgefasst werden, der immer gleich funktioniert. Was sich ändert, ist das jeweilige Wahrnehmungsfenster, das mit dem Schalter Bewusstsein aufgemacht wird. Wir befinden uns nicht etwa in jeweils anderen Bewusstseinszuständen, sondern bekommen verschiedene Wahrnehmungen präsentiert: eine Wahrnehmung des Ichs, eine Wachwahrnehmung mit Speichereigenschaften, die »Erinnerungen« festhält, eine Traumwahrnehmung und sogar eine Nahtodwahrnehmung. Sicherlich sind auch noch andere Wahrnehmungsmodalitäten aktiv, etwa die besondere Sensorik im Tiefschlaf.

Außerdem ist ständig das Unterbewusstsein aktiv, das uns mit Informationen aus der Gefühlswelt versorgt. Das Unterbewusstsein – wir werden es später in Kapitel 7 als Seele identifizieren – erkennt die Unermesslichkeit. Dies wird auch dadurch deutlich, dass die Hauptgefühle (Liebe, Vertrauen, Hass etc.) angeboren sind und dass der Verstand das augenblickliche Gefühl niemals erfassen kann. Bemüht sich der Verstand, das aktuell wirkende Gefühl zu erkennen, entschwindet es und macht einem neuen Gefühl Platz: der Neugier des Verstandes. Der Verstand kann das Gefühl also nie direkt lenken. Wohl aber lassen sich Stimmungen über die willentliche Auswahl der Gedanken dirigieren. Auch der Glaube gehört in diese Kategorie, denn er bewirkt eine eher indirekte Aufmerksamkeitslenkung.

Die Gefühlsstimmung, die wir als Motivation bezeichnen, ist entscheidend für unser Tun und verläuft dennoch vollkommen unbewusst. Ohne Motivation geht überhaupt nichts. Grundmotivationen sind Gier (haben wollen) und Ablehnung (vermeiden wollen). Wir definieren deshalb:

Bewusstsein ist ein Modus, der das Erkennen und Verarbeiten der Information eröffnet, die der Vernunft zufließt. Unterbewusstsein ist derselbe Modus, der das Erkennen und Verarbeiten der Information eröffnet, die der Emotion zufließt.

Diese Definition soll deutlich machen, dass es nur *einen Modus Bewusstsein* gibt, der je nach Gehirnaktivität auf unterschiedliche Wahrnehmungsmöglichkeiten und Wahrnehmungsfenster zurückgreift und so den Anschein erweckt, als gäbe es verschiedene Bewusstseinszustände.

Wenn der Modus Bewusstsein/Unterbewusstsein eine so entscheidende Rolle in unserem Leben spielt, sollten wir kurz aufzählen, was wir damit alles verbinden können.

Bewusstsein/Unterbewusstsein bedingt beispielsweise Wahrnehmung und Intelligenz, Gedächtnis und Erinnerungen. Bei

Menschen organisiert das Bewusstsein alle Gedanken, Erkenntnisse und Erfahrungen, das Wissen, den Willen, die Wünsche und die Intuition sowie sämtliche Gefühlsmuster und Stimmungen. Wenn also im folgenden Text von Bewusstsein die Rede ist, ist stets auch das Unterbewusstsein mit eingeschlossen.

Indem Bewusstsein das Tor für ausgewählte Information öffnet, ist es der Motor des Verstandes. Der Verstand bewirkt das Denken, und daraus folgen die Gedanken. Gedanken sind die vom zentralen Nervensystem, Emotionen die vom vegetativen Nervensystem verarbeiteten Informationen. Denken allein führt zu keiner Veränderung der Materie, aber Gedanken *in Kombination mit* Emotionen beeinflussen die Körpermaterie immer, was sich beispielsweise an der Mimik ablesen lässt. Deutlich spürbar ist auch, dass sich die Muskulatur bei aversiven Gedanken ein wenig verkrampft. Bewusstsein wird damit zu einer Schnittstelle zwischen Informationsfeld und Materie.

Bewusstsein kann aber noch mehr. Es öffnet nicht nur das Tor für Informationen, sondern steuert auch die Wahrnehmung. Sinne werden dirigiert und auf ein Ziel konzentriert. Das heißt, sie werden vom Bewusstsein für eine bestimmte Aktivität ausgewählt. Die Wahrnehmung ist ein Akt des bewussten Beobachtens. Dies wiederum beinhaltet die Kunst des kreativen Weglassens unzähliger Möglichkeiten, die Filterung sinnvoller Eigenschaften aus dem allgemeinen Rauschen. Allgemein gesagt, ist Bewusstsein der Modus, der die Eigenschaften von Dingen und Vorgängen gezielt zur Wahrnehmung bringt und ordnet, und zwar nach dem Prinzip *Gleiches erkennt Gleiches,* das wir bereits als Resonanz kennengelernt haben. Das Wahrgenommene wird von den Gefühlen interpretiert, mit Sinn und Bedeutung versehen und vom Verstand in ein Ordnungsschema eingeordnet. So entsteht die Welt.

Vorstellungen (Imaginationen) sind bewusst erzeugte Bilder mit Sinn und Bedeutung. Sie steuern – wie in einem Traum – die Körpermaterie genauso, als sei die Situation real. So führt bereits die Vorstellung eines grellen Lichts dazu, dass sich die Pupillen zusammenziehen. Hier spielt die Bedeutung von »grell« die entscheidende Rolle. Allein die Vorstellung, in eine Zitrone zu beißen, lässt »das Wasser im Munde zusammenlaufen«, wobei die Bedeutung von »extrem sauer« der Auslöser ist. Wehe, wenn wir uns intensiv vorstellen, das eigene Herz schlage zu schnell, man habe Kreislaufstörungen oder Ähnliches. All das wird ziemlich sicher passieren.

Eine Welt ohne unser Bewusstsein kann es für uns nicht geben. Auch Naturgesetze, die als unumstößlich und objektiv angesehen werden, gäbe es ohne ein Bewusstsein nicht, denn sie sind ja erst durch ein Bewusstsein entstanden. Alles, was Menschen heute wissen und jemals gewusst haben, ist immer und ausschließlich über ein Bewusstsein entstanden. Bewusstsein ist der Vermittler allen Wissens. Es gibt kein Wissen auf der Erde, das nicht durch den Filter eines menschlichen Bewusstseins gegangen wäre. Das ist eine Tatsache, die wir uns nicht oft genug vor Augen führen können.

Wenn unsere Definitionen stimmen, gibt es eine Hierarchie der Bewusstseinsmomente: So, wie das »Körperzellenbewusstsein« mithilfe ausgetauschter Informationen Organe konstruiert, das »Organbewusstsein« Organismen aufbaut und Organismen Gesellschaften bilden, so bekommt die Wahrnehmungsstruktur des Bewusstseins-Agens mit jeder neuen Vereinigung eine höherer Qualität, weil immer neue Informationsstrukturen abrufbar werden.

Wenn das Bewusstsein also dermaßen grundlegend für alles ist, sollte nicht mehr die bisherige Lehrmeinung gelten, wonach sich der Geist (Bewusstseinsträger) als Nutzer des Bewusstseins aus der Materie entwickelt hat. Vielmehr sollte die Materie aus dem Geist abgeleitet werden. Denn jede Materie kann immer nur durch ein Bewusstsein erkannt werden. Das Wesen der Natur ist somit eher geistig als materiell.

Das Wesen des Lebens ist am besten zu begreifen, wenn wir uns selbst beobachten und die richtigen Fragen stellen.

Legen Sie sich entspannt hin und gehen Sie mit Ihren Gedanken in sich. Sie wissen: Hier liegen mein Körper und mein Ich. Während Sie das denken, gibt es offensichtlich eine weitere Instanz, welche dies alles, einschließlich Ihrer Gedanken, beobachtet. *Wer beobachtet Ihre Gedanken?*

Wir können unser Bewusstsein jederzeit auf eine bestimmte Gegebenheit konzentrieren, zum Beispiel beim Spazierengehen auf eine schöne Blume. Oder wir konzentrieren uns ganz bewusst auf bestimmte Dinge, um eine Auswahl zu treffen und Ordnung in den Informationsdschungel zu bekommen. *Wer gibt dem Wachbewusstsein den Auftrag dafür?*

Es gibt sehr interessante Versuchsergebnisse, die beweisen, dass unser Gehirn bereits Aktivitäten für eine Handlung zeigt, obwohl unser Bewusstsein noch gar nichts von einer Handlung weiß (siehe Seite 113ff.). *Wer handelt da, wenn es nachweislich nicht das Wachbewusstsein ist?*

Auch wurde in Experimenten immer wieder nachgewiesen, dass Zuschauer, denen man eine zufällige Folge von Bildern auf einem Bildschirm oder einer Projektionswand zeigte, den jeweiligen Inhalt – beispielsweise eine Landschaft, ein Unfall oder ein sexuelles Thema – vorwegnehmen konnten. Mit anderen Worten: Die Zuschauer ahnen bereits, welche Inhalte gleich projiziert werden, obwohl das Bild noch gar nicht zu sehen ist. Dieses Phänomen ist reproduzierbar und heißt antizipatorischer Effekt. *Aber wer oder was in uns weiß etwas, das noch gar nicht präsentiert ist?*

Wenn ein Laserlichtstrahl, wie wir ihn vom Pointer kennen, in beliebigen, rein zufällig von einem Gerät gesteuerten Kurven über eine weiße Wand läuft, schaut unser Auge bereits sechs Millisekunden vorher exakt auf den Punkt, der vom Lichtstrahl gleich eingenommen werden wird – rein zufällig und eigentlich unvorhersehbar.

Vordergründig könnte man hinter der übergeordneten Instanz zunächst das eigene Ich vermuten. Kein Zweifel: Ich lebe mit Bewusstsein, aber das Ich ist offensichtlich nicht identisch mit dem Bewusstsein. Es ist außerhalb des Bewusstseins. Mein Ich verwaltet und verwendet Bewusstsein. Es ist quasi der Direktor, der Richtungsgeber und wird damit zu einer Selbstinstanz. Tatsächlich verwendet mein Ich das Bewusstsein letztlich, um Ziele festzulegen. Bewusstsein und Ich bedingen sich gegenseitig. Was nicht heißt, das es nicht auch andere Wesen gibt, die gleichermaßen die Eigenschaft eines Bewusstseins aufweisen.

Bewusstsein wollen wir deshalb im Kontext dieses Buches und in Ergänzung zur obigen Definition wie folgt definieren:

Bewusstsein ist das Agens und die Fähigkeit eines Wesens, Information als solche zu erkennen und sie zielgerecht, also intelligent zu verarbeiten.

Bewusstsein ist demnach ein Prozess. Und nun haben wir ein Problem, denn wenn diese Definition richtig ist, hätte jeder Computer ein Bewusstsein, und der Mensch wäre letztlich ein Computer. Nein, keineswegs, denn mit dem Begriff Bewusstsein haben wir die Rolle des Unterbewusstseins nicht ausreichend gewürdigt.

Das Unterbewusstsein, das auch als emotionales Bewusstsein bezeichnet wird, ist die Fähigkeit, Information, die über die angeborenen Gefühle ablaufen, zu erkennen und intelligent zu verarbeiten. Durch das Unterbewusstsein werden unglaubliche >95 Prozent der gesamten Informationsverarbeitung meiner Lebensfunktionen getätigt. Das Unterbewusstsein nimmt etwa eine Milliarde Informationseinheiten pro Sekunde auf. Davon gelangt normalerweise nur ein Prozent über die Bewusstseinsschwelle.

Das tägliche Bewusstsein der Vernunft hat keine Kontrolle über die automatisch ablaufenden Gefühlsaktivitäten des Unterbewusstseins, und das ist auch gut so, denn die hochintelligente Automatik des Unterbewusstseins dient letztlich dem Schutz des Tagesbewusstseins und macht es uns möglich, uns auf das Wesentliche zu konzentrieren, ohne durch überflutende Information gehemmt zu werden.

Gefühle produziert ein Computer nicht, und verarbeiten kann er sie schon gar nicht. Deshalb sind Organismen weit mehr als Computer, und ein Mensch wird sich niemals durch eine künstliche Intelligenz ersetzen lassen.

Das Ich *plus* Bewusstsein/Unterbewusstsein können wir als die Selbstinstanz bezeichnen. Wichtig ist, dass die Selbstinstanz ohne ein Bewusstsein vollkommen isoliert wäre und nicht so existieren könnte, wie wir sie aus der Natur und in uns Menschen kennen. Eine Weiterentwicklung wäre völlig ausgeschlossen. Mit Bewusstsein hingegen ist sie die Ursache jeder Ordnung, weil sie Information intelligent verarbeitet. Die Selbstinstanz ist eine sich weiterentwickelnde Wesenheit mit großer Speicherkapazität. Sie gehört zum Wesen meines Lebens.

WIE UNSER BEWUSSTSEIN DIE KÖRPERMATERIE DIRIGIERT

Unser tägliches Leben ist geprägt von dem Willen, etwas zu tun, und dem Glauben, es auch tun zu können. Wir denken nicht darüber nach. Dieser Prozess läuft unbewusst ab. Motivation, Zuversicht und Glaube bedienen sich angeborener Gefühle, um sämtliche Funktionen unseres Körpers – Blutkreislauf, Energieversorgung, Mimik, Körperhaltung und unendlich viel mehr – automatisch auf die von uns gewollten Handlungen einzustellen. Wenn Motivation und Glaube Tag für Tag die Materie unseres Körpers steuern, dann auch im Krankheitsfall. Wenn wir nun den Glauben so manipulieren könnten, dass er als Heilkraft wirkt, wäre Heilung dann nicht ganz leicht möglich? Welche nachweisbaren Energien stecken hinter diesem Mechanismus? Wo liegen die Grenzen seiner Wirksamkeit?

Es gibt ein massives Hindernis für die gezielte Einflussnahme. Haben Sie schon einmal bemerkt, dass Ihnen unentwegt Gedanken durch den Kopf schwirren? Das geht gleich morgens nach dem Aufwachen los und hört erst mit dem Einschlafen auf. Auch aus unseren Träumen verschwinden die Gedanken nicht, nur in den Tiefschlafphasen haben wir Ruhe vor ihnen. Etwa 40 000 Gedanken, so schätzt man, verarbeitet ein Mensch durchschnittlich am Tag. Gedanken sind notwendig zur Planung nach der Verarbeitung von Informationen. Und sie können den »Willen« auslösen, der sich auf die Materie auswirkt. Aber sie können auch enorm »nerven« und Eigenschaften wie Weisheit, Gelassenheit und Ruhe blockieren, die uns viel nützlicher sein können. Gedanken laufen nach einem immer wiederkehrenden Muster ab. Sie beziehen sich entweder auf vergangene Erlebnisse oder auf künftig mögliche Ereignisse. Fatal ist für viele Menschen, dass sie ihre eigene Vergangenheit als frustrierend empfinden, weil einiges nicht so geklappt hat, wie sie es sich gewünscht haben. Und die Zukunft ist so ungewiss. Es könnte ja etwas Schlimmes passieren, oder die unbefriedigende Vergangenheit könnte sich fortsetzen. Es gibt genug denkbare Ursachen für Angst, Furcht und Ungewissheit, und so wird der einzig reale Zustand im Leben – die Gegenwart – von unschönen Emotionen verseucht.

Gedanken verbrauchen enorme Mengen an Energie. Besonders die negativen Gedanken, die unentwegt »Alarm« signalisieren, belasten unseren gesamten Energiehaushalt.

Die Beurteilungszentrale, in der die Etiketten »gut« oder »schlecht« aufgeklebt werden, ist abhängig davon, dass einer Sache oder Situation Sinn und Bedeutung gegeben werden. Wie läuft das ab?

Wir sind schöpferisch tätig, indem wir selbst, jeder für sich, Realität schalten. Das gelingt immer dann, wenn wir Eigenschaften einer Sache oder eines Vorgangs abrufen. Um Eigenschaften erkennen zu können, müssen wir ihnen Sinn und Bedeutung geben. Gleichzeitig müssen wir fähig sein, sie mit

Eigenschaften zu vergleichen, denen wir schon früher Sinn und Bedeutung verliehen hatten. Kurz gesagt, wir setzen Erfahrung ein.

Aber wieder stellt sich die Frage: Wer in uns kann beurteilen, wer kann Sinn und Bedeutung geben? Es ist unsere Gefühlswelt. Erstaunlicherweise sind uns die Hauptgefühle zur Beurteilung eines Vorgangs oder Ereignisses angeboren. Es sind neben anderen Freude, Traurigkeit, Liebe, Wohlbehagen und Sicherheit einerseits sowie Hass, Wut, Angst andererseits. Wir sind uns in diesen Gefühlen untereinander weit ähnlicher als in irgendeinem anderen Merkmal. Auch viele Tiere besitzen diese Gefühle. Wenn wir alle Gleiches haben, sind resonanzartige Stimulationen möglich. Wir lassen uns gegenseitig mit bestimmten Gefühlen anstecken. Wir freuen uns gemeinsam, wir weinen gemeinsam und halten so die Gruppe zusammen. Als Kleinkinder müssen wir von unseren Eltern und Bezugspersonen lernen, die angeborenen Gefühle auf die dazu passenden Vorgänge zu projizieren. Der Gruppeneffekt erleichtert diesen Lernvorgang. Haben wir das richtig gelernt, können wir die Ereignisse in uns und um uns herum integrativ beurteilen. Integrativ heißt hier: Wir analysieren nicht die Einzelfaktoren der Ereignisse. Vielmehr sagt uns das Gefühl, das in uns aufkommt, was gut oder schlecht daran ist. Das gibt Sinn und Bedeutung, und nun erst wird das Ereignis für uns Realität.

Die wichtigsten Impulse unseres Daseins kommen aus unserer Gefühlszentrale. Diese Tatsache wird uns in diesem Buch immer wieder beschäftigen. Gefühle und Denken lassen sich nicht trennen. Die Realität, die über die Gefühle in unser Leben kommt, steuert die Funktionen unseres Körpers. Gefühle sind Begleitstoff aller Gedanken. Entweder werden Gefühle spärlich investiert, dann wirke ich eher »cool« beziehungsweise intellektuell. Oder sie werden verstärkt eingesetzt und ich bin »emotional«. Intellektuell bedeutet, dass das Verstehen eines Vorgangs oder einer Sache im Vordergrund steht. Emotional (wörtlich: »nach außen bewegend«) bedeutet, dass mein Körper für die

Reaktion auf ein Ereignis vorbereitet wird und er gleichzeitig meiner Umgebung signalisiert, wie es mir geht, wie es in mir aussieht.

Alle Interessen, jede Motivation, alle Werte beruhen auf Gefühlen. Wir erleben unsere Tage entweder als glücklich, lustig, anregend oder aber als deprimierend, langweilig, enttäuschend. Selbst der Vorsatz, eine Situation streng logisch anzugehen, ist eine Gefühlsentscheidung.

Wenn das Gehirn mit der Verarbeitung aller Sinnesreize, ihren Nutzanwendungen, dem ständigen »Geben von Sinn und Bedeutung« und planenden Gedanken voll ausgelastet ist, laufen nach anerkannter Schätzung rund 2,3 Billiarden Rechenoperationen pro Sekunde im Nervensystem ab. Und weil die Energieversorgung des Gehirns stets Vorrang hat, fehlt diese Energie an anderen Stellen. Umwelteinwirkungen wie Mobil- und Kommunikationsfunk und große Mengen von Noxen verschärfen das Problem des Energieverschleißes noch.

Fehlende Energie macht Nerven- und Muskelzellen höchst sensibel. Zunächst werden wir nervös und verkrampfen uns. Wenn der Energiemangel länger anhält, kommt es zu vielfältigen Funktionsstörungen. Psyche und Körper leiden, und diese Leiden verstärken sich gegenseitig. Tinnitus, Hörsturz, Schlafstörungen, Ruhelosigkeit, Burn-out und Depressionen sind die Folgen. Die nächste Eskalationsstufe ist jene Krankheit, die mittlerweile fast überall auf der Welt vermehrt auftritt: Entzündungen in mehreren Organen und ihre Ausbreitung im ganzen Körper. Nach vielen Jahren wird daraus fast zwangsläufig Krebs.

Die ungeheure Reiz- und Informationsbelastung bei mangelnder Energiekapazität ist die Ursache dafür, dass psychische Erkrankungen sehr stark zugenommen haben. In Deutschland haben sich die Fälle nach Angaben der Krankenkassen seit Anfang 1990 fast verdoppelt – von 500 000 auf eine Million. Auch in Frankreich, Nordamerika und Japan nehmen psychische Erkrankungen ebenfalls kontinuierlich zu. Gleiches gilt für boomende Wirtschaftsnationen wie Brasilien und China. Die Depression ist laut WHO mittlerweile der zweitwichtigste Verursacher von Langzeitinvalidität.

Wie können wir dagegen ansteuern? Wie arbeiten die Komponenten in uns zusammen? Das wird in den nächsten Kapiteln behandelt.

Bisher haben wir die wichtigsten Eigenschaften der einzelnen Komponenten, die den Menschen ausmachen, mehr oder weniger isoliert dargestellt. Aber es ist ja gerade das Zusammenspiel aller Komponenten, das den Menschen ausmacht. Und wenn wir uns dieses Zusammenspiel ansehen, erschließen sich erstaunliche Mechanismen.

DAS FEEDBACK-PRINZIP DER WAHRNEHMUNG

Die Hirnforschung setzt immer aufwendigere Untersuchungsgeräte ein, beispielsweise Hirnscanner, aber in den entscheidenden Fragen sind wir noch kein bisschen weiter. Wie und warum kann ich die Umwelt bewerten? Wie kann ich ein entsprechendes Verhalten ablaufen lassen? Wie wird mir Willensfreiheit zuteil? Bisher gibt es noch keine befriedigenden Antworten auf diese Fragen.

Wir können zwar sichtbar machen, welche Gehirnareale bei bestimmten Aufgaben eingeschaltet sind und wie hoch ihr Stoffwechsel ist, aber niemand weiß, warum gerade dies passiert und welche genauen Schlüsse ich aus diesen Aktivitäten meines Gehirns ziehen kann.

Es wird auch immer wieder übersehen, dass den Aktivitäten des Gehirns und dem daraus resultierenden Verhalten des Menschen intensive Lernprozesse vorausgegangen sind. Aus angelerntem Wissen wurden Erfahrung und kognitive Kompetenz, und genau diese Kombination leitet unser Leben innerhalb der sozialen Gemeinschaft.

Ein Gehirn ähnelt bei oberflächlicher Betrachtung einem

Rechner, aber seine Leistungen können nicht aus der maschinellen Struktur erklärt werden. Leistungen und Strukturen des Gehirns können sich ständig verändern und ergeben sich aus der Interaktion zwischen Innenwelt und Umwelt. Entscheidend ist die Zuschreibung eines Sinns, und zwar immer wieder aufs Neue. Aber wer schreibt den ablaufenden Prozessen einen Sinn zu? Die plausible Antwort lautet: das Ich plus Bewusstsein, also unsere Selbstinstanz.

Die beabsichtigte Reaktion eines Organs rufe ich beispielsweise dadurch hervor, dass ich mich im Feedback-Modus bewusst in das betreffende Organ hineinversetze. Wenn ich meinen Arm heben will, dann klappt das, weil ich durch Erfahrung davon überzeugt bin, dass es klappen wird. Der Erfolg muss mithilfe der Sinne bewusst werden. Dann kann man die durch gedankliche Vorstellung hervorgerufene intensive Durchblutung und Wärme der Gesichtshaut oder der Füße tatsächlich auch fühlen, und zwar, weil sie durch das Feedback nun auch real passiert. Übe ich das eine Weile, gelingt die Reaktion automatisch, also unbewusst.

Das ist ähnlich wie beim Rad- oder Autofahren. Irgendwann hat man es so gut gelernt und so lange geübt, dass es »wie von selbst« geht. Angelernte und/oder konditionierte Reaktionen können unbewusst als Folge bewusster Effekte ablaufen. Konditioniert heißt, dass bei einem Reiz-Reaktionsgeschehen auch die Umgebung und die Umstände eine Rolle spielen. Nehmen wir an, ich sitze jeden Abend in einem ganz bestimmten Sessel und schaue mir im Fernsehen die Nachrichten an. Und regelmäßig regt mich auf, was ich sehe. Nach etwa 14 Tagen rege ich mich schon auf, wenn ich mich nur in den Sessel setze, obwohl der Fernseher überhaupt noch nicht angestellt ist. Der Organismus hat die verschiedenen Einwirkungen neural verschmolzen und reagiert darauf. Positiv genutzt wird dieses Lernprinzip beim Autogenen Training. Autogenes Training erzeugt einen Hormoncocktail, der ohne die Konditionierung nicht ausgeschüttet wird.

Gewöhnlich wird stillschweigend vorausgesetzt, dass in jedem Menschen das Ich als Subjekt einfach da ist. Die Natur hat es so vorgesehen.

Aber selbst das Akzeptieren und Nutzen des eigenen Ichs ist offensichtlich ein Lernprozess: Als Säugling entdecken wir zunächst die Subjektivität der sich um uns kümmernden Personen und beziehen derartige Eigenschaften erst im zweiten Schritt auf uns. Als Vermittler dieses Prozesses gelten die Spiegelneuronen. Erkennt das Baby das Lächeln der Mutter, lächelt es zurück. Die darauffolgende Reaktion im Verhalten der Mutter wird registriert, und das Baby lernt, sich selbst als Auslöser dieser Reaktion anzusehen. Es entsteht sozusagen eine soziale Spiegelung. Danach dauert es nicht mehr lange, bis sich das Baby willentlich dieser Rückkopplungsmechanismen bedient und ein Ich als willentlicher Akteur etabliert wird.

Wolfgang Prinz, Direktor des Max-Planck-Instituts für Kognitions- und Neurowissenschaften in Leipzig, beschäftigt sich in seinen Forschungen mit dem sogenannten *self construal*. Seine These lautet: Das Ich ist nicht mein Gehirn. Es ist auch nicht mein Körper oder mein Intellekt. Das individuelle geistige Selbst wird im Laufe der Entwicklung durch ständiges Feedback aus der Umwelt regelrecht konstruiert. Das funktioniert ähnlich wie die Evolution des ganzen Menschen, die ja letztlich eine Anpassungsleistung an die Anforderungen und das Feedback der jeweiligen Umwelt ist. Entscheidend für das *self construal* ist neben dem anfänglichen Kind-Umwelt-Verhältnis auch die jeweilige Kultur, in der das Kind aufwächst. Das Selbstkonzept des Menschen in asiatischen Kulturen unterscheidet sich deutlich von dem in den westlichen Industrienationen.

Lernprozesse werden Gewohnheiten, und auch die verändern das Selbstverständnis, aber das Feedback spielt immer die entscheidende Rolle. Das heißt, Individuen sind keineswegs stabil, sondern durch immerwährende Einflüsse formbar. Das Ich ist ein Konstrukt, das im Kontext der jeweiligen Umgebung durch Feedback entsteht. Ohne ein soziales Gegenüber kann sich keine Ich-Abgrenzung ausbilden, und es kommt zum Kaspar-Hauser-Phänomen.

Daraus können wir ableiten, dass ein Ich nur in Wechselwirkung mit der Umgebung gefunden und anerkannt wird. Dies kann nur im Zusammenhang mit einem Bewusstsein geschehen. So entsteht die dominierende Gemeinschaft mit ihren bestimmenden Regeln des Zusammenlebens.

Unser Ich und unser Bewusstsein gehören zusammen wie die Vorder- und Rückseite einer Münze. Wenn wir soeben Ursache und Herkunft unseres Ichs hergeleitet haben, wissen wir immer noch nicht, welche Rolle es bei der Realitätsgestaltung spielt.

FERNWAHRNEHMUNG – *REMOTE VIEWING*

Unter dem Begriff *Remote Viewing* werden Phänomene zusammengefasst, die zeigen, dass der Mensch über den Weg seines Gehirns bzw. Unterbewusstseins Datenfragmente aus einer Art Informationsfeld anzapfen kann. Zugrunde liegt die Idee, dass der Mensch und das Tier in der Lage sind, mental Zugang zu Informationen zu erhalten, welche räumlich und zeitlich von ihm entfernt sind.

Seit 1972 gab es dazu ein etwa zehn Jahre dauerndes Forschungsprojekt am Stanford Research Institute, Menlo Park, Kalifornien. Ziel dieses Projekts mit dem Namen SCANATE *(scan by coordinate)* war das konkrete Anzapfen des Unterbewusstseins, um Datenfragmente von realen Situationen und Ereignissen zu erhalten, die räumlich und zeitlich entfernt waren. Das Projekt wurde von der CIA, der DIA *(Defence Intelligence Agency)* und der US Army gefördert. Die Investitionen betrugen zwischen 1983 und 1989 etwa 20 Millionen US Dollar.

Erkenntnis: Mit *Remote Viewing* konnten punktuell verwertbare Ergebnisse geliefert werden, aber das Verfahren erlaubt keine konstanten, beliebig reproduzierbaren Ergebnisse auf konkrete Anforderung. Die besten Ergebnisse wurden erzielt, wenn die Versuchsperson spontan auftauchende Eindrücke so beschrieb, wie sie sich ihr darboten, und nicht versuchte, sie mit Erinnerungen oder Interpretationen zu vermischen oder durch Assoziationen zu verfälschen. (Puthoff 2001)

BEWUSSTSEIN ALS URSACHE DER GEHIRNAKTIVITÄT, NICHT ALS FOLGE

Ist das Ich plus Bewusstsein im Kopf? Die Frage ist genauso falsch gestellt wie die Frage: Sind die Fernsehprogramme im Fernseher? Oder: Ist die Musik in der CD?

Fernseher und CD sind lediglich Empfänger beziehungsweise Werkzeuge zur Wiedergabe der jeweiligen Eigenschaften. So auch das Gehirn. Das Gehirn ist ein Werkzeug, das uns die Möglichkeit gibt, überhaupt Erfahrungen machen und gleichzeitig Erinnerungen in ein Netz einspeichern zu können. Es ist sozusagen die Hardware. Mediziner, Psychologen, Neurologen und Physiker – alle bezeichnen das Bewusstsein als zentralen Kern des menschlichen Seins und oftmals auch als Zentrum ihrer Forschungstätigkeiten. Und dennoch tun sie sich alle schwer, wenn es darum geht, Bewusstsein zu erklären. Sie machen nämlich den Fehler anzunehmen, Bewusstsein sei eine Folge von Nervenaktivität im Gehirn. Richtig scheint aber eher zu sein, dass Bewusstsein die Ursache der Nervenaktivität ist und eben nicht ihre Folge. Bewusstsein nutzt das Nervensystem zum Zweck der Wahrnehmung.

Natürlich können Verletzungen die neuronalen Korrelate des Gehirns zerstören und das Bewusstsein beeinträchtigen – so scheint es jedenfalls. Das beweist aber keineswegs, dass das Bewusstsein die Folge der Nervennetze im Gehirn ist. Immer noch kann postuliert werden, dass das Gehirn die Folge eines Bewusstseinsprinzips ist. Nur die Wahrnehmung hat gelitten, und die motorische Umsetzung des Wahrgenommenen, die mithilfe des Gehirns und seiner Nervennetze über unser Bewusstsein gesteuert wird, ist gestört.

Bleiben wir, um dies zu erläutern, beim Beispiel des Fernsehbilds. Es kann durch Fehler in der Funktion des Geräts gestört sein, aber der von außen einfallende Sendestrahl mit seinen Informationen bleibt dennoch bestehen. Die Information, die Aussage, der Sinn und die Bedeutung, die ein Fernsehbild enthält, kann von einem Messgerät nicht gemessen werden. Was nicht gemessen werden kann, ist nach wissenschaftlichen Kriterien eigentlich auch nicht relevant, eventuell sogar nicht vorhanden.

Trotz dieses Widerspruchs würde das wissenschaftliche Establishment behaupten, dass die Information des Bildes objektiv vorhanden ist. Doch schon ergibt sich die nächste Schwierigkeit: Alle, die auf das intakte Fernsehbild schauen, sehen zwar die Information, aber jeweils mit ihrer eigenen geistigen Struktur, also absolut subjektiv. Das bedeutet, dass die Information unterschiedlich interpretiert wird. Jede Information, die mithilfe des Bewusstseins zu einem Ich gelangt, wird vor dem Hintergrund der Erfahrungen, die dieses Ich bisher gemacht hat, anders verarbeitet (siehe Kapitel 5). Als Folge dieses Prozesses entstehen die unterschiedlichen Überzeugungen, die sich in einer Gesellschaft zeigen.

Das Gehirn ist immer nur ein Werkzeug zur Ankopplung des geistigen Prinzips Bewusstsein an die Materie. Das Bewusstsein umfasst auch nicht die Mikroebene des Körpers als Organisationsfeld, obwohl dort das funktionelle Geschehen abläuft. Vielmehr arbeitet das Bewusstsein mit Zielen, Fakten, Bildern, Formen, Strukturen, Gestaltungen und koppelt sie an die Materie an.

Aber Gefühle, die über das Unterbewusstsein geschaltet werden, beeinflussen die Mikroebene. Wie sonst könnten Emotionen (lat. »nach außen bewegend«) entstehen? Lachen, Weinen, Hormonstimulierung, die Ausschüttung von Neurotransmittern – alle diese Aktionen beruhen auf der Beeinflussung von

Molekülbindungen. Wenn meine Gesichtsmuskeln ein Lachen konstruieren, wenn sich meine Tränendrüsen zur Ausschüttung der Flüssigkeit öffnen – immer müssen Molekülbindungen verändert werden. Und das geht nur über die Spinmodulation der beteiligten Elektronen. Spinmodulation ist ein Dekohärenz-Mechanismus zur Realitätsschaltung. Wie dieser Mechanismus im Detail funktioniert, erfahren wir in Kapitel 7.

Damit sind Gefühle die Energiespezialisten für die Realitätsschaltung. Was als »wahr« empfunden wird, über-zeugt (von zeugen = erschaffen), steuert also die Realität. Wir sind sowohl Bewusstsein mit Verstand / Vernunft / Intellekt als auch Unterbewusstsein mit Seele / Stimmungen / Gefühlen. In unserer zwischenmenschlichen Kommunikation verwenden wir eine Sprache und schaffen mit ihr eine ausschließlich geistige, bildhafte Welt. Diese Sprache haben wir in einer Kultur erlernt. Sie ist eine Übereinkunft über Bedeutungen für eine Gruppe von Signalen, für ein Signalmuster, das wir in Form von Bildern empfangen und interpretieren.

Obwohl unsere Gedanken mit Worten und Bildern arbeiten, spricht das Gehirn selbst nicht in Worten oder Bildern mit dem Rest unseres Körpers, sondern in der Sprache von Feldern und Wellen, die sich als Hologramm überlagern. Es ist die Sprache der Schwingungsphasen, Schwingungsamplituden und Schwingungsfrequenzen. Wir nehmen die Außenwelt wahr, indem wir in eine Art Resonanz mit ihr treten und unsere »in Erwartung« befindlichen Schwingungen anregen lassen, sie quasi mit denen des Objekts synchronisieren, wie Lynne McTaggart in ihrem Buch *Das Nullpunkt-Feld* ausführt. (McTaggart 2007, Seite 133)

Die Hauptfrage dabei ist allgemein unbeachtet geblieben: Mein Wille und meine Gefühle sind rein geistig-informative Prozesse. Sie beeinflussen aber materielle Strukturen. Wo nun finden wir den Mechanismus, der geistige auf materielle Prozesse umschaltet? Und wie funktioniert dieser Umschalter? In Kapitel 7 werden Antworten darauf gegeben.

UNIVERSELLES BEWUSSTSEIN UND INFORMATIONEN SPEICHERNDES HINTERGRUNDFELD

Bewusstsein ist laut unserer obigen Definition erst einmal eine Eigenschaft unseres Körper-Geist-Seele-Systems (siehe auch Kapitel 7). Wie kann uns die Natur im Laufe der Evolution mit Bewusstsein ausgestattet haben, wenn sie nicht auch selbst ein Bewusstsein hat? Die Natur wiederum ist ein Erzeugnis des Universums. Wir wollen deshalb postulieren, dass das Universum ebenfalls ein Bewusstsein hat.

Nachdem wir wissen, dass unser Bewusstsein Informationen zielgerichtet verarbeiten und Realität schalten kann, und nachdem wir festgestellt haben, dass Bewusstsein eine universelle Eigenschaft ist, müssen wir uns fragen, ob auch das universelle Bewusstsein Realität schalten kann. Logischerweise müssen wir dies mit Ja beantworten: Es schaltet zielgerichtet Information. Die Folgen davon sehen wir im Evolutionsprozess. Damit wird deutlich, dass das Bewusstsein des Universums einschließlich des Teilbereichs, den wir Natur nennen, im Prinzip dasselbe ist wie unser Bewusstsein.

Der Physiker Eugene Paul Wigner (1902–1995), der 1963 den Nobelpreis bekommen hat, sagte dazu: »Die Quantentheorie beweist die Existenz eines universellen Bewusstseins im Universum.«

Wir postulieren: Das universelle Bewusstsein setzt sich zusammen aus dem Bewusstsein aller Wesen. Es enthält die Summe sämtlicher Bewusstseinsmomente aller Einzelwesen und es bewirkt die universelle Schöpferkraft.

Albert Einstein sagte: »Ein menschliches Wesen ist ein Teil des Ganzen, das wir ›Universum‹ nennen … Es erfährt sich selbst, seine Gedanken und Gefühle, als etwas von allem anderen Getrenntes – eine Art optische Täuschung seines Bewusstseins.« (Zitiert in Wilber, *Halbzeit der Evolution*, 1984)

Bewusste Erfahrung, Erinnerung, Erleben brauchen Abspeicherungskapazitäten und die Möglichkeit eines schnellen erneuten Zugriffs. Wenn wir Teil des Ganzen sind, liegt es nahe, dass das Bewusstsein nicht nur auf den Informationstransfer zurückgreift, der auf uns beschränkt ist, sondern sich auch aus dem »Meer aller Möglichkeiten« bedient. Alle unsere Erinnerungen kommen dann nicht aus den Gehirnstrukturen, wie es die offizielle Wissenschaft immer wieder darstellt, sondern aus einem ungeheuer großen, wahrlich universellen Informationsspeicher (Psi-Feld, Nullpunkt-Feld, Vakuum, »Meer aller Möglichkeiten«). Die Intensität der Verbindung zu diesem Informationsspeicher unterscheidet sich von Individuum zu Individuum.

Einige Experten auf diesem Gebiet propagieren aufgrund ihrer Forschungen einen Zusammenhang zwischen universellem Informationsfeld, Bewusstsein und Gedächtnis. Walter Schempp, Mathematikprofessor an der Universität Siegen und Erforscher des Nullpunkt-Felds, sagt, dass Kurz- und Langzeitgedächtnis nicht im Gehirn liegen, sondern im Nullpunkt-Feld gespeichert sind. (Schempp 1993, McTaggert 2007, Seite 139ff.)

M. Jibu und K. Yasue, zwei Forscher mit hervorragenden Kenntnissen der Materie, sagen: »Was wir für eine Erinnerung halten, ist einfach eine kohärente Emission von Signalen aus dem Nullpunkt-Feld. Längere Erinnerungen sind strukturierte Gruppierungen solcher Wellenfunktionen.« (Jibu/Yasue 1993)

Demnach ist alles, was jemals geschah, in einem Informationsfeld eingeprägt. Informationen können von uns aber nur auf der Grundlage dessen verarbeitet werden, was bis dato erlebt und erfahren wurde. So ermöglicht uns das Bewusstsein, Erfahrungen zu machen und gezielt zu verarbeiten. Jedes individuelle Wissen ist also der Ausgangspunkt für bewusstseinstransformierte Vorgänge. Deshalb handelt, fühlt, denkt jeder Mensch anders.

Laut Quantenphysik ist nur kraft-, zeit-, informationskompetent, also real, was Eigenschaften von sich preisgeben kann. Die Entität (= »das, was ein Sein hat«), die keine Eigenschaften von sich preisgibt, bleibt als Wellenfunktion im universellen »Meer aller Möglichkeiten«.

Aus dieser Quanteneigenschaft ergibt sich ein interessanter Aspekt: Weil Bewusstsein keine Eigenschaft außer sich selbst hat, kann es als Wellenfunktion universell bleiben, bei konkreter Verwendung durch das Ich dem Verstand und den die Gefühle ausführenden Emotionen als Entität aber auch einzelne Häppchen des Ganzen präsentieren und so zwischen dem universellen Informationsfeld und der Materie vermitteln.

Wenn aber das Bewusstsein als Eigenschaft universal ist, geht es über die Ebene der Selbstinstanz hinaus. Es muss also eine oder mehrere noch höhere Instanzen als unser Ich geben.

Gibt es ein vergleichbares »Ich« des Universums? Oder ein universelles Selbst mit absolutem Bewusstsein?

Das universelle Informationsfeld wird durch uns Individuen in seiner Strukturierung moduliert und wirkt auf uns zurück. Auch hier greift das Feedback-Prinzip.

> Wir glauben (»wissen«) aufgrund unserer Gedanken und Gefühle.

> Unsere Gedanken und Gefühle sind die Folgen unserer Erfahrungen.

> Unsere Erfahrungen sind die Folgen unseres Bewusstseins und Unterbewusstseins.

> Unsere Bewusstseinsmomente sind Teil eines individuellen Informationsfelds.

> Das individuelle Informationsfeld ist Teil eines universellen Informationsfelds.

> Das universelle Informationsfeld ist Bestandteil des allumfassenden Geistes.

Im *Dhammapada*, einer Sammlung von Aussprüchen des Buddha, heißt es:

»Der Geist ist Vorläufer aller Dinge, die Grundessenz alles Existierenden.

Vom Geist geh'n alle Dinge aus, sind geistgeschaffen, geistgeführt.«

Das universelle Selbst mit absolutem Bewusstsein wäre ein Feld der vollkommenen Urinformation und Ordnungspotenz. Können wir dieses universelle Selbst willentlich erreichen und anzapfen, um beispielsweise Heilung zu bewirken – Heilung als Wiederherstellung einer ursprünglichen Ordnung?

AUCH »ZEIT« ENTSTEHT DURCH BEWUSSTSEIN

Die Zeit wird nicht infrage gestellt. Wir kennen sie von klein auf als chronologischen Ablauf oder als Uhrzeit. Die Erddrehung relativ zur Sonne bestimmt Tag und Nacht. Die Erdachse bestimmt Monate und Jahreszeiten. Uhren begleiteten die Menschen seit Langem, und heute ist Zeit wichtiger denn je. Das ganze Leben ist darauf abgestimmt. Weil es in unserem Denken, in unserer Sprache und in unserem Verhalten so fest verankert ist, sind wir ganz sicher, dass es

1. eine fixierte Vergangenheit,
2. eine unmittelbare Gegenwart und
3. eine offene Zukunft gibt.

Das ist eine Illusion, denn Vergangenheit und Zukunft sind pure Gedankenprodukte. Der Eindruck einer verstreichenden Zeit kommt dadurch zustande, dass uns das Bewusstsein mithilfe der Wahrnehmung, der Gefühle und des Verstands einzelne Ereignisse präsentiert. Ohne Bewusstsein gibt es keine Ereignisse, aber ohne Ereignisse schaltet das Bewusstsein ab.

Ein Beispiel aus russischen Versuchen: Der Proband liegt in einer absolut dunklen und schalldichten Röhre im warmen Wasser. Den Versuchsergebnissen zufolge schaltet das bewusste, planende Denken aus Mangel an Ereignissen hier sehr schnell ab. Stattdessen kommt es zu Halluzinationen oder zum Eintauchen in andere Welten.

Das Interpretieren, Bewerten, Katalogisieren und Zerteilen der Welt und das Erzeugen einer Zeitstruktur ist Sache des Verstands. Ordnung und Logik sind an zeitliche Abläufe – Vergangenheit, Gegenwart, Zukunft – gebunden.

Bewusstsein tut nichts anderes, als Kontraste zu erfassen und zu verrechnen, und ist damit auch ein Zeitgenerator. Licht und Finsternis, Wärme und Kälte, Stille und Lärm – Gegensätze ermöglichen die Wahrnehmung einer Veränderung eines Vorher und Nachher und damit Zeitfluss. Wir sind also darauf angewiesen, Gegensätze wahrzunehmen. Ich kann nicht wissen, was kalt ist, wenn ich nicht auch die Erfahrung von warm und heiß gemacht habe. Ich weiß nicht, was Freude ist, wenn ich nicht auch Traurigkeit und Melancholie erfahren habe. Man kann noch viele solche Beispiele anführen. Nur wenn wir Differenzen zwischen Raum- und Zeitpunkten erkennen, erhalten wir Informationen. Wir können unsere Umwelt nur wahrnehmen, wenn sie uns physikalische Differenzen präsentiert, häufig in den Interferenzmustern der zugrunde liegenden Frequenzen.

Zeit ist demnach nichts anderes als die Abfolge von Ereignissen: die Wahrnehmung eines Vorher und Nachher. Der Zeitfluss ist die Bewegung zwischen »davor« und »danach«. Zeitfluss als Messzahl muss von einem Bewusstsein erkannt und bewertet werden, sonst wäre es keine Messzahl. Alle diese im Gedächtnis gespeicherten Messzahlen interpretieren wir als Ablauf der Zeit. Wenn der Verstand still ist, sind wir nur noch in der Gegenwart. Vergangenheit und Zukunft entstehen nur in unseren Gedanken.

»Das Vergehen der Zeit ist reine Illusion«, sagt Einstein.

Der so erzeugte Zeitfluss kann aufhören. Im Zustand des thermodynamischen Gleichgewichts gibt es keine wahrnehmbare Zeit – denn es gibt keine Unterschiede und damit auch keine Ereignisse mehr.

Die Zeit lebt von Unterschieden, Veränderungen, Gegensätzen und ihrer Abfolge. Wenn es keine Unterschiede, keine Kontraste mehr gibt, kann es keine Abfolge, also auch keine Zeit mehr geben. Ohne Zeit steht die wahrnehmbare Welt still. Und weil wir für unser alltägliches Erleben immer auf Differenzierungen angewiesen sind, ist uns eine holistische Betrachtungsweise dieser Welt so fremd.

In der Jugend und im Alter vergeht die Zeit unterschiedlich schnell. Weil die Wahrnehmung der Zeit davon abhängt, was in einem bestimmten Zeitraum passiert, scheinen ereignisreiche Zeitphasen »wie im Flug« zu vergehen, während sich ereignisarme Zustände »ewig lang« hinziehen. Es entsteht Langeweile. Im Rückblick ergibt sich jedoch eine paradoxe Situation. Weil in ereignisreichen Zeiten viel Information gespeichert wurde, erscheint diese Zeitspanne lang. Dagegen sind ereignisarme Zeiten im Rückblick kurz. »Schon wieder ist ein Jahr vorbei. Die Zeit läuft immer schneller.« Das empfinden wir so, weil weniger Informationen abgespeichert wurden.

GIBT ES EINE OBJEKTIVE ZEIT AUSSERHALB DES BEWUSST-SEINS?

Bisher haben wir festgestellt: Es gibt nur eine nur durch das Bewusstsein festgelegte Zeit. Doch was ist mit der physikalischen Zeit – der Zeit, die wir mit der Uhr messen? Auch die ist nicht absolut, sondern relativ. Sie ist abhängig vom Bewegungszustand des Zeitmessers (Uhr) beziehungsweise von der Schwerkraft, der die Uhr ausgesetzt ist. Das ist auch als Zeitdilatation bekannt.

Ist dann wenigstens die Lichtgeschwindigkeit, die ja in Entfernung pro Zeiteinheit gemessen wird, wirklich konstant, wie bisher angenommen? Dies würde auf eine unveränderliche Zeiteinheit hinweisen. Nein, hochenergetische Strahlung läuft schneller als niederenergetische. Nichts deutet auf eine Normaluhr mit konstanten Zeiteinheiten hin, wie Newton sie postulierte.

Die konventionelle Sichtweise ist: Nur die Gegenwart ist real. Die Naturwissenschaft dagegen sagt: Es gibt keine speziell ausgezeichnete Gegenwart. Das »Jetzt« ist reine Ansichtssache. Außerdem ist die Vergangenheit genauso offen wie die Zukunft. Im sogenannten Block-Universum sind Vergangenheit, Gegenwart und Zukunft sozusagen als Block, also gemeinsam und gleichzeitig, nicht unterscheidbar besetzt. (Vgl. Spektrum der Wissenschaft Spezial: Phänomen Zeit 01.02.2003)

Da Newtons Gesetze und die Maxwell-Gleichungen – zwei wichtige Pfeiler unserer Weltanschauung – in beiden Zeitrichtungen gleich gut funktionieren, hat die Zeit offenbar keine bevorzugte Richtung. Zweifelsfrei anerkannt ist deshalb auch eine Zeitinvarianz bei den atomaren Wechselwirkungen, was bedeutet, dass alle in der Natur vorkommenden Aktionen von Elementarteilchen auch zeitlich umgekehrt möglich sind (eine Ausnahme ist der Teilchenzerfall). Ein Positron ist ein in der Zeit rückwärtslaufendes Elektron.

Und noch eine Besonderheit fällt auf: Um die genaue Position eines Teilchens in einem System angeben zu können, muss bekanntlich sowohl seine räumliche und auch seine zeitliche Position genau ermittelt werden. Ein universell und immer wirkendes Gesetz macht nun deutlich: Je weniger man die Zeit beachtet, umso genauer kann die Position des Teilchens im Raum festgestellt werden. Umgekehrt gilt: Je genauer ein Zeitpunkt ermittelt wird, desto schlechter ist die Position des Teilchens im Raum lokalisierbar. Dieser Effekt wird durch die Unschärferelation von Heisenberg beschrieben.

Dennoch benötigt die Übertragung von Energie durch »Beobachtung«, »Messung« und Resonanz ein bestimmtes Zeitsegment für das Ereignis, also ein »Vorher« und »Nachher« und eventuell wieder ein »Vorher«.

Energie mal Zeit entspricht der Wirkung (wissenschaftliche Definition).

Energie durch Zeit entspricht der Leistung (wissenschaftliche Definition).

In Ermangelung eines besseren Begriffs wird von der Übertragung von »Timelike-Photonen« gesprochen. Timelike-Photonen kontaminieren die Massen mit Zeit. Das weitere Schicksal der betroffenen Masse wird nun entweder rückwärts in die Vergangenheit (Reset) oder vorwärts in die Zukunft entwickelt.

Der russische Wissenschaftler Frolov postuliert: »Wenn wir den Weg finden, die longitudinalen Wellen der Timelike-Photonen zu generieren, haben wir gleichzeitig die lokale Raum-Zeit geändert oder das Objekt, das im Bereich der Welle liegt in der Zeit versetzt.« (Frolov 1996)

Das lässt aufhorchen, denn wenn dies tatsächlich möglich ist, könnte man beispielsweise Krankheiten in eine Zeit zurückversetzen, in der noch keine Krankheit existierte. Wir werden diese Möglichkeit in Kapitel 6 »Die Grundlagen der Heilkunst« noch einmal aufgreifen und hier nur den physikalischen Aspekt des Prinzips diskutieren. Was meint Frolov?

Longitudinale Wellen sind über ihre Verdichtung und Verdünnung von Ladungsansammlung immer mit elektrischen Potenzialen verbunden. Potenziale selbst bestehen aber laut Whittaker (1903, 1904) sowohl aus longitudinalen Wellen als auch aus Timelike-Wellen. Das bedeutet: Longitudinale Wellen sind also immer auch mit Timelike-Wellen vergesellschaftet. Das heißt, diese Wellen sind Zeit- und Kraftinformation für Massen.

Laut Mandl und Shaw (1984) sind die longitudinale und die Timelike-Polarisation jeweils allein nicht beobachtbar, aber die Kombination von beiden ist das uns gut bekannte, weil messbare elektrostatische (Coulomb-)Potenzial.

Diese Potenziale haben laut William Tiller (Emeritus Stanford University) eine Mediatorfunktion zwischen Vakuum und elektromagnetischem Feld. Potenziale des Vakuums gehören einer höheren Dimension als 4 D an und organisieren die Kräfte und Zeiten des elektromagnetischen Feldes, die wiederum die Raum-Zeit aufbauen.

Wichtig ist festzuhalten: Mit der inneren Struktur von Potenzialen (aus Ladungsansammlungen), insbesondere mit den innerhalb von Potenzialen befindlichen Timelike-Wellen, besitzt unsere Materie eine variable Zeitstruktur innerhalb der Raum-Zeit-Krümmung (Masse), die für die Übertragung von Zeit-Entitäten empfindlich ist.

Der Astronom und Physiker Nikolaj Alexandrowitsch Kozyrev (1908–1983) hat bestimmte Wellen nachweisen können, die dann auftauchen, wenn die Struktur der Materie oder auch die Strukturen von Pflanzen und anderen Organismen verändert wurden. Er nannte diese Wellen »Dichte von Zeit-Rate-Wellen.

Albert I. Veinik, Minsk, nannte die Teilchen dieser Wellen »Chronons«. Er entdeckte lokale Zeitänderungen zwischen zwei vollkommen identischen Quartz-Oszillatoren, wenn einer davon in den »Flussbereich der Chronons« gesetzt wurde.

Im Mikrobereich blieb der Faktor Zeit bisher weitgehend unbeachtet. Vielleicht hängt auch er von einem organisierenden Bewusstsein ab. Raum und Zeit entstehen immer erst an Massen. Massen verbinden sich mithilfe von Vakuuminformation zu Raum-Zeit-Konstruktionen also zu strukturierter Materie. Die Informationsphotonen für die Kraftübertragung hängen offensichtlich direkt mit den Informationsphotonen der Zeitübertragung zusammen, denn die Größe der Bindungsenergie zwischen Molekülen korreliert kausal mit der Zeitdauer der Bindung.

Jedes System hat seine eigene Zeit. Photon 1, das sich mit Lichtgeschwindigkeit ausbreitet, hat aus seiner Sicht keine Raum-Zeit-Differenzierung. Es ist überall gleichzeitig. Photon 2, das Photon 1 von außen betrachtet, »sieht« es durchaus mit Lichtgeschwindigkeit herumfliegen, das heißt in Raum und Zeit.

Deshalb müssen wir bei allen Zeit- und Möglichkeits-Realitätsmodulationen immer eine Zerlegung des Universums vornehmen, und zwar in einen *beobachteten* Teil (wahrgenommen, ausgefiltert) und einen *beobachtenden* Teil (Wahrnehmender, Bewusstsein).

Der beobachtete Teil hat aufgrund der besonderen Struktur des *beobachtenden* Bewusstseins wiederum zwei unterschiedliche Eigenheiten:

1. Er ist als virtuelle Energie und Information raum- und zeitlos.
2. Er hat als existierende Materie eine Raum-Zeit-Struktur.

Diese Eigenheiten müssen wir auch beim Menschen unterscheiden, wie an den beiden folgenden Fällen verdeutlicht wird.

Fall A: Ich beobachte ein außerhalb von meinem Ich liegen-
des Ereignis. Dann und nur dann empfinde ich einen Zeitablauf
im Raum. Beispielsweise wird mir ein Ereignis bewusst, das
durch Außenenergie und -information ausgelöst wurde, wie bei
einem Sinnesreiz. Hier läuft eine Zeitkaskade des Erkennens ab
(Neuronenaktivitätszeit).

Fall B: Mein Ich ist selbst das System. Es beobachtet nicht,
sondern agiert aus sich heraus, zum Beispiel mit zeitinvariantem
Erinnern: »Ich habe jetzt ein Geschehen aus meiner Kindheit in
allen Details vor Augen.« Oder auch jederzeit willentliches Reagieren. Das Ich ist willentlich aktiv und dabei »zeitlos«.

Wir können in diesen durch das Bewusstsein vermittelten Ereignissen komplementäre Zustände annehmen. In einem in
Raum und Zeit lokalisierten Zustand erleben wir uns hier und
jetzt als individuelle Persönlichkeiten, abgegrenzt von der Umgebung. Im veränderten Wahrnehmungszustand aber findet eine
Entgrenzung statt: Raum- und Zeitlosigkeit. Es ist wie bei den
Quantenteilchen, die bei Beobachtung individuelle Teilchen hier
und jetzt sind und ohne Beobachtung als Wellen sich von dieser
Begrenzung lösen. Beide Ansichten sind gleichermaßen gültig.

Mehr über die erstaunliche Anwendung dieses Prinzips erfahren wir später, wenn es um retrospektive Ereignisse geht, die
Beeinflussung der Vergangenheit durch das Bewusstsein.

Die »objektive Welt« ist immer und ausschließlich eine Ge-
dankenkonstruktion des Ichs plus Bewusstsein. Dessen Schöp-
fungsfähigkeit ist ewig, da zeitlos. Erwin Schrödinger hat sich in
ähnlichem Zusammenhang ebenfalls mit dem Ich beschäftigt
und seine Gedanken dazu im Epilog zu seinem Buch *Was ist Leben?* niedergeschrieben. Er stellt fest:

»1. Mein Körper funktioniert als reiner Mechanismus in Übereinstimmung mit den Naturgesetzen.

2. Doch weiß ich auf Grund unbestreitbarer, unmittelbarer Erfahrung, dass ich seine Bewegungen leite und deren Folgen
voraussehe ...« (Schrödinger 2008, Seite 149)

Die einzig mögliche Folgerung aus diesen beiden Tatsachen ist,
so Schrödinger, dass das Ich, »das heißt jedes bewusst denkende geistige Wesen, das sich als ›Ich‹ bezeichnet oder empfunden
hat«, die »Bewegung der Atome« in Übereinstimmung mit den
Naturgesetzen leitet. Insofern, führt Schrödinger weiter aus,
»bin ich der liebe Gott«. Er weist darauf hin, dass die indische
Philosophie seit den frühen Upanishaden (also seit etwa 2500
Jahren) die Gleichsetzung von Atman, dem persönlichen Selbst,
und Brahman, dem allgegenwärtigen, alles umfassenden ewigen
Selbst, als tiefste Einsicht in das Weltgeschehen ansieht. (Vgl.
Schrödinger 2008, Seite 150)

Das Ich ist nicht wissenschaftlich beweisbar. Es ist imaginär
und dennoch Ursache alles Bestehenden. Auch das Denken selbst
ist nicht wahrnehmbar, sondern nur das, was durch Denken hervorgebracht wird. Dennoch wissen wir, dass es Denken gibt.

Unsere tägliche Erfahrung zeigt: Das Ich erkennt keine Zeit.
Es kann sich beliebig in die Vergangenheit, zum Beispiel in
die eigene Kindheit, hineindenken oder auch in eine virtuelle
Zukunft. Das Ich altert auch nicht. Ich fühle mich im Prinzip
immer gleich alt. Nur der Spiegel und meine Umgebung signalisieren, dass ich älter werde und sich mein Aussehen entsprechend verändert. Die Zeit kommt also erst über die Beobachtung von außen ins Spiel.

Wir sind also Projektor und Zuschauer gleichzeitig. Wir
erzeugen die Realität der Dinge, auf die wir unsere Aufmerksamkeit richten, zeitlos. Und wir nehmen die Realität, die wir
erzeugt haben, im Ordnungsschema von Raum und Zeit wahr.
Unsere Realität existiert nur in unserer Wahrnehmung. (Vgl.
Kapitel 5)

In keiner einzigen physikalischen Formel zu den Naturgesetzen ist ein selektiver Pfeil der Zeit in Richtung Zukunft zu finden. Alle Formeln sind zeitsymmetrisch, d.h., Vergangenheit und Zukunft sind vollständig gleichwertig und nicht beliebig unterscheidbar.

Bis heute wird ignoriert, dass in der Mikrowelt bei jeder Emission Wellen in der Zeit rückwärts auf geladene Teilchen zulaufen (avancierte Wellen) und aus der gleichen Emissionsquelle gleichermaßen Wellen in die Zukunft laufen (retardierte Wellen). Wird ein Elektron angeregt, gibt es Strahlung als ein Feld ab, das eine zeitsymmetrische Mischung einer Richtung Zukunft und einer Richtung Vergangenheit sich fortpflanzenden Welle darstellt. Teilchen treten also zeitsymmetrisch miteinander in Wechselwirkung, und zwar mit kontinuierlicher Rückkopplung von avancierten und retardierten Informationen. (Vgl. Cramer 1986) Wir werden diesen Mechanismus in Kapitel 5 im Detail besprechen.

Auch die maxwellschen Gleichungen sehen immer zwei Lösungen vor, eine ist mit einer positiven, in die Zukunft fließenden Energiewelle äquivalent, während die andere eine negative, in die Vergangenheit fließende Energiewelle beschreibt.

So sind die Physiker auch nicht besonders erstaunt, wenn – entgegen unserer täglichen Erfahrung – Energiesysteme die Vergangenheit aufsuchen:

Bei unlinearen, sogenannten phasenkonjugierten Systemen (bekannt aus der Optik als Spiegelung) wird Materie mit spezifischer Strahlung gepumpt, und ein einfallender Strahl wird dann in die Vergangenheit »reflektiert«. Ursprünglich ist dieser kaum bekannte Effekt 1972 in Moscow's P. N. Lebedev Physical Institute entdeckt worden. Die Folge ist, dass z.B. bei stimulierter Brillouin-Rückstreuung erneut Ordnung nach Unordnung entsteht. Der einfallende Strahl wird präzise zurück zur

Quelle gesendet, ist also »time reversed« und wird verstärkt (mehr Energie wird zurückgestrahlt, als hineingegeben wurde). Das System ist vollkommen selbstorganisiert, wobei alle Energie aus der Umgebung kommt und Negentropie erzeugt. (Pepper 1982, 1986, Fisher 1983)

Nicht nur in der Optik wurde mit dem Effekt experimentiert, sondern auch im Elektrolyten. Die Ergebnisse sind geradezu fantastisch: Es zeigt sich, dass chemische Reaktionen auf der Zeitachse zurück-, also in die Vergangenheit, laufen können. So konnte die Arbeitgruppe um Denis Evans, Australian National University, eine chemische Reaktion am Ort des Geschehens in der Zeit bis zu ihrem Ausgangsstatus zurückführen. Das ist gleichbedeutend mit der Erzeugung von Negentropie: »Vorwärts-Zeit« = entropische Operation, »Zurück-Zeit« = negentropische Operation (time-reversed). (Wang et. al. 2002)

Der postulierte Pfeil der Zeit Richtung Zukunft resultiert aus dem zweiten thermodynamischen Gesetz. (Ball 1999)

Versuche zeigen nun, dass das zweite thermodynamische Prinzip in kleinen Kollektionen nicht aufrechterhalten werden kann und damit auch nicht mehr die Einbahnstraße der Zeit. (Calmers 2002, Gerstner 2002)

In Systemen von nur wenigen Teilchen können Umstände auftreten, die höchst unwahrscheinlich in großen Systemen sind. Deshalb kann das zweite thermodynamische Gesetz nicht generell auf kleine Kollektionen angewendet werden. (Schewe et al. 2002)

Wichtig ist: Makroskopisch adäquate Effekte entstehen aus mikroskopischer Negentropie. Wird die mikroskopisch ablaufende Ordnung umgebaut, zerstört oder auch wiederhergestellt, hat dies makroskopische Auswirkungen. (Sachs 1987)

Beweise für übersinnliche Präkognition?
Der antizipatorische Effekt

Wenn wir etwas bewusst erkennen, bezeichnen wir es als »Jetzt«, als Gegenwart. Aber diverse Versuchsergebnisse zeigen, dass Teile des Organismus bereits im Jetzt »wissen«, dass gleich ein Ereignis stattfinden wird.

Warum können wir die genaue Position des Rennwagens sehen, wenn dieser 300 km/h (83 m/sec) fährt? Das ist eigentlich unmöglich, denn das Gehirn ist zu langsam, es hat eine 100-Millisekunde-Erkennensverzögerung, was bei dieser Geschwindigkeit 8,3 Meter weiter bedeutet.

Wir besitzen einen Vorausschau-Mechanismus, ein vorwegnehmendes Erkennen beweglicher Stimuli durch die Netzhaut. Es konnte nachgewiesen werden, dass der Sehapparat, gesteuert von einem Unterbewusstsein, dem Objekt vorauseilt.

Derek H. Fender, Technische Hochschule Kalifornien, bestätigt dies in einem Experiment: Das Auge blickt ganze sechs Millisekunden, bevor ein auf zufälliger Bahn torkelnder Lichtstrahl einen beliebigen Punkt auf einer Wand erreicht, bereits exakt dorthin.

Wenn das Auge ein Objekt erfasst hat, dauert es 30 Millisekunden, bis die lichtempfindlichen Nerven angeregt werden. Weitere fünf Millisekunden werden benötigt, um die Informa-tion ins Gehirn zu leiten. Damit das Gesehene erkannt wird, bedarf es einer Assoziation des Geschehens mit einer entsprechenden Erfahrung, was weitere 100 Millisekunden dauert.

Von der Wahrnehmung des Objekts bis zum bewussten Erkennen vergehen also 135 Millisekunden. Rechnet man die sechs Millisekunden des vorauseilenden Augenfokus hinzu, sind es 141 Millisekunden, die der Sehapparat dem bewussten Erkennen des Objekts vorauseilt.

Bereits in den 1980er-Jahren veröffentlichte Experimente zeigten, dass wir mit unserem Gehirn zielgerichtet etwas anvisieren, bevor unser Bewusstsein davon erfährt (Libet et al. 1983, Libet 1985).

Libet maß den Anstieg des symmetrischen Bereitschaftspotenzials. Das ist ein mit dem Elektroenzephalografiegerät (EEG) messbares negatives elektrisches Potenzial, das immer dann entsteht, wenn eine willentliche Bewegung ausgeführt werden soll.

Das Ergebnis war insofern überraschend, als das Bereitschaftspotenzial zwar im Mittel etwa 550 Millisekunden vor der Ausführung der Bewegung einsetzte. Das Bewusstsein für die Absicht, einen Finger zu bewegen, machte sich aber erst im Mittel
350 Millisekunden nach dem Auftreten des Bereitschaftspotenzials bemerkbar, also 200 Millisekunden vor der Ausführung
der Bewegung.

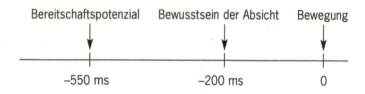

Libet interpretierte sein Ergebnis so, dass das Gehirn eine Bewegung oder zumindest die Vorbereitung einer Bewegung ein-
leitet, bevor es irgendein subjektives Bewusstsein davon gibt,
dass eine solche Entscheidung stattgefunden hat. (Libet 1985)
    Dieses Ergebnis regte eine vielfältige Diskussion an. Man
glaubte Libet einfach nicht, denn schließlich konnte das bedeu-
ten, dass wir den berühmten freien Willen vielleicht überhaupt
nicht haben. Nach Immanuel Kant besteht die Freiheit meines
Willens darin, dass ich mir die Gesetze meines Handelns selbst
gebe. Libets Experimente wurden inzwischen verschiedentlich
wiederholt und auch verbessert, aber die Ergebnisse blieben im
Prinzip gleich. (Haggard und Eimer 1999, Miller und Trevena
2002, Trevena und Miller 2002)
    Libet selbst sah in den Ergebnissen seiner Experimente kei-
nen Widerspruch zur Willensfreiheit. Er konnte zeigen, dass seine Versuchspersonen die Bewegung zwar unbewusst vorberei-
ten, diese aber noch bis zu 100 Millisekunden vor der geplanten
Ausführung bewusst unterbrechen konnten.

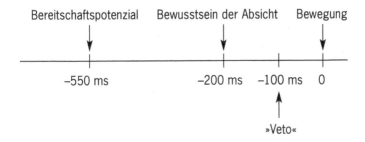

Bereitschaftspotenzial   Bewusstsein der Absicht   Bewegung

−550 ms   −200 ms   −100 ms   0

»Veto«

Die Abfolge der Ereignisse zeigt, nimmt man die neueren Versuchsergebnisse hinzu, dennoch Merkwürdigkeiten: Das subjektive Erleben eines Willensakts tritt im Mittel 200 Millisekunden nach Beginn der Gehirnaktivität (Bereitschaftspotenzial) auf. Und noch merkwürdiger: Das subjektive Erleben eines Hautreizes (S) trat 50 Millisekunden *vor* der tatsächlichen Reizung auf. (Vgl. Roth 1998)

Mystisch ist auch das »Wissen« um Bildinhalte, bevor das Bild projiziert wird. Die Probanden, die auf einen Bildschirm auftauchende Bilder ansehen, zeigen unterschiedlich hohe Bereitschaftspotenziale, je nachdem, welche Inhalte die Bilder zeigen. Diese signifikanten Korrelationen zeigen sich, bevor die Bilder auf dem Bildschirm erscheinen. Der Organismus »weiß« also offenbar mehr, als die durch das Bewusstsein sprachlich übermittelte Information vermuten lässt.

Auch in Deutschland wurden Experimente zur Präkognition gemacht. Clemens Maidhof vom Max-Planck-Institut für Kognitions- und Neurowissenschaften in Leipzig hat festgestellt, dass das Bewusstsein eines Pianisten, der versehentlich und eigentlich unbewusst eine falsche Taste greift, dies bereits vorher registriert. Manchmal kann der Fehler noch blitzschnell korrigiert werden. Die Fehlleistung wird bereits eine zehntel Sekunde vor der falschen Ausführung registriert. Gemessen wurde dies mit einem EEG.

Erstaunliches Ergebnis eines Experiments, welches das Team von Daryl Bem, Cornell University, durchgeführt hat: Probanden erinnerten sich in einem Erinnerungstest mit höherer Wahrscheinlichkeit genau an jene Wörter, die sie erst später aufgrund einer zufallsgenerierten Vorgabe am Computer abschreiben sollten. Diese Fähigkeit zum »Vorhersehen« konnte in einem anderen Test bestätigt werden. Schon lange ist bekannt, dass Wortkommentare zu einem Bild, die extrem kurz eingeblendet werden, die Bewertung des Bildes beeinflussen. Die Wörter werden so kurz gezeigt, dass das Bewusstsein sie nicht wahrnehmen kann. Wurde in ein mit groben Strichen gemaltes farbiges Landschaftsbild beispielsweise extrem kurz das Wort »schön« eingeblendet, beurteilten die Beschauer das Bild in einer schnellen Bewertung mehrheitlich als schön. Wurde dagegen »hässlich« eingeblendet, beurteilten sie es sehr schnell mehrheitlich als hässlich. Solche *sublimal primings* wurden in der Werbung verboten, weil die Käufer damit manipuliert werden könnten.

Im Test wurde dieses bekannte Verfahren geändert. Nun sollten die Probanden das Bild beurteilen, bevor das bewertende Wort eingeblendet wurde. Und tatsächlich wurden die Bilder, zu denen erst später eine bestimmte Bewertung eingeblendet wurde, bereits vorher von den Zuschauern entsprechend beurteilt. Es war, als wisse das Bewusstsein schon beim Anblick des Bildes, welches Wort später eingeblendet werden sollte.

In weiteren Tests kam es zu identischen Ergebnissen: Ganz normale Menschen konnten mit einer Signifikanz leicht über der Zufallsquote künftige Ereignisse vorhersehen. Die Effektgrößen (eine Bewertungsgröße zur Wahrscheinlichkeit des Eintreffens der Ereignisse) lagen allerdings höher als bei einer Reihe von wissenschaftlich anerkannten kausalen Effekten, etwa der Verwendung von Kondomen und der Senkung von HIV-Infektionen oder der Einnahme von Kalzium und der Erhöhung der Knochenmasse oder dem Passivrauchen und dem Lungenkrebsrisiko. In den Versuchen wurde aber auch deutlich, dass es Personen gibt, die eine deutlich höhere Trefferquote zeigen, sogar doppelt so hoch wie der Durchschnitt. (Bem et al. 2010)

Retro-Psychokinese – ein Quanteneffekt, der eine transzendente Bedeutung des Bewusstseins aufzeigt

Zugrunde liegt das äußerst überraschende Ergebnis einer wissenschaftlichen Studie von Leonard Leibovici, Professor für innere Medizin, Gegner der Komplementärmedizin, Experte für Krankenhausinfektionen, Israel. Er ging der Frage nach: Wie wirken sich heilende Gebete auf 4000 Sepsispatienten aus? Es wurde auf einen streng wissenschaftlichen Studienaufbau geachtet. Die Patienten wurden per Zufallsgenerator in zwei Gruppen – A und B – eingeteilt. Nur für eine Gruppe wurde gebetet. Weder Patienten noch Krankenhauspersonal wusste, um welche Gruppe es sich handelte. Die Namen aller Patienten der Behandlungsgruppe wurden einer Person übergeben, die aus der Ferne um Wohlbefinden und Genesung für die Gruppe bat.

Ergebnisse:

1. In der Gruppe, für die gebetet wurde (Gebetsgruppe), starben weniger Patienten als in der Kontrollgruppe (28,1:30,2 Prozent).
2. In der Gebetsgruppe war die Aufenthaltsdauer im Krankenhaus signifikant kürzer.
3. Ebenfalls signifikant kürzer war die Dauer des Fiebers in dieser Gruppe. (Leibovici 2001)

Dass Heilgebete eine positive Wirkung haben, ist nicht neu. In diesem Fall waren die Patienten aber zwischen 1990 und 1996 im Krankenhaus gewesen, und die Gebete wurden erst im Jahr 2000 gesprochen, also vier bis zehn Jahre später. (Mc Taggart 2007)

Aus den Ergebnissen kann man folgende Schlüsse ziehen:

> Bestimmte Bewusstseinszustände können interindividuell Heilung forcieren.
> Diese Bewusstseinszustände wirken zeitlos und ohne Raumlimit.

Welcher Mechanismus steckt hinter diesen Effekten?

Ist geistig gegebene Information (hier: Gebete für Heilung) jederzeit wirksam? Die in der Heilpraxis erfahrenen Mediziner

Larry Dossey und Brian Olshansky sind der Ansicht, dass Raum und Zeit in bestimmten Bewusstseinsphasen bezüglich der Heilung keine Rolle spielen. (Dossey 2002 und Olshansky 2003)

Können wir uns heute auf etwas konzentrieren, um Ereignisse der Vergangenheit zu beeinflussen? Ist es möglich, eine Krankheit nach ihrer Ausbreitung im Körper auf ein Stadium vor der Ausbreitung zurückzusetzen?

Genau das war das Ergebnis einer Reihe von Experimenten.

Zeitabweichung mit Zufallsgeneratoren – Rückwärtsverursachung durch Intention

In rund 87 000 Experimenten der Forschungsgruppe Princeton Engineering Anomalies Research (PEAR) an der Princeton University sollten Probanden den zufälligen Ausstoß der beiden Möglichkeiten »Kopf« oder »Zahl« mit ihren Gedanken so verändern, dass eine Richtung vorherrschte, und zwar Tage (bis zwei Wochen) *nachdem* die Geräte gelaufen waren.

Signifikantes Ergebnis: Der Zufallsgenerator kann durch Gedanken beeinflusst werden. Bei binären statistischen Systemen ergibt sich eine kumulative Abweichungen durch Gedanken. »Gedanken können den gewöhnlichen Raum und die gewöhnliche Zeit transzendieren«, indem sie Effekte auslösen, die ihren Ursprung in der »Vergangenheit« haben. (Jahn et al. 1997)

Die Experimente des Physikers Hellmut Schmidt von Lockheed Martin waren noch ausgeklügelter und erbrachten exakt das gleiche Ergebnis.

1. Ein Zufallsgenerator wurde an ein Stereo-Audiogerät angeschlossen, und Klicklaute wurden auf Band aufgezeichnet, ohne dass irgendjemand zuhörte (Originalband). Die Klicks wurden etwa gleichmäßig auf den rechten und linken Kanal verteilt (Zufallsverteilung).
2. Das Original wurde kopiert und weggesperrt.
3. Die Kopien wurden an Medizinstudent/innen gegeben, die mit Kopfhörern die Bänder abhörten und die Absicht einbrachten, mehr Klicks am linken Ohr zu hören.

4. Gleichzeitig wurden unabhängig von den ablaufenden Kopien mit dem Audiogerät (Zufallsgenerator) Kontrollbänder aufgezeichnet, ohne dass jemand zuhörte.

Ergebnis: Die Auswertung von mehr als 20 000 Versuchen (von 1971 bis 1975) ergab signifikant, dass in 55 Prozent der Fälle sowohl auf dem nicht abgehörten Originalband als auch auf den abgehörten Kopien mehr Klicks auf dem linken Kanal vorhanden waren. Auf dem Kontrollband war die Zufallsverteilung geblieben. (Schmidt und Stapp 1993)

Demnach treten mentale und emotionale Momente in zeitlose Quantenwechselwirkung mit (in diesem Fall) Zahlenmöglichkeiten und realisieren mehrheitlich die Ereignisse willentlicher Intention.

Pure Energie der Quantenwelt besitzt weder Raum noch Zeit. Unser menschliches Bewusstsein erschafft allerdings sowohl Raum als auch Zeit, indem diese raum- und zeitlose Energie wahrgenommen und dann in Kräfte und Zeitoperationen umgewandelt wird. Mit dieser Transformation werden getrennte Objekte und Folgen von Ereignissen projiziert: ein Vorher wird zu einem Nachher und durch Intention eventuell auch wieder zu einem Vorher.

Diese Rückwärtsverursachung durch Intention wird auch von den Experimentalphysikern Dick Bierman und Joop Houtkoper von der Universität Amsterdam eindrucksvoll belegt: Die Intention kann in der Zeit rückwärts wirken, das heißt, vergangene Ereignisse werden rückwirkend beeinflusst. Das passiert zu genau dem Zeitpunkt, wo bestimmte Eigenschaften oder Verhaltensmuster allgemein sichtbar in Erscheinung treten, und auch nur dann, wenn die betroffenen Eigenschaften des Systems zwischendurch nicht irgendwie »beobachtet« und quasi abgerufen wurden. (Bierman und Houtkoper 1975)

In Zusammenhang mit diesen Mechanismen könnten auch die Resultate von Experimenten einer Forschergruppe aus den USA stehen: Perzipienten erhielten telepathische Informationen, die zu 80 Prozent mit dem übereinstimmten, was gesendet worden war. Aber die Informationen waren eine Stunde früher bei ihnen, als der Sender (Induktor) sie »ausgestrahlt« hatte. (Puthoff und Targ 1976)

Die Experimente einer Forschergruppe um W. P. Kasnatscheew von der Akademie für medizinische Wissenschaften Russlands in Nowosibirsk, die im Rahmen der internationalen Versuche zur Distanzüberbrückung gemacht wurden, ergaben das Gleiche: Die Informationen über bestimmte Dinge wurden in einer Entfernung von Tausenden Kilometern empfangen – aber lange Zeit, bevor sie per Zufall ausgewählt und »ausgestrahlt« worden waren. Daraus folgerten die Wissenschaftler: Die Information über Ereignisse, die in der Zukunft liegen, kann man »ablesen«, bevor sie erscheinen.

Dazu passen auch die Ergebnisse der Versuche, die von Caslav Brukner und Vlatko Vedral im Zeilinger-Labor der Universität Wien gemacht wurden: Ein späterer Messvorgang verändert die Eigenschaften im vorherigen Experiment. Allgemein gesagt, heißt das: Momentane Handlungen können frühere Handlungsergebnisse beeinflussen und verändern.

Die Zeitschrift *New Scientist* 2004, Titelstory: »...Wie die Zukunft die Vergangenheit beeinflussen kann« berichtet im Editorial (Brooks, 2004): »Die Quantenmechanik scheint die Gesetze von Ursache und Wirkung zu beugen. Brukners Ergebnisse lassen vermuten, dass uns etwas Wichtiges entgeht in unserem Verständnis davon, wie die Welt funktioniert.«

Gleiches hatten Versuche ergeben, die schon früher in den USA gemacht worden waren: Gedanken können frühere Reaktionszeiten rückwirkend beeinflussen. In über 5000 Versuchen wurde deutlich: Die Zeit, die Probanden für die Erledigung einer späteren zweiten Aufgabe brauchten, beeinflusste die Zeit, die sie zur Erledigung der ersten Aufgabe gebraucht hatten. (Klintman 1983, 1984) Das ganze Forschungsgebiet nannte sich Retro-Psychokinese.

Weil abzusehen war, dass sich viele fragen werden, wie stark solche Effekte sind, wurde ein Effektivitätsmaßstab erdacht, eine »Effektgröße«. Darin ist eine statistisch ermittelte Normveränderung enthalten, die Reaktionsfähigkeit und Anzahl der Reaktionen in der Gesamtprobe ermittelt.

Die Effektgröße (EG) von Aspirin: 0,032, von Betablocker Propanolol: 0,032, von Experimentergebnissen Retro-Psychokinese: 0,3–0,7 (Meta-Analyse: Braud 2000). Ein signifikantes Testergebnis wird nur dann akzeptiert, wenn die Effektgröße mindestens 0,4 (mittlere Effektgröße) beträgt.

Die Arbeitshypothesen der Experimente zur Retro-Psychokinese wurden von anderen Arbeitsgruppen mit signifikanten Ergebnissen verifiziert. Motorische Tier- und Menschenbewegungen konnten nachträglich in Frequenz und Richtung beeinflusst werden (EG 0,3–0,7). (Gruber 1979, 1980)

Eine experimentell erzeugte Infektion von Ratten konnte durch nachträgliche Intention zurückentwickelt werden (EG 0,47). (Snel und Van der Sijde 1990)

Die Aufzeichnung des Atemrhythmus wurde nachträglich durch Intention verändert. (Schmidt 1997)

In Versuchen von Braud wurden Emotionsprotokolle von zwei Gruppen geschrieben. Eine Gruppe bekam danach Beruhigungsintentionen. Das anschließend ausgewertete Protokoll zeigte, dass diese Gruppe gegenüber der Vergleichsgruppe tatsächlich ruhiger war. (Braud 2000)

Derartige Ergebnisse schockieren, denn wir sind nicht darauf vorbereitet. Jeder überlegt zwangsläufig sofort, was unter diesen Voraussetzungen alles möglich ist. Es hat jedoch überhaupt keinen Sinn, sich diesen Möglichkeiten zu verweigern. Im Gegenteil: Wir müssen erkennen, wie die Mechanismen ablaufen, und dann eine Optimierung zu unserem Wohl vornehmen.

Der Physiker Evan Harris Walker sagte bereits 1970: »Ein rückwirkender Einfluss lässt sich mit der Quantenphysik erklären, wenn wir den beobachtenden Bewusstseinseffekt, also den menschlichen Geist, mit einbeziehen.« (Walker 1970)

»Positive« und »negative« Energien täuschen »Zeit« vor

Materie ist keineswegs so konsistent, wie wir sie gemeinhin erfahren. Auch unser Körper unterliegt einem andauernden Abbau und Wiederaufbau. Atom- und Molekülbindungen werden nur kurze Zeit (abhängig von der Bindungsenergie) aufrechterhalten und lösen sich dann wieder, um erneut aufgebaut zu werden.

Wir hatten schon festgestellt, dass sich Energie in Kräfte verwandeln kann. Diese bewirken ein Vorher und ein Nachher, das heißt eine Zeitoperation. Zeit entsteht immer erst an Massen. Grundlage dafür ist die positive und negative Energie, die vom Nullpunkt-Feld (Vakuum) abgelöst wird. Ihre Wandlung gestaltet aufgrund von Urinformation unentwegt Form/Struktur im Mikro- und im Makrobereich.

Was ist negative Energie?

Abgleitet von den Schrödinger-Gleichungen zur Quantenfeldtheorie und von Diracs Elektronentheorie, gibt es eine »negative Wahrscheinlichkeit«, die in Physikerkreisen auch als »negative Energie« bezeichnet wird.

Diese Energie kann mit den Vakuum-Wahrscheinlichkeiten in Wechselwirkung treten, bevor sie mit der Materie Kräfte erzeugt. Wenn die Kräfte allerdings bereits erzeugt sind, kann diese Energie die Fortsetzungsdauer der Kraftbrücken verhindern, also eine bestehende Kraft abbauen. Das bedeutet: Änderung und Auflösung (in gewissen Grenzen) jedes »beobachteten Materiezustands«. (Dirac 1942, Lawrie 1990, Seite 130, Solomon 2006)

Man kann die Theorie um der Anschaulichkeit willen in folgender Weise interpretieren. Jeder beobachtbare Formzustand ist zu 100 Prozent positive Wahrscheinlichkeit mit »positiver Energie« als Gewissheit. Die Zugabe »negativer Energie« reduziert die zu 100 Prozent positive Wahrscheinlichkeit auf weniger als 100 Prozent. Das entspricht einem »Zurückgehen in der Zeit«, einem Aufsuchen der Vergangenheit.

Wir und alles andere existieren aufgrund von zwei gegensätzlich wirkenden Mechanismen: Positive Energie (Qi »friedlicher Geist«) stellt Ordnung her und erschafft bei zufließender Information Form/Struktur/Gestalt. Negative Energie (»zerstörender Geist«) reduziert Ordnung und führt zu Unordnung.

Zeit fließt nicht. Vielmehr erzeugen wir das Sein durch positive und negative Energiewandlung entlang einer Weltenlinie.

Energetisches Ereignis

»negative Energie«   »positive Energie«

Wahrscheinlichkeits- Wahrscheinlichkeits-
verringerung   zunahme
Realitätsabbau   Realitätserschaffung
Zurück zum Ursprung Neuentwicklung

Vergangenheit   Zukunft

Wir erinnern uns: die Experimentergebnisse von Benjamin Libet und Bertram Feinstein am Mount Zion Hospital in San Francisco hatten ergeben: Das Gehirn beginnt bereits bis zu 1,5 Sekunden, bevor die Versuchsperson eine einfache Handlung durchführen will (etwa einen Finger heben), Gehirnwellen und Signale zu erzeugen.

Der Physiker Wolf, USA, erklärt diese unbewusste Vorwegaktivität mit dem eben beschriebenen Effekt der Energien zusammen mit dem im Kapitel 5 beschriebenen Echoeffekt: Vom Gehirn werden Quantenwellen ausgelöst, die sich vom gegenwärtigen Augenblick in die Zukunft und Vergangenheit ausbreiten. Und gleichzeitig kommen Echo-Quantenwellen aus der

Zukunft und Vergangenheit. Es findet eine Interaktion statt: Information für Kraft- und Zeitoperationen entsteht.

Ist das Ziel vom Ich mit Bewusstsein fixiert, wird über Angebots- und Bestätigungswelle gleichzeitig die Vorbereitung für das Erreichen des Ziels gestartet. Die vermeintliche Zukunft kann antizipiert werden.

Bereits durch Geräte registrierte, aber bis dahin unbeobachtete Ereignisse (Eigenschaften bisher nicht abgerufen, also unbekannt) können dadurch geändert werden. Die vermeintliche Vergangenheit kann intentional beeinflusst werden.

So ist auch die Erklärung der »Retro-Psychokinese« laut H. Schmidt: Die Probanden hatten nicht die Kassetten verändert, *nachdem* sie erstellt worden waren. Vielmehr war ihre Einflussnahme »zeitlich rückwärts« erfolgt (von außen betrachtet): Der Klick-Ausstoß des Geräts hat sich durch die Intention in dem Moment geändert, in dem das Band erstmalig aufgenommen wurde. Die Probanden haben also nicht etwa eine bestehende Vergangenheit verändert, sondern sie so beeinflusst, dass sie sich zur Gegenwart entwickelte.

Die registrierten Zahlenwerte bleiben in einer Potenzialität (im »Meer aller möglichen Zahlreihen«), bis ein bewusster Beobachter, der Sinn und Bedeutung gibt, die Zahlen abliest beziehungsweise ihre auditive Umsetzung abhört.

Diese Effekte sind immer nur im kleinsten Bereich an strategisch entscheidenden Weichenstellungen möglich – im Quantenbereich. Die Frage ist, warum es nicht im makroskopischen Geschehen funktioniert. Warum können wir die Scherben einer vom Tisch gefallenen Vase nicht wieder in ihre ursprüngliche Form zurückbringen? Antwort: Der makroskopische Anfangszustand besteht aus Myriaden von Elementarteilchen, die nicht synchron veränderbar sind. Es ist nicht möglich, den Zeitpfeil auf Vergangenheit zu stellen – nicht etwa, weil die Naturgesetze es nicht erlauben (sie erlauben es immer), sondern weil der »richtige Anfangszustand« nicht zur Verfügung steht. Eine Vase fällt vom Tisch, und wir haben Scherben. Der »richtige Anfangszustand« ist nun eine Funktion der Wahrscheinlichkeit. Rein statistische Gesetzmäßigkeiten entscheiden darüber, ob aus den Scherben eine Tasse wird.

Daraus ergibt sich die Frage: Wie entsteht die für uns bestimmende Zukunftsrichtung der Zeit? Die Vorgänge in der Natur zeichnen sich durch schnelle und kontinuierliche Abfolge von Realitätsschaltungen aus. Aus überlagerten Wahrscheinlichkeiten (Kohärenz) wird durch den Kollaps der Wellenfunktionen (Dekohärenz) eine konkrete Eigenschaft.

Die Natur trifft auf diese Weise immer wieder eine Wahl – »hier und jetzt«, also in der Gegenwart. Doch diese Wahl hat eine Wirkung auf spätere Ereignisse, also in die Zukunft hinein, und auf diese Weise kommt die Zukunftsrichtung der Zeit ins Spiel.

Der Prozess selbst ist atemporal. Er findet außerhalb von Raum und Zeit statt, löst dann aber ein tatsächliches Ereignis in der Raum-Zeit aus. Durch die atemporalen Kollapse – sie entstehen vor dem Hintergrund der Möglichkeiten und verschwinden erneut im »Meer aller Möglichkeiten« – verändern sich jeweils die Möglichkeiten der Zukunft.

Fazit: unsere gegenwärtigen und zukünftigen Absichten, Tätigkeiten, Entscheidungen sind Schöpfungsprozesse unserer Erlebniswelt und unseres Körperzustands. »Offene« und »labile« Systeme in ihren Anfängen sind am leichtesten beeinflussbar. Das Gleiche gilt für dringend benötigte Ereignisse. (Braud 1999)

Was gibt nun den Ausschlag für meine Aktivitäten und meine Wirklichkeit?

〉 Mein Bewusstsein und seine Ziele?
〉 Die Energiewirkungen innerhalb meines Körpers?
〉 Die Energiewirkungen, die von außerhalb in meinen Körper eindringen?

Offensichtlich ist alles gleichzeitig wirksam, entscheidend sind die Ereignisse, die geschehen. Immer neue Ereignisse empfinden wir als Zeit.

WIRKLICHKEIT UND INFORMATION — WAS IST DAS FÜR UNS?

»Alles, was wir durch Beobachtungen oder durch Abstraktion unserer Wahrnehmungen als Wirklichkeit betrachten und in der Naturwissenschaft als (stoffliche) Realität beschreiben, darf in dieser Form nicht mit der eigentlichen Wirklichkeit gleichgesetzt werden.«

Hans-Peter Dürr

Niemand bezweifelt, dass wir wirklich da sind, dass wir existieren. Aber was ist wirklich? Wodurch sind wir wirklich?

Dies sind wichtige Fragen. Denn wenn unser Bewusstsein Realität schaltet, muss ernsthaft überlegt werden, welche Realität gemeint ist. Tatsächlich nehmen wir völlig verschiedene Ebenen unseres Lebens als real wahr. Wir unterscheiden zwischen einer Vorstellungswelt, die allein von unseren Gedanken bestimmt wird, und einer Traumwelt, die ja auch irgendwie durch unsere Gedanken entsteht. Oder ist das ein Irrtum? Vielleicht entsteht die Traumwelt ganz anders, und unsere Gedanken sind nur eine Folge davon. Doch wie dem auch sei, die Hauptrolle spielt unsere Wahrnehmung des täglichen Lebens. Das ist die reale Welt. Oder etwa nicht?

Realität ist aus Sicht der meisten modernen Menschen das,

was man mit den Sinnen wahrnehmen, also messen kann, denn auch Sinne sind Messapparaturen. Messen kann man aber nur, was mit der Messapparatur Energie austauscht und zu Kräften an Massen umgestaltet werden kann. Sowohl Messapparaturen als auch Sinnesorgane sind Materiekonstrukte, die von Gedanken und Emotionen beeinflusst werden können. Das ist in unserer wachbewussten Welt möglich, aber auch im Traum. Wo befinden wir uns gerade?

Wir glauben, die Wirklichkeit direkt wahrzunehmen. Wenn ein Auto auf uns zufährt, springen wir selbstverständlich zur Seite. Das ist aber leider kein Kriterium dafür, ob wir uns im Traum befinden oder ein »reales« Geschehen erleben. Unsere Wahrnehmung des Autos ist normalerweise ein komplexer Vorgang, bei dem Sinneseindrücke und deren Auswertung in den Nervenstrukturen des Gehirns eine wichtige Rolle spielen. Die Sinneseindrücke werden nach gehirneigenen Regeln ausgewertet. Aber wie entscheide ich, ob der Sinneseindruck daher kommt, dass gerade etwas Entsprechendes geschieht, oder ob mein Gehirn ihn gerade halluziniert oder irgendwie sonst einspielt? Alles, was wir wahrnehmen, ist ein Konstrukt mithilfe unseres Gehirns. Nur unser Gehirn entscheidet, was real ist. Es verwendet eigene Informationen, greift auf seine eigenen Erfahrungen zurück und deutet die Reize nach seinen eigenen Regeln. Das alles ist pure Subjektivität und gilt für Traum und Wirklichkeit gleichermaßen.

Wahr erscheinen uns diese Konstrukte nur deshalb, weil andere Menschen uns von gleichen Ereignissen unter übereinstimmenden Umständen berichten. Objektiv ist die Welt außerhalb von uns deshalb noch lange nicht. Als wahr und real würden wir auch körperliche Reizeindrücke wie Schmerzen einstufen. Aber gerade diese Reize können unterdrückt werden und deshalb aus dem Bewusstsein verschwinden. Sie können aber auch besonders bewusst empfangen und damit verstärkt werden.

Unbewusste Realitätsbildung findet beispielsweise im Traum, in der Halluzination und in der Fantasie statt, bewusste Reali-

tätsbildung etwa in der mentalen Vorstellungswelt, beispielsweise zwecks Planung der Lebensführung.

DIE WELT DER TRÄUME

Für Träume gibt es aus Sicht der Körperfunktionen eine vollkommen rationale Erklärung. Wir sind als sogenannte Warm-
blüter auf eine Kerntemperatur von 37 °C angewiesen. Diese
Wärme entsteht durch Stoffwechselprozesse, also durch Ver-
brennung der Nahrung, zum Beispiel Fette, sowie durch Muskelaktivität. Im Schlaf findet keine größere Muskelaktivität
statt. Im Tiefschlaf wird sie sogar aktiv unterbunden, und Nahrung nehmen wir auch nicht zu uns. Folge davon ist, dass die
Temperatur des Körpers absinkt. Je länger wir schlafen, desto
stärker ist der Temperaturabfall. Die kritische Temperaturgren-
ze liegt bereits bei etwa 36 °C. Alle Temperaturen darunter verhindern, dass genügend Sauerstoff aus den roten Blutzellen dif-
fundieren kann. Es besteht eventuell sogar akute Lebensgefahr.
Die Weisheit des Körpers ist sich dieser Gefahr offensichtlich
bewusst, denn Träume, die nachts regelmäßig als REM-(Rapid
Eye Movement-)Phasen eingeschaltet und gegen Morgen immer
länger werden, verhindern den übermäßigen Temperaturabfall.
Das geschieht, weil Träume – genau wie das Tagesgeschehen –
Erlebnisse produzieren, die Hormone aktivieren, beispielsweise
Adrenalin und Noradrenalin. Beide Hormone leiten die Fettver-
brennung ein, und der Körper heizt sich auf.

Allerdings kommt uns das Traumgeschehen immerhin so
real vor, dass wir in der Regel erst nach dem Aufwachen mitbe-
kommen, dass wir geträumt haben. Während des Traumes sind
wir uns normalerweise nicht bewusst, dass wir uns in der
Traumwelt befinden. Es gibt aber auch Träume, in denen wir
wissen, dass wir träumen, und den Traum sogar mit unserem
Willen lenken können. Das bezeichnet man als luzides Träumen, und es ist interessanterweise trainierbar. Nach einem luziden Traum erinnern wir uns auch an den Inhalt des Traumes,

was beim gewöhnlichen Traum selten gelingt. Meist hallen nur die Aufregung oder andere Emotionen nach, was zu Schweißnässe und Herzklopfen führen kann.

Auch die gewohnte Zeitstruktur ist im Traum aufgehoben. Wenige Sekunden realer Uhrzeit dehnen sich im Traum aus und bieten Raum für lange Geschichten. Das Zuklappen eines Fensterflügels kann im Traum sowohl der Start als auch das Ende eines gefühlt viel längeren Erlebnisses sein.

Sehr unangenehm kann sich die stark gebremste Handlungsfähigkeit im Traum anfühlen. Vermutlich haben wir alle schon einmal geträumt, in einer bedrohlichen Situation zu sein und nicht davonrennen zu können. Auch hier wirkt eine kluge Vorsehung. Wenn ich im Traum genauso agieren könnte wie im wachen Tagesbewusstsein, könnte ich zum Beispiel gegen die Wand rennen, abstürzen und mich verletzen.

Die Frage, ob Träume mehr sind als notwendige Aufheizphasen, ist durchaus spannend. Es wird spekuliert, dass sie der Übung der Fantasie dienen, dass sie Neuronstrukturen als Erinnerung festigen, dass sie Lösungen für bis dahin unverarbeitete Erlebnisse anbieten, dass sie unerfüllten Wünschen Raum geben. Das alles mag sein, aber sie könnten eine noch viel größere Bedeutung haben.

Ich gehe davon aus, dass die Bewusstseinsmechanismen des Traumgeschehens mit denen des wachen Tagesgeschehens identisch sind. Die auf den nächsten Seiten zusammengestellten Argumente sprechen dafür, dass bewusstes Wahrnehmen schöpferisch ist und unabhängig von den Begrenzungen der Raum-Zeit Realitäten erzeugt. Auch Träume unterliegen diesen Mechanismen.

Physiologisch unterscheidet sich das Traumgeschehen vom Wachzustand zunächst dadurch, dass die Reize aus der Körperperipherie, die durch das Liegen mit geschlossenen Augen ohnehin vermindert sind, im Gehirn kaum mehr Beachtung finden. Auch die sogenannten aufsteigenden, aktivierenden Bahnen, die das Gehirn in den Wachzustand versetzen, sind natürlich gehemmt. Tagsüber ist das Bewusstsein damit beschäftigt, über die Sinneseindrücke Realität zu schalten. Erst wenn die Sinne keine dominante Rolle mehr spielen, kann das Bewusstsein (Unterbewusstsein) ins »Meer aller Möglichkeiten« eintauchen und andere Geschehnisse realisieren.

Wir müssen damit rechnen, dass das Gehirn zeitweise mit sich selbst beschäftigt ist und Neuronennetzwerke mehr oder weniger wahllos Bilder und Erlebnisse abrufen. Ein Indikator dafür ist beispielsweise das chaotische und unlogische Zusammenkommen von Einzelereignissen im Traum oder auch als wirre Gedanken im Wachzustand.

Wir müssen aber auch damit rechnen, dass ein nicht vom Tagesgeschehen abgelenktes Gehirn der Empfänger realer Ereignisse ist, die irgendwo auf dieser Welt stattfinden, irgendwann stattfanden oder noch nicht stattgefunden haben. Wir wollen deshalb schon jetzt die Fragen stellen: Sind einige unserer Träume die Erlebnisse anderer Personen? Erfahren wir im Traum etwas, was andere Lebewesen bereits als Erfahrung abgespeichert haben? Können Träume präkognitiv sein? Werden wir durch Träume in die Lage versetzt, unsere Wahrnehmung auf andere Realitäten auszuweiten? Alles liegt im Bereich des Möglichen.

DIE MENTALE ERLEBNISWELT

Eines beherrschen wir wohl alle sehr gut: uns etwas vorzustellen und diese Vorstellungen dann zu mentalen Welten auszubauen. Wir denken uns etwas aus und erschaffen so eine mögliche Welt. Mit diesen Vorstellungsbildern ist fast alles möglich, sofern wir die Bausteine zum Bild bereits kennen, sprich, etwas dergleichen erlebt haben. Wir durchdenken Handlungsabläufe, Sprachformulierungen, haben Tagträume, Fantasien, leben in Wunschgebilden. Das ist eine ungefährliche und schmerzlose Art, etwas auszuprobieren.

Traumwelt und mentale Erlebniswelt unterscheiden sich eindeutig darin, dass wir Träumen ausgeliefert sind. Sie kommen und gehen nach Regeln, die wir normalerweise nicht steuern können. Anders die mentale Erlebniswelt: Wir betreten sie willentlich und wir wissen meistens, dass wir uns in Gedanken befinden. (Vgl. Bloch 1994, Seite 169)

Kinder trennen noch nicht klar zwischen realer und gedachter Umwelt. Sie merken nicht, ob sie etwas tatsächlich wahrgenommen, es sich lediglich vorgestellt oder ob sie sich daran erinnert haben. Die scharfe Trennung ist bei vielen Menschen nicht einmal im Erwachsenenalter vorhanden. Sie setzt viel Erfahrung voraus, ist also an reichhaltiges Erleben gekoppelt und kann nicht entstehen, wenn man den ganzen Tag auf dem Sofa sitzt.

Interessant ist aber auch, dass die vorgestellten Bilder die tatsächlich wahrgenommenen Bilder überlagern können. Mit gewisser Übung können Vorstellungen in die reale Umgebung projiziert werden. Die Aufmerksamkeit ist dabei der Lenkstrahl für mein Bewusstsein. Es kann sich in der mentalen Erlebniswelt befinden und danach oder gleichzeitig in der realen Welt, die mich umgibt. Ich kann vor mich hin fantasieren, während ich mir ein Brot abschneide, es schmiere und reinbeiße.

»Auch dem erwachsenen Gehirn stehen keine absolut verlässlichen Unterscheidungen zwischen ›Tatsächlichem‹ einerseits und ›Vorgestelltem‹ oder ›Halluziniertem‹ andererseits zur Verfügung.« (Emrich 1992, Seite 84)

Letztlich sind bestimmte Stoffe, die unser Gehirn selbst produziert, sogenannte körpereigene Drogen, für alle Bilder verantwortlich, aus denen unsere Wirklichkeit besteht. Sowohl die Menge der ausgeschütteten Drogen als auch die Wirksamkeit der Kontrollinstanzen entscheidet darüber, wie das Erleben zusammengesetzt wird. Bestimmte Transmittercocktails können bestimmten Stimmungen zugeordnet werden, wie auch extern zugeführte Drogen Stimmungen und Gefühle beeinflussen. So wird nachvollziehbar, wie Gefühle nach ihrer Entstehung moduliert werden können.

Was wir so gern als Objektivierung bezeichnen, ist ein reiner Lerneffekt. Das Gehirn verknüpft die Signale verschiedener Reize miteinander zu Merkmalen. Treten diese Merkmale an bestimmten Orten und zu bestimmten Zeiten wiederholt auf, werden die dazugehörigen Verknüpfungen immer mehr verstärkt. Das Gehirn wird anatomisch umgestaltet. Die Reaktion auf die Reize findet nun prompter statt. Wir lernen und reagieren aus einem Gedächtnis heraus.

An all diesen Aktivitäten wird deutlich, dass nur das Gehirn entscheidet, ob eine potenzielle Wahrnehmung Realität werden soll oder nicht. Aus der Verrechnung diverser Informationen entsteht der subjektive Eindruck von realen Objekten und damit die Gewissheit, sich in der gewohnten Realität zu befinden.

Wir sind Projektor und Zuschauer gleichzeitig, und die Aktivitäten beider sind über eine Rückkopplungsschleife verbunden: 1. Wir erzeugen die Realität, auf die wir unsere Wahrnehmung richten, und 2. wir nehmen die Realität wahr, die wir erzeugen, und 3. unsere Realität existiert nur in unserer Wahrnehmung.

Wir dürfen aber nie übersehen, dass das Erkennen der gewohnten Realität das Ergebnis eines genetisch unterstützen Lernprozesses ist, der beim Säugling beginnt. (Roth 1987, 1995)

Wenn die These also lautet, dass wir unsere Welt durch unsere Gedanken und Gefühle selbst erschaffen, dann trifft das passiv für die Traumwelt und aktiv für unsere mentale Erlebniswelt sicherlich zu. Aber wie steht es mit unserer alltäglich realen Welt, in der wir bestehen müssen und die uns die Situationen vorgibt, auf die wir reagieren? Wir meinen doch zu wissen, wann wir nur träumen und unseren Gedanken nachhängen und wann wir die »richtige Welt« erleben. Gibt es eindeutige physiologische Unterschiede zwischen mentalem Modus und Traummodus einerseits und Realgeschehensmodus andererseits?

Ja, denn die »richtige Welt« ist in unserem Gehirn in zwei getrennte Bereiche geteilt. Wir nehmen eine Umwelt wahr und wir nehmen eine Körperwelt wahr.

Jede dieser Wahrnehmungen hat ihre eigene Repräsentation im Gehirn. Die Energie der Umwelt wird mit spezialisierten Sinnesorganen – Auge, Ohr, Nasenschleimhaut, mechanische Sensorik – aufgenommen und in den dazugehörigen Gehirnnervennetzen verarbeitet. Der Körper wird mit anderen spezialisierten Sinnesorganen – Muskelrezeptoren, Gelenkrezeptoren, Gleichgewichtsorganen, Berührungs- und Schmerzrezeptoren, Wärme- und Kaltrezeptoren – in anderen Gehirnzentren repräsentiert. Der deutlichste Unterschied besteht jedoch darin, dass der Körper sowohl sensorisch als auch motorisch repräsentiert ist, was bei den Umweltreizen nicht der Fall ist. Das hat Folgen, die uns deutlich machen können: *Jetzt bist du in der realen Welt.* Denn immer dann, wenn wir mit unserem Willen ein motorisches Kommando geben, also irgendwo hingehen wollen, wird eine sensorische Kontrolle darüber ausgeführt, ob wir dem Kommando Folge geleistet haben. Über andauerndes somatosensorisches Feedback wissen wir immer, was unser Körper im Augenblick leistet.

>»Für das Gehirn bedeutet dies: alles, was sensomotorisch rückgekoppelt ist, ist Körper, was aber nur zu Erregung in den sensorischen Zentren ohne direkte Rückkopplung führt, ist Umwelt.«   *Roth 1987, Seite 236f.*

Wiederholen sich die Ereignisse an bestimmten Orten oder zu bestimmten Zeiten, verstärken sich die Abläufe im zugrundeliegenden Nervengeflecht. Wir lernen das Prinzip und speichern es ab. Auf diese Weise bildet sich ein Gedächtnis. Das hat den Vorteil, dass zukünftige Ereignisse mit Inhalten aus dem Gedächtnis verglichen und ergänzt, also verrechnet werden. Alles, was wir wahrnehmen, ist durch frühere Wahrnehmungen mitbestimmt. (Roth 1987, Seite 232f.; Roth 1992, Seite 290)

Nachdem der Mensch die so entstandenen Eindrücke sinnvoll in seine bisherigen Erfahrungen eingeordnet hat, kann sich die Tageswirklichkeit etablieren. Sie etabliert sich momentan als Wirkkraft, als Auswirkung. Diese Wirklichkeit unterliegt aufgrund immer neuer Erlebnisse einem dauernden Wandel, entspricht also einer Erfahrung, die mithilfe der Umwelt gemacht wird.

> »Diese Umwelt wird über Wahrnehmung, Sensomotorik, Kognition, Gedächtnis und Emotion, über kommunikatives und nicht kommunikatives Handeln informationell (›sinnhaft‹) von Menschen erzeugt und erhalten. (...)«
>
> *Schmidt 1994, Seite 594*

Menschen konstruieren sich ihre Realität, es bleibt aber immer eine phänomenale Wirklichkeit. Die Realitätskonstruktion ist im Alltag meist nicht geplant und ergibt sich mehr oder weniger willkürlich, weil sich der Mensch mit unvorhersehbaren Umwelteinflüssen auseinandersetzen muss. Dies geschieht in hohem Maße unbewusst. Allein die morgendliche Anfahrt zum Arbeitsplatz ist für viele Menschen der pure Stress, verursacht durch Lärm, Abgase und Schmutz, Einengung in Menschenmassen und Zeitnot. Dieser Zustand kann dadurch verändert werden, dass man seine Wahrnehmung und damit seine Gedanken bewusst auf etwas anderes richtet.

Wenn die Realitätskonstruktion dem Menschen also nicht einfach widerfahren soll, sondern er sie sich bewusst aneignen und nach seinem Willen ändern möchte, muss er besondere Maßnahmen ergreifen, die noch beschrieben werden (siehe Seite 243ff.).

EIN TRUGSCHLUSS IM DENKEN

Ein bis heute geltendes wissenschaftliches Dogma geht davon aus, dass die von uns erfahrene wirkliche Welt ohne jedes Bewusstsein existiert. Auch Einstein unterlag diesem Trugschluss, als er feststellte: »Die Natur existiert unabhängig von einem Bewusstsein und materielle Objekte haben eigene Merkmale.«

Beweise für eine solche Aussage kann es nicht geben. Warum ist Einsteins Feststellung nach heutigem Wissen sogar falsch?

Die Antwort liegt auf der Hand. Weil Wahrnehmung immer und ohne Ausnahme mit der Erschaffung eines geistigen Konstrukts einhergeht. Das nennen wir Erfahrung. Wissenschaftliche Aussagen sind immer und ausschließlich Interpretationen, und keinesfalls existiert eine Wissenschaft der Natur unabhängig von einem menschlichen Bewusstsein. Da nichts, aber auch wirklich überhaupt nichts existiert, ohne dass es von einem menschlichen Bewusstsein wahrgenommen, benannt und interpretiert wird und die Informationen darüber allein durch Menschen verbreitet werden, ist in diesem engen Sinne eine Objektivität unabhängig von einem Bewusstsein bereits illusorisch. Wahrnehmung – auch die der Natur – ist immer und ohne Ausnahme die Erschaffung eines geistigen Konstrukts.

Noch einmal: »Realität« kann nur und ausschließlich durch die Brille unseres Geistes erkannt werden. Damit ist jede Existenz in Raum und Zeit ein geistiges Konstrukt – ein Trugschluss.

Wir können also (und auch Einstein konnte) nur vermuten, dass die Natur auch ohne Bewusstsein existiert. Wenn wir die Quanteneffekte der »Realitätsschaltung durch Beobachtung« anwenden, ist es durchaus plausibel, dass wir Menschen nicht die Einzigen sind, die Realität schalten. Die Formen der Natur könnten durchaus durch die vielfältigen Resonanzen, die sich überall in der Materie auftun, stabilisiert werden. Aber es gibt keine Beweise für diese Vermutung, denn um einen Beweis zu führen, brauchen wir ein menschliches Bewusstsein.

Die vom Geist unabhängige Materie ist also eine Chimäre. Meinen die Skeptiker, die dies bis heute nicht wahrnehmen wollen, wirklich, sie hätten die Wahrheit gepachtet und wären klüger als folgende aufgeführte Denker, die ihre Klugheit bereits unter Beweis gestellt haben?

»Materie besitzt nur insofern eine Realität, als sie durch irgendeinen Geist wahrgenommen wird.«
  George Berkeley, Bischof und Philosoph (1685–1753)

»Die in Raum und Zeit ausgedehnte Welt existiert nur in unserer Vorstellung. Dass sie außerdem noch etwas anderes sei, dafür bietet jedenfalls die Erfahrung – wie schon Berkeley wusste – keinen Anhaltspunkt.«

Erwin Schrödinger, Physik-Nobelpreis 1933

»Bewusstsein erzeugt Realität.«

Eugene Wigner, Physik-Nobelpreis 1963

»Realität wird durch Beobachtung geschaffen.«

Niels Bohr, Physik-Nobelpreis 1922

»Die Lehre der Quantenphysik ist, dass Materie eine konkrete, gut abgegrenzte Existenz allein in Verbindung mit dem Geist erlangen kann.«

Paul Davies, Physiker

»Die Trennung der beiden – Materie und Geist – ist eine Abstraktion. Die Grundlage ist stets eine Einheit.«

David Bohm, Quantenphysiker

Der Determinismus des newtonschen Weltbilds verliert seinen Absolutheitsanspruch, und vor uns öffnet sich eine Welt, in der Materie ein kreatives Element ist, weil sie, wie Paul Davies deutlich macht, vom Geist gesteuert wird. Demnach gibt es keine objektive Physik, sondern nur einen Konsens über Erfahrungen.

MYSTISCHE QUANTEN-PHILOSOPHIE

Eine der fundamentalsten Erkenntnisse der Quantenphysik besagt, dass ein Ereignis in der subatomaren Welt in »allen möglichen Zuständen« existiert, bis der Akt des Messens, der Beobachtung – immer liegt eine Art von Resonanz zugrunde –, es auf einen bestimmten Zustand festlegt.

Alle nicht in die Realität geführten Zustände existieren als Möglichkeit, mathematisch beschreibbar als Wellenfunktionen. Alle Wellenfunktionen sind übereinandergelagert und bilden dabei eine Kohärenz, ordnen sich also einer höheren Gewalt unter, die rein virtuell eine universelle Ordnung schafft. Diese universell verbreitete Virtualität bezeichne ich als »Meer aller Möglichkeiten«. Es ist ein riesiges universelles Rauschen, gleichzeitig aber auch eine unvorstellbar exakte Einheit. Dieses »Meer aller Möglichkeiten« ist überall gleichzeitig, also ohne jede Zeitdifferenz an allen erdenklichen Orten. Es ist in jedem von uns, in der Materie der Erde und der Natur und ebenso in der Atmosphäre und im gesamten Kosmos.

Wie Anton Zeilinger schreibt, hat sich heute die Sichtweise durchgesetzt, dass subatomare Systeme als Wahrscheinlichkeit existieren, die durch den Vorgang der Beobachtung geschaffen werden. Die Wechselwirkung mit der Umgebung entspricht einer Beobachtung beziehungsweise einer Messung. Letztendlich kommt es bei jeder Beobachtung auf einen Sinneseindruck an. Und der wiederum ist eine unmittelbare Erfahrung. (Vgl. Zeilinger 2003, Seite 169)

Quantenphänomene sind undefiniert bis zu dem Moment, wo sie irgendwie »gemessen«, also »beobachtet« werden. Messen und Beobachten bedeutet immer, dass ein Energie- und Informationsaustausch stattfindet.

Was macht eine Quantenentität, bevor sie beobachtet und damit real geworden ist?

Die »unbeobachtete« Entität existiert in einer kohärenten Überlagerung aller möglichen Zustände, die durch Wellenfunktionen erlaubt werden. (Schrödinger 1926)

Aber in dem Augenblick, in dem eine Messung, analog eine Beobachtung, durchgeführt wird, kollabiert die Wellenfunktion mit den vielen Zustandwahrscheinlichkeiten, und das System ist gezwungen, einen einzigen Zustand anzunehmen. Das System ist in die Realität geschaltet worden. »Sein ist Wahrgenommensein«, sagt George Berkeley.

Nicht nur Wellenfunktionen der Energie, sondern auch Wellenfunktionen der Information, Quantenbits (Qubits), können kollabieren (Dekohärenz). Damit wird Information in einen »klassischen Zustand« versetzt. Das heißt, aus dem »Meer aller Möglichkeiten« gehen definierte Entitäten mit »Sinn und Bedeutung« hervor. Dazu sagt Meister Eckehart: »Unser Leben hienieden ist allzumal darauf gestellt, dass wir Gottes und aller Dinge innewerden in der Weise bloßer Möglichkeiten.« (Meister Eckehart 1934, Seite 82)

Entscheidend ist, dass die Überlagerung, die Superposition der Wellenfunktionen, die von der Umgebung isoliert ist, in diesem Stadium bleibt, bis ein bewusster, fühlender Beobachter auftritt. Experimente haben erstaunlicherweise gezeigt: Wenn eine Maschine Quantensysteme misst, bleiben die Ergebnisse so lange in einer Superposition, bis ein bewusster Mensch die Messung der Maschine beobachtet. Darüber werden wir später noch mehr erfahren.

Was ist mit einem »bewussten, fühlenden Beobachter« gemeint? Es ist das Bewusstsein samt Unterbewusstsein eines Menschen, das die Wellenfunktion kollabieren lässt! Die Selbstinstanz, der Geist und die Seele, schafft also Realität. Diese Schlussfolgerung ist Teil der sogenannten Kopenhagener Interpretation, für die neben Werner Heisenberg vor allem Niels Bohr steht.

Ein weiterer Physiker, Hugh Everett, ist der Meinung, dass jeder Kollaps eine andere Welt kreiert, was zur Folge hat, dass unendlich viele Paralleluniversen existieren. Diese Idee muss uns beschäftigen, denn sie erlaubt eventuell, dass einzelne wichtige Funktionen eines Zustands in der Welt A in einen anderen Zustand in der Welt B überführt werden können, was beispielsweise im Traum geschieht.

Immer steht der Mensch mit seinen Empfindungen und seinem Bewusstsein im Mittelpunkt. Jede Realität entsteht auch durch Gefühle und löst wiederum neue Gefühle und Empfindungen aus. Sie wird gefühlt und empfunden.

»Wenn man mit den unmittelbaren Empfindungen und Intuitionen eins ist, erkennt man, wie verzerrt und paradox die Naturwissenschaft ist, welche die moderne Wissenschaft unseren Gedanken aufzwingt.«

Alfred North Witehead,
Philosoph und Mathematiker (1861–1947)

Die Verbindung aus Verstand, Gefühlen, individuellem und universellem Bewusstsein ist also offenbar der entscheidende Realitätsschalter.

DIE ROLLE DES BEOBACHTERS IN DER QUANTENREALITÄT

Darüber, dass der Beobachter in der Quantenrealität eine entscheidende Rolle spielt, sind sich führende Wissenschaftler einig.

Nils Bohr sagt: »Eine Erscheinung ist nur dann eine Erscheinung, wenn sie eine beobachtete Erscheinung ist.« Und John Wheeler ergänzt das Entscheidende, nämlich dass ein Beobachter »jemand ist, der ein Beobachtungsgerät bedient und sich am Entstehen des Sinns beteiligt«. (Yam 2003, Seite 32)

An anderer Stelle sagt Wheeler: »Die wichtigste Lehre der Quantenmechanik ist, dass physikalische Phänomene durch die Frage, die wir nach ihnen stellen, definiert sind.« Und der Franzose Zurek formuliert es aufgrund seiner Experimente noch allgemeiner: »Das System wird dekohärent, weil Information nach außen sickert.« (Yam 2003, Seite 32)

Die Antwort auf die Frage »In welchem Stadium des Beobachtungs-/Messprozesses findet der Kollaps statt?« lautet: »Wenn sich ein menschliches Wesen einer Beobachtung/Messung bewusst wird.«

Wie funktioniert das?

Jede Wechselwirkung mit einem Elektron oder auch jedem anderen Elementarteilchen, die geeignet ist, irgendwelche Eigenschaften über das Teilchen zu erfahren, gehört in die Kategorie »Messung«. Dazu sagen Paul Davies und John Gribbin: »Sobald eine quantenmechanische Messung durchgeführt wird, kollabiert die Welle, weil die Messung unser Wissen über das System ändert, was wiederum das Verhalten des gemessenen Systems beeinflusst.« (Davies/Gribbin 1993, Seite 279f.)

Die Messung/Beobachtung erzeugt dann ein elementares Quantenereignis. Das durch Beobachtung festgelegte Teilchen entspricht einer Ortsmessung, und wir erfahren Realität durch die nachfolgende Kraftentwicklung an Massen.

Gleichzeitig wird festgelegt, wie lange diese Kraftentwicklung andauern soll.

»Ohne einen Sinneseindruck gibt es keine Beobachtung. Ohne Beobachtung, ohne Messung können wir keinem System irgendwelche Eigenschaften zuordnen.« (Zeilinger 2003, Seite 169)

Es gibt Kernfragmente, die in den Jahren 1980 bis 1987 in vielen Laboren untersucht und als »Anomalons« bezeichnet wurden. Ein Anomalon lebt nur Bruchteile von Sekunden, und seine Effekte sind nur mit komplizierten Nachweismethoden zu sehen. Das Teilchen zeigt ungewöhnlich starke Wechselwirkungen zu anderen Teilchen, aber seine Eigenschaften verändern sich auch unter exakt denselben Laborbedingungen. Die Realität eines Anomalons hängt davon ab, wer es jeweils findet beziehungsweise wer es mit welchen Vorstellungen entdeckt. (Thomson 1984) Parallel dazu ergab sich: In sowjetischen Labors wurden reihenweise massehaltige Neutrinos entdeckt, nicht aber in amerikanischen. (Sutton 1985)

Es hat den Anschein, als ob Physiker die Teilchen nicht entdecken, sondern selbst erschaffen. Daraus kann man schlussfolgern: Die Welt ist einerseits in das Ereignis und das Ereignis ist andererseits in die Welt einbezogen. Jedes Ereignis eignet sich seine Welt an.

Wenn Physiker die subatomare Welt nicht entdecken, sondern erschaffen, warum haben dann manche Teilchenwirkungen, etwa die des Elektrons, eine stabile Realität? Warum sind die Eigenschaften und Wirkungen eines Elektrons immer gleich, unabhängig davon, wer sich die Elektronwirkungen gerade anschaut? Des Rätsels Lösung könnte sein, dass das Elektron als Wirkgröße am längsten bekannt ist und sich Einzelheiten darüber längst herumgesprochen haben. Sie sind also sozusagen verabredet und allgemein akzeptiert.

Wenn aber der Mensch mit seiner Selbstinstanz unabdingbar notwendig ist, um Kräfte für die Realitätsschaltung zu wecken, wo bleibt dann die Objektivität, das wichtigste Kriterium der Wissenschaft, auf das sie so stolz ist?

Objektivität gibt es nicht. Wenn der menschliche Geist seine Welt objektiviert, bleibt er notgedrungen außerhalb, da er seinem Wesen nach nicht objektivierbar ist, sagt Schrödinger. Weil aber alles, was in unseren Gedanken und im Bewusstsein existiert, ausschließlich vom Geist produziert wird, ist dieser immer der Urheber aller Dinge – auch der Wissenschaft und ihrer Ergebnisse. Schrödinger resümiert in der Niederschrift der sogenannten Tarner Lectures, die im Oktober 1956 in seinem Namen am Trinity College in Cambridge, England, vorgetragen wurden (Schrödinger war zu dieser Zeit krank): ... während das Weltbild selber für einen jeden ein Gebilde seines Geistes ist und bleibt und außerdem überhaupt keine nachweisbare Existenz hat, bleibt doch der Geist selbst in dem Bilde ein Fremdling, er hat darin keinen Platz, ist nirgends darin anzutreffen.«

Es ist schon paradox. Unser Geist projiziert seine Kraft mithilfe der Gedanken und des Bewusstseins nach außen in eine selbst gebaute Raum-Zeit und glaubt dann felsenfest, das Geschehen habe eine von ihm unabhängige Wirklichkeit.

Schrödinger sagt: »Der Geist kann mit dieser wahrhaft gigantischen Aufgabe (nämlich dem Aufbau der »realem Außenwelt« aus »geistigem Stoffe«, Anm. des Autors) nicht anders fertig werden als mittels eines vereinfachenden Kunstgriffs, dass er sich selbst ... aus seiner begrifflichen Schöpfung zurückzieht.« (Schrödinger 1989, Seite 32)

Wir können also festhalten, dass alles vom Geist gesteuert wird. Pointiert könnte man sagen, dass wir unwissenschaftlich handeln, wenn wir uns die Frage nach dem Geist und seiner Wirkung auf Materie und Leben nicht stellen. Der Mangel an Erkenntnis, der daraus resultiert, macht sich in unserer heutigen Gesellschaft massiv bemerkbar.

Die Auswirkungen der quantenspezifischen Beobachterabhängigkeit zeigen sich auch in der makrophysikalischen Welt. Große Dinge bestehen schließlich immer aus winzigen Einheiten. Es gibt natürlich immer »Skeptiker«, welche die klassische Physik auf den Menschen anwenden und das Bewusstsein des Arztes und des betroffenen Patienten außen vor lassen wollen. Doch gerade wenn es um die Gesundheit von Menschen geht, sollte man nicht den gängigen Fehler machen, die für das Wesen des Lebens entscheidende geistige Komponente zu missachten, sondern sich vielmehr ganz bewusst in die Rolle des Beobachters begeben. Diese besteht laut Shimon Malin darin, »zielgerichtet bestimmte Bedingungen für den Übergang des Möglichen zum Wirklichen zu schaffen«. Diese Bedingungen bestimmen »die Art der Wirklichkeit, die in Erscheinung treten wird«, nicht aber ihre besonderen Eigenschaften. (Malin 2003, Seite 399)

AUSSENWELT UND INNENWELT SIND EINE EINHEIT

Was wir Erlebnisse nennen, sind Reaktionen, die auftreten, wenn Energien aufeinandertreffen. Nehmen wir das Beispiel Wahrnehmung: Der Wille zur Fokussierung eines Sinnesorgans begegnet der elektromagnetischen Schwingung eines Senders, und daraus resultiert Erkennen.

Ich sehe beispielsweise einen Baum. Was passiert? Die Sonnenenergie als Spektrum elektromagnetischer Schwingungsfrequenzen, wir nennen es Licht, trifft auf die Elektronen der Blätter, des Stammes und der Äste des Baumes. Diese Elektronen werden durch die Bestrahlung angeregt und fallen anschließend wieder in ihren Grundzustand zurück. Dabei senden sie die Lichtfrequenzen, mit denen die Elektronen zuvor angeregt wurden, wieder aus. Einige Schwingungsfrequenzen werden in bestimmten Molekülstrukturen eingefangen. Die Frequenzen, die nicht absorbiert werden, strahlen auch in unsere Richtung und gehen energetisch in Resonanz mit den Stäbchen- und Zäpfchenstrukturen unseres Augenhintergrunds, der Retina. Die Absorption dieser Energie dort bewirkt, dass Molekülstrukturen verändert werden. Über Ionenaustausch und komplizierte Veränderungen von Zellmembranen kommen im Gehirn schließlich Signale an, die wir als Bild eines Baumes interpretieren. Obwohl alles voller elektromagnetischer Strahlung ist, selektieren wir den Baum an einer bestimmten Stelle im Raum. Das ist dann unsere Realität.

Allgemeiner gesagt: Für die Gestaltung der Realität wird Energie in unser bewusstes Gewahrsein gebracht. Dann erzeugen wir daraus Form/Struktur/Gestalt mit »Sinn und Bedeutung« als getrennte Einheiten und erschaffen damit Raum und Zeit. Mein Ich hat den Baum erschaffen.

Wenn wir einen Gegenstand betrachten, beobachten wir eigentlich unser Gehirn beim Verarbeiten der elektromagnetischen Energie, die dieser Gegenstand abstrahlt. Die Welt ist also nicht das direkte Abbild der Energien, die unsere Sinne aktivieren. Vielmehr erschaffen unser Geist und unser Bewusstsein die Welt, indem sie den jeweils momentan in ihrer Gesamtheit empfangenen Energien »Sinn und Bedeutung« geben.

Aus Sicht der Quantenphilosophie existieren die Dinge der materiellen Welt nur in Beziehung zu einem Bewusstsein. Erscheinungen der wachbewussten Welt sind laut asiatischer Tradition *Maya*, was übersetzt »Illusion, Trugbild, Phantom« heißt. Alles, was durch Beobachtung erschaffen wird, hat die Möglichkeit, selbst zu beobachten und neue Realitäten zu erschaffen, die wieder beobachten können.

Konkret heißt das: Jede Erfindung erschafft neue Dinge. Wir sind Teil einer Schöpfung, die sich in unendlich viele Schöpfungen aufspaltet. Und diese wiederum können sich gegenseitig wahrnehmen und dadurch stabilisieren.

Das Ich nimmt die Energie der äußeren Welt in seine Innenwelt (Bewusstsein und Geist) auf, prägt innere Bilder (Verwandlung) und gibt diese Vorstellungen als Schöpfung in die äußere Welt zurück (Manifestation). Ohne Spiegelung der »inneren Welt« kann die materielle Welt nicht existieren. (Laitman 2007)

Mitschöpfertum ist also eine inhärente Eigenschaft.

Alle Erscheinungen sind an ein Bewusstsein gebunden. Konkret passiert dabei Folgendes: Eine potenzielle Information existiert universell erst einmal als Wellenfunktion und wird zu konkreter, lokaler Information, wenn wir Menschen als Raum-Zeit-Konstruktion, die wir darstellen, bewusst fragen, beobachten, messen etc., um Wissen zu erzeugen. Durch das menschliche Bewusstsein werden universelle, also nicht lokale und virtuell verborgene Information mit der lokalen Materie verknüpft, und damit wird reale semantische Information geschaltet.

Aus der Erkenntnis, dass das Bewusstsein subatomare Teilchen existent werden lässt, sollten wir jedoch keine voreiligen Schlüsse ziehen, denn: »Wir erschaffen zwar subatomare Teilchen und dazu das gesamte Universum, aber umgekehrt erschaffen sie auch uns. Eins erschafft das andere im Rahmen einer ›selbstregulierenden Kosmologie‹.« (Wheeler et al. 1973)

Was wir Außenwelt nennen, beruht ausschließlich auf unseren geistigen Empfindungen. Ich erschaffe die Außenwelt in meinem Bewusstsein. Ich bin somit (durch mein Bewusstsein) in der Außenwelt enthalten, aber die Außenwelt ist (über mein Bewusstsein) auch in mir enthalten. »Wenn wir glauben, wir erlebten eine Welt außerhalb von uns, erleben wir in Wirklichkeit das Selbst innerhalb von uns«, sagt der Philosoph und Mystiker Paul Brunton (1898–1981).

Das interpretierende Bewusstsein ist in ständigem Wechselspiel mit der Umgebung. Und es ist wandelbar. Wenn der Körper erschöpft ist, ergibt sich eine andere Qualität der Wahrnehmung durch das Bewusstsein, als wenn der Körper erfrischt ist.

Das ist ein großes Problem für die Selbstheilung. Wenn es uns schlechtgeht, weil wir krank sind, ist auch unsere Wahrnehmung nicht mehr friedvoll und heilend.

Ein Bewusstsein, das aufgrund von Drogen, Verliebtheit, Hypnose, Trance und ähnlichen Einflüssen verschoben (verrückt) ist, verändert unser Erleben und versetzt uns in eine völlig andere Welt. Die innere Stimmung erzeugt die individuelle Realität. Alle Materie existiert nur aufgrund der Idee, die wir von ihr haben. Sie ist geistig definiert. Wir denken in Bildern und Mustern, die unseren Erwartungen entsprechen, und die wiederum basieren auf unseren Erfahrungen.

Das Bewusstsein benutzt den Körper, um Erfahrungen (Beobachtungen) zu machen. Die Körperkonstruktion dient dabei nur als Werkzeug, so wie wir Teleskope benutzen, um die Sterne im Weltraum zu betrachten. In Wirklichkeit sind wir reiner Geist in einem Messinstrument namens Körper. Erfahrungen zu machen ist ein Spiel von kosmischem Ausmaß. Die materielle Welt ist die Bühne oder das Spielfeld. Die Naturgesetze sind die Spielregeln.

WIRKLICHKEIT UND INFORMATION SIND DASSELBE

Unsere Welt, einschließlich der Natur, ist letztlich das geistige Konstrukt, das aufgrund der uns zufließenden Information entsteht. Wir werden nicht etwa von der Natur und einem Forschungsobjekt separiert. Vielmehr erschaffen wir die Natur – auch unser Leben – durch unsere geistige Aktivität. Der Quantenphysiker Anton Zeilinger sagt: »Wirklichkeit und Information sind dasselbe. Information ist der Urstoff des Universums.« (Zeilinger 2003, Seite 216f.)

Wissenschaftler »betrachten das physikalische Universum immer weniger als eine Ansammlung von Zahnrädern in einer Maschine und immer häufiger als ein Informationen verarbeitendes System. Vorbei ist es mit plumpen Materieklumpen, an ihre Stelle sind Informationsbits getreten.« (Davies/Gribbin 1993, Seite 262)

Alles, was wir haben, ist die Information, die wir über entsprechende Kanäle erhalten:

> ausgehend von unseren Sinneseindrücken,
> ausgehend von Gefühlen, die sich zur Bewertung einer Situation einstellen,
> ausgehend von intellektuell bearbeiteten Antworten auf Fragen, die wir stellen,
> ausgehend von der Interpretation und dem Geben von Sinn und Bedeutung.

Wellenfunktionen für potenzielle Eigenschaften erfüllen das ganze Universum. Sie sind weder an Raum noch an Zeit gebunden. Wellenfunktionen sind pure Information, reine Software, denn sie beschreiben alles, was über ein System bekannt sein kann. Schrödinger, auf den die Bezeichnung »Wellenfunktion« zurückgeht, bezeichnet sie als »Wissen«. Demnach kann das Universum als Wissens- oder Informationsfeld bezeichnet werden.

Unser Unterbewusstsein (Seele) empfängt lebenswichtige Daten aus diesem Informationsfeld. Es hat »Eingebungen«, »fühlt« und »weiß«. Das Bewusstsein (der Verstand) überträgt diese Daten dann in einen verbalen oder symbolischen Code: Begriffe, Regeln, »Schubladen«.

Wichtigste Komponenten des aktiven Bewusstseins sind also:

> Erkennen durch Verarbeitung von Energie und Information,
> Geben von Sinn und Bedeutung mit Gefühlen und Glaube,
> »Realitätsschaltung« als Kraft- und Zeitvermittlung zu den Massen unserer Materie (Wille).

Aus dem Buddhismus, aber auch aus dem jüdischen Talmud und aus christlichen Klöstern ist folgende Weisheit bekannt:

Achte auf deine Gedanken, denn sie werden deine Worte.
Achte auf deine Worte, denn sie werden deine Handlungen.

Achte auf deine Handlungen, denn sie werden Gewohnheit.
Achte auf deine Gewohnheiten, denn sie werden dein Charakter.
Achte auf deinen Charakter, denn er wird dein Schicksal.

Wenn Sie denken, denken Sie mit Worten, die Sie als Sprache gelernt haben. Danach werden Sie diese Worte auch aussprechen.
Jeder von uns gesprochene Satz wird erst in Gedanken vorge-
bildet, dann gesprochen. Was ich sage, tue ich. Jetzt kommt die
Materie ins Spiel. Unsere Gewohnheiten meißeln dann an einem
Materie-Standbild, was bedeutet, dass die verändernde Aktivität immer stärker eingefroren wird. Der Geist verewigt sich in
der materiellen Welt und formt sie. Auch mein Ich wird schließlich durch dieses »Standbild« geformt. Mein Charakter verfes-
tigt sich, und all das mündet in die scheinbar unausweichliche
Manifestation des Schicksals.

Wir denken in Bildern, in Mustern, die unseren Erwartungen
entsprechen, und diese wiederum entstehen aufgrund unserer
Erfahrungen. Erfahrungen sind die Grundlage all dessen, was
existiert – bewusste und unbewusste Erfahrungen. Alles, aber
auch wirklich alles Erdenkliche ist aus unserer Erfahrung abgeleitet, wobei wir für unsere eigene Erfahrung die Erfahrungen
der Mitmenschen einbeziehen. Wir leben nicht in einem Universum der Objekte, sondern in einem Universum der Erfahrungen.

»Ich bin ein Teil des Universums, und da ich das Universum
erfahre, ist das erfahrene Universum ein Teil von mir.« (Malin
2003, Seite 321)

INFORMATION UND DAS »MEER ALLER MÖGLICHKEITEN«

Wo aber steckt die Information, die das Wesen des Lebens gestaltet und auf die Geist und Seele angewiesen sind? Wir hatten
im vorherigen Kapitel bereits ausgeführt, dass unser Bewusstsein auf die virtuelle Information im masselosen Vakuum, im
»Meer aller Möglichkeiten« – synonym mit Nullpunkt- und Psi-

Feld – zugreift. Wir hatten auch bereits erwähnt, dass dieses Informationsfeld raum- und zeitlos ist. Das heißt: Alle geistigen Erfahrungen sind in einem Feld gespeichert, das immer und überall vorhanden ist: in uns und gleichzeitig im ganzen Universum. Bereits die Quantenphysiker Wheeler und Feynmann (1949) und später auch Jaynes (1990) stellten fest, dass dieses Feld nicht in der Raum-Zeit existiert, sondern eine Informationsspeichereinheit repräsentiert (vgl. Wheeler/Feynmann 1949, Seite 746f., Jaynes 1990, Seite 33ff.).

Alles, was ins Vakuum eingeprägt wird, verbreitet sich quasi instantan im ganzen Universum. Es gibt kein Lichtgeschwindigkeitslimit, da die Definition der Lichtgeschwindigkeit an Komponenten von Kräften gebunden ist, die es im Vakuum nicht gibt, also null gesetzt werden kann (c = $1/\sqrt{\varepsilon\mu}$, bei c = 1/0 wird c = ∞).

Und während gemessene Impulse, gemessene Energie und gemessene elektrische Ladungen *lokale* Größen sind, sind die Wellenfunktionen in diesem Feld *nicht lokal* und beschreiben Verbindungen, die unabhängig von Raum und Zeit existieren. Sie sind also *global,* ja sogar *universal.*

Information wird durch jede Änderung des energetischen Geschehens hier und jetzt in dieses Feld eingeschleust – also letztlich durch alles, was passiert, auch alles, was durch den Menschen und die Natur verändert wird. Man spricht dann von Veränderungen der Raum-Zeit-Muster. Das Zeugnis der Vergangenheit bestimmt in jedem Augenblick und in jedem Teil dieser Welt die Gegenwart mit. Es gibt Menschen, die sich auf die Couch legen, entspannen und dann Fragmente von Geschehnissen empfangen, die sich in der Vergangenheit abgespielt haben. Berühmt wurde Edgar Cayce aus Kentucky, der die Historie der Essener von Qumran mit Ortsangabe beschrieb, und zwar elf Jahre bevor die Schriftrollen in den Höhlen über Qumran am Toten Meer entdeckt wurden. Die Entschlüsselung der Schriften bestätigte seine Version ziemlich genau. (Kittler 1970)

Aber wir brauchen gar nicht nach spektakulären Ereignissen

Ausschau zu halten. Bei all unseren »angeborenen« Gefühlen, die uns in bestimmten Momenten »überkommen«, handelt es sich letztlich um Erfahrungen unserer Vorfahren. Informationsspeicherung ist identisch mit Erfahrungsspeicherung. Diese Erfahrungen haben sich ins »Meer aller Möglichkeiten« eingeprägt und können inzwischen sozusagen als Dokumentationsdateien überall und jederzeit von allen Menschen und wohl auch von Tieren abgerufen werden. In der Natur hat dieses Prinzip die Evolution etabliert.

Das »Meer aller Möglichkeiten« lässt es aufgrund seiner Struktur zu, dass alles mit allem kommunizieren kann, und zwar bis in die kleinste Mikrostruktur hinein, wo die Steuerung des Lebens stattfindet. Hier ist auch die inzwischen weitverbreitete These der sogenannten Epigenetik einzuordnen. Die Zelle empfängt Information und steuert damit ihre Gene. Die Gene produzieren dann Eiweißmoleküle auf Anforderung. Diese Eiweißsubstanz, die auch zu Enzymen wird, steuert schließlich den ganzen Organismus und sogar die Nachkommen. Dies geschieht letztlich aufgrund der abgerufenen Information aus dem »Meer aller Möglichkeiten«.

Im täglichen Leben nutzen wir dieses spezielle Speichermedium permanent. Realität und Virtualität – ein dauerndes Nehmen und Geben aus dem und in das »Meer aller Möglichkeiten«. Hier und jetzt werden erlebte Energiekonstellationen und ihre Informationen universell abgespeichert. Das Wiederauslesen dieser ›Muster‹ ist an jedem beliebigen Platz und zu jeder beliebigen Zeit durch Resonanz und Assoziation möglich. »Resonanz« mit virtueller, codierter Energie und abgespeicherter Information, die wir mit dem Geben von Sinn und Bedeutung wiederbeleben, erzeugt Form/Struktur/Gestalt der Materie.

Offensichtlich war dieses Prinzip des Abspeicherns von Erlebtem schon in frühen Kulturen bekannt, beispielsweise in Indien. Im *Lankavatara-Sutra*, einem buddhistischen Text, der vermutlich aus dem 4. bis 5. Jahrhundert stammt, wird statt vom »Meer aller Möglichkeiten« von *Citta* gesprochen, dem

»Grundbewusstsein«. Das Erlebte wird als »Karma(n)-Samen« bezeichnet, die ins Grundbewusstsein – eine Art Hintergrundfeld – wandern und vom Individuum wiederverwendet werden können, um die materielle Welt neu aufzubauen.

»Das Karman wird vom *Citta* (= Grundbewusstsein) gesammelt, vom Denken (zu einem Individuum) gebündelt und vom (Denk-)Bewusstsein bewusst gemacht. Durch die fünf (Arten von Sinnesbewusstsein) wird (dann) die sichtbare (Objektwelt) imaginiert.« *(Lankavatara-Sutra 2,106, Seite 46)*

In den Kapiteln 6 und 7 werden wir uns diesen Vorgang noch genauer ansehen.

In der Physik existieren Modelle, anhand derer man sich den Vorgang des Abspeicherns von Informationen im Vakuum (identisch mit »Meer aller Möglichkeiten«) konkret vorstellen kann. Demnach ist das Vakuum mit Higgs-Teilchen angefüllt. Diese bisher noch nicht gefundenen Teilchen haben ihren Namen von einem englischen Physiker, der sie erstmals postulierte. Man stellt sich nun vor, dass diese Teilchenansammlung durch jede Information, die ja immer auch mit Energie verbunden ist, mehr und mehr strukturiert wird. Derartige Strukturen bilden dann Informationseinheiten, die erneut abgerufen werden können. Je häufiger identische Informationen hin- und herwechseln, umso stabiler wird die Struktur und umso leichter haben Organismen Zugriff darauf.

Aber wer greift auf diese Strukturen zu, und wer erzeugt sie?

Um diese Frage zu klären, müssen wir spekulieren und uns an den Gegebenheiten orientieren. Wir wissen zweifelsfrei, dass unser Tagesbewusstsein auf die Tätigkeit der Neuronen im Gehirn angewiesen ist. Haben die Neuronen an ihren Zellmembranen eine überhöhte elektrische Spannung (hyperpolarisiert) oder wird der Gastransport von Sauerstoff und Stickstoffmonoxid verändert, was bei der Narkose geschieht, fällt das Tagesbewusstsein weg. Wir wissen ferner: Unser Bewusstsein steuert

Information. Neuronen sind – akzeptiert man die oben dargestellte Theorie – Übersetzer für die Informationen aus dem Vakuum (»Meer aller Möglichkeiten«).

In einigen Gehirnzentren, beispielsweise im Limbischen System, haben wir besondere organische Bauelemente, die Ganglien. Ganglien bestehen aus Neuronengeflechten, oftmals mit spiraligen Elementen. Wenn diese Neuronen elektrisch aktiv werden, entstehen Interferenzmuster aus elektromagnetischen Wellen, Wirbeln und Potenzialen. Jedes spezifische Muster ist mit bestimmten Aktivitäten der Peripherie gekoppelt, auch mit den Aktivitäten der Sinnesorgane. Die zugrunde liegende Energie, die durch die diversen Verwirbelungen zu Information wird, kann mit den oben genannten Higgs-Teilchen im Vakuum in Wechselwirkung treten.

Demnach dienen Neuronen über ihr typisches elektromagnetisches Wirbelfeld, ausgehend von Dipolstrukturen, als Transformatoren der Informationsmuster und wirken auf diese Weise in das universelle Informationsfeld (Geistfeld) hinein und im reversen Mechanismus entsprechend aus dem Informationsfeld in das materietypische Kraftfeld hinein.

Bereits 1980 kam die Idee auf, dass Neuron-Konglomerate die Fähigkeit haben, in Resonanz mit einer bestimmten Information zu schwingen. (Gibson 1980)

Wenn die beschriebenen Neuronen gemeinsam im Pulk elektromagnetische Energie freisetzen, entsteht eine Strahlung, die untereinander gleichartige Eigenschaften aufweist, also kohärent ist. Diese Kohärenz ist eine Voraussetzung dafür, dass bei Überlagerung der elektromagnetischen Schwingung Hologramme entstehen können. Hologramme haben die Eigenschaft, enorm viel Information speichern zu können, und zwar so, dass diese an jedem Punkt des Hologramms identisch abgerufen werden kann.

Diese Hologrammbildung ist eine Aktivität jedes Gehirns. Das Gehirn nimmt, um beispielsweise Lichtsignale zu einem Bild zusammenzusetzen, eine Fourier-Analyse vor und bestimmt

Frequenz, Amplitude, Phasenbeziehung einer Welle in Relation zu anderen Lichtwellen.

Karl Pribram entwickelte eine »holonome« Quantenfeld-theorie für das Gehirn (*holos* bezeichnet den Spektralbereich und *nomos* die Generalisierung seiner Theorie). Demnach sind alle gelernten Eindrücke in fast allen Teilen des Gehirns präsent. Laut Pribram wird das Gehirn mit seinen holografischen Funktionen auf die holografische Ordnung des Universums eingestimmt.

Auch David Bohm (1917–1992) vermutete: »Das Universum ist möglicherweise nicht mehr als ein gigantisches, vom Geist erzeugtes Hologramm.«

Wer reagiert nun resonanzartig auf dieses holografische Wirbelfeld, das sich sowohl im Gehirn als auch im universellen Vakuum (unserem »Meer aller Möglichkeiten«) ausbreitet? Es sind letztlich die Spins der Atomkerne und Elektronen. Diese Spins sind selbst Wirbelstrukturen und besitzen durch die ihnen eigene Fähigkeit zur Teilchenkommunikation, die wir in Kapitel 7 noch besprechen werden, die notwendige Resonanz-fähigkeit. Spins, die verändert werden, verändern auch die Bindungen zwischen den Molekülen. Und jede Änderung der Bindungen innerhalb unserer Körpermaterie wird als Information im Vakuum eingespeichert. Gleichzeitig sind wir Menschen durch ganz bestimmte Bindungen zwischen Atomen und Molekülen konstruiert worden und stellen insofern eine besondere Raum-Zeit-Struktur dar. Als solche sind wir, und zwar jeweils als Individuum, ebenfalls im »Meer aller Möglichkeiten« abgebildet. Umgekehrt kann jedes Individuum und jede noch so kleine Mikrostruktur auf die Abbilder im »Meer aller Möglichkeiten« zurückgreifen. Das bezeichnet Puthoff als »selbstregulierende Kosmologie«. (Puthoff 1989, 1990)

Fassen wir zusammen: Alle Geschehnisse unserer erfahrbaren Welt prägen sich als eine Art Wellenstruktur für immer in das universell verbreitete »Meer aller Möglichkeiten« ein. Es entstehen Interferenzmuster, Hologrammen sehr ähnlich. Diese

Muster können jederzeit aus dem »Meer aller Möglichkeiten« wieder herausgelesen werden, und zwar durch ebenfalls hologrammähnlich resonante Muster im energetischen Geschehen, wie sie von unserem Gehirn und unseren Zellen aufgebracht werden. Dies erinnert an das kollektive Unbewusste. Ein Teil des ganzen Prozesses wird vom Bewusstsein zur Vernunft oder zur Emotion geführt.

Wir hatten oben erwähnt, dass jeder noch so kleine Ausschnitt aus einem Hologramm die gleiche Information enthält wie das gesamte Hologramm.

Dieses Hologramm wird unter anderem im *Buddha-Avatamsaka-Sutra* beschrieben, einem bekannten, urprünglich auf Sanskrit verfassten Text, der um 420 ins Chinesische übersetzt wurde und dann auch in Ostasien große Verbreitung fand:

»Alle Bilder der Welt des Geistes (Dharmadhuta) sind in einem einzigen Staubkorn sichtbar.«

»Das gesamte Universum spiegelt sich in jedem Ding wider bis hinunter zum kleinsten Staubkorn. Alle scheinbar unterschiedenen Dinge durchdringen einander vollkommen: eines geht in alle ein und alle gehen in eines ein, von keinem Hemmnis behindert. Vögel, Blumen, Berge sind nicht mehr geschieden, sondern miteinander verschmolzen, ohne dass dadurch ihre Vogel-, Blumen- und Berghaftigkeit aufgehoben wäre – ein ganz anderer Seinszustand durchscheinend und leuchtend.«

In diesem Abschnitt haben wir so viele Einzelheiten abgehandelt, dass es lohnt, eine Zusammenfassung der wichtigsten Punkte vorzunehmen und sie in einen Zusammenhang mit den Aussagen der vorherigen Kapitel zu stellen. Aus dem Gesagten lässt sich folgender Schluss ziehen: Gefühle als geistiges Prinzip stehen hierarchisch über der Materie. Sie modulieren die Materie, zum Beispiel über Neurotransmitter. Die modulierte Materie schafft wiederum neue Konstellationen, damit weitere Information aus dem Geistfeld herausgelöst und neue Gefühle entstehen können. So bedingt tatsächlich eines das andere, und alles ist nur mithilfe der Materiekonstruktion Mensch möglich.

Wir Lebewesen sind das Ergebnis von durch Einwirkung resonanter Energien unentwegt ablaufender Kollabierungen von Vakuumpotenzialitäten. Die potenzielle Energie eines betrachteten Raumvolumens wird also durch unmittelbar einwirkende elektromagnetische und – wie später noch erklärt wird – elektroschwache Schwingungen der nächsten Umgebung in die Realität gebracht, indem Teilchen wie Elektronen, Quanten und Photonen entstehen und dadurch Kräfte wirken, die dann die sinnlich wahrnehmbare Welt ausmachen.

Innerhalb unseres Körpers wird der Aufbau von Materie dadurch möglich, dass das DNA-Gedächtnis zusammen mit den epigenetischen Einflüssen dafür sorgt, dass die richtigen, weil resonant schwingenden Moleküle immer wieder neu auf- und abgebaut und innerhalb der vorgegebenen Matrix unseres Körpers an die richtigen Stellen platziert werden. Auf diese Weise werden Kräfte übertragen, die uns die notwendige Festigkeit geben und funktionieren lassen. Dieser innere Aufbau ist in seiner Funktion wiederum abhängig von den äußeren Energien der Umgebung der Konstruktion Mensch.

Speziell Gehirnneuronen prägen einerseits am Ort die verschiedensten individuellen Interferenzmuster immer und immer wieder ins »Meer aller Möglichkeiten« ein. Andererseits holt das Individuum universell vorhandene Information laufend aus dem Feld heraus, als eine Form des Gedächtnisses. (Man kann in dieses Modell auch das DNA-Gedächtnis eingliedern.) Unser Geist interpretiert diese Information – gibt Sinn und Bedeutung – und steuert die Materie entsprechend.

STEUERUNGSMÖGLICHKEITEN DURCH DEN GEIST

Quantentheoretische Wellenfunktionen kollabieren mit unterschiedlicher Wahrscheinlichkeit. Einige Ereignisse können leicht passieren, weil unser Bewusstsein der Wahrnehmung einfachen Zugriff gewährt. Andere Ereignisse sind praktisch unmöglich, weil der Zugriff zu viele Zwischenschritte braucht. Damit wird er höchst unwahrscheinlich, eventuell sogar unmöglich.

Und das ist gut so. Denn wenn Bewusstsein in jeder Situation über Gedanken und Willen Realität schalten könnte, würde jederzeit alles Mögliche passieren, nur weil wir daran denken – ein Desaster.

»Gleich stürzen wir ab.« So ein Gedanke in einer Schrecksekunde im Flugzeug gedacht, hätte eine enorme Wirkung. Wenn es so einfach wäre, hätte die Spezies Mensch sicher nicht überlebt. Und in der Tat ist die Natur weise genug, bei der Realitätsschaltung die folgenden vier Punkte zu berücksichtigen:

> Nicht die Gedanken allein schalten Realität, sondern auch die gleichzeitig investierten Emotionen und Stimmungen.

> Nur ein Kollektiv von Menschen mit identischen Emotionen und Stimmungen schaltet unmittelbare Realität auch außerhalb des eigenen Körpers.

> Emotionen können nur dann unmittelbar Realität schalten, wenn diese Schaltung eingeübt, gelernt, konditioniert wurde. Beispiele: Rituale, Autogenes Training, Meditation, Yoga, psychosomatische Erkrankungen.

> Nur wenn Umweltinformationen stark suggestiv wirksam werden, kann eine Emotion auch sofortige Schaltung auslösen, etwa in Extremsituationen, bei einem Unfall, aber auch als Placebo-/Noceboeffekt, unter Hypnose oder an einem spirituell suggestiven Ort, beispielsweise in einem mittelalterlichen Dom.

PROGRAMMIERUNG EINER MATRIX?

Wie oben schon gesagt, werden Informationen in das universale Feld (Hintergrundfeld, Psi-Feld, Nullpunktfeld, »Meer aller Möglichkeiten«) aufgenommen, dort gespeichert und dann intelligent (zielgerichtet) verwertet und mit Sinn und Bedeutung verknüpft. Dabei zeigt sich eine gewisse Parallele zum Internet:

Individuelle Beiträge erschaffen ein ungeheuer großes Informationsfeld. Im universellen Superpositionsstadium (»Meer aller Möglichkeiten«) können Qubits ohne Beschränkung durch Zeit und Raum korrespondieren, und zwar instantan und nicht lokal, das heißt mit vermutlich »unendlicher« Kapazität. Geschätzt wird diese Informationskapazität auf unvorstellbare 10^{107} Zustandmöglichkeiten pro Planck-Volumen.

(Planck-Skala: 10^{-33} cm ist die fundamentale kleinste Größe. Das Planck-Volumen ist also $10^{-33 \text{ hoch } 3}$ [$= 10^{-99}$] Kubikzentimeter groß. Das Planck-Volumen kann sich in der Planck-Zeit von 10^{-41} Sekunden ändern).

> »Alle Interaktionen im Universum übertragen nicht nur Energie, sondern auch Information. Partikel kollidieren nicht nur, sie kalkulieren auch. Mit fortschreitender Kalkulation entfaltet sich die Wirklichkeit.«
>
> *Loyd 2006*

Seth Loyd ist Professor am berühmten Massachusetts Institut of Technology, Cambridge, USA, und hat den ersten funktionsfähigen Quantencomputer entwickelt. Er ist ernsthaft der Meinung, dass unser Universum programmierfähig ist. Und mit dieser Ansicht steht er keineswegs allein da. Auch Jürgen Schmidhuber, ein anerkannter Computerspezialist, vertritt sie (Schmidhuber 1997), und Konrad Zuse (1910–1995), der 1941 den ersten vollautomatischen, programmgesteuerten und frei programmierbaren Computer baute, sagte bereits 1970: »Das ganze Universum funktioniert wie ein großer Computer mit einem Code, der alles ermöglicht.«

Computer arbeiten mit *binary digits,* das kann auch das universelle Informationsfeld. »Alles, jedes Teilchen, jedes Kraftfeld, selbst das Raum-Zeit-Kontinuum bezieht seine Funktion, seine Bedeutung, seine eigentliche Existenz vollständig aus binären Entscheidungen, aus Bits. Was wir Wirklichkeit nennen, entsteht aus lauter Ja-/Nein-Fragen.« (Wheeler 1989, Vortrag) Von

John Wheeler stammt auch der schöne Slogan: *The It from the Bit* (»das Sein aus der Informationseinheit«).

geläufige Computer	Universumcomputer
I *oder* 0	Welle *oder* Teilchen
An *oder* Aus	Möglichkeit *oder* Konkretes
Ja *oder* Nein	Virtualität *oder* Realität
+ *oder* −	nicht Materie *oder* Materie
	nicht hier/jetzt *oder* hier/jetzt
	unendlich *oder* endlich

Gregg Braden hat eine diskussionswürdige Übersicht zur Programmierbarkeit des Universums im Vergleich mit konventionellen Computern aufgezeigt. (Braden 2008)

DAS ZIEL-RÜCKKOPPLUNGS-PRINZIP

Das Wesen des Lebens ist Realitätsschaltung durch augenblickliche Rückkopplung von Information. Handelnde sind die Elektronen, die Positronen und die Photonen. Doch was liegt diesem Prozess zugrunde?

Bei den Maxwell-Gleichungen, welche die Grundlagen für den Elektromagnetismus mathematisch formulieren, gibt es immer zwei Lösungen:

Lösung 1: Wellen laufen in der Zeit vorwärts auf geladene Teilchen zu.

Lösung 2: Wellen laufen in der Zeit rückwärts auf geladene Teilchen zu.

Maxwells zweite Lösung wird von der Wissenschaft ignoriert, weil unsere Erfahrung ein Aufsuchen der Vergangenheit ausschließt. Doch kann man es sich so einfach machen?

Messungen zeigen, dass Elektronen bei Beschleunigung einen Stoß fühlen und dann elektromagnetische Schwingungen (Radiowellen) abstrahlen. Elektronen treten also in Wechselwirkung mit etwas, das man Strahlungswiderstand genannt hat. Aber womit treten die Elektronen in Wechselwirkung? Der Strahlungswiderstand von Elektronen kommt zustande, weil sich Elektronen in dem Augenblick, in dem sie Energie absorbieren, einer Beschleunigung widersetzen und dadurch eine Hemmung erfahren. Welche Energie absorbieren Elektronen?

Wenn wir Elektronen von außen beobachten, passiert Folgendes:

Elektron 1 sendet Photonen aus, die in der Zukunft unter anderem von Elektron 2 absorbiert werden (= retardierte Strahlung). Die Strahlung Richtung Vergangenheit missachten wir in diesem Beispiel.

Elektron 2, das sich also in der Zukunft befindet, sendet nach Absorption der Energie ebenfalls Photonen aus. Diese werden, weil die Strahlung ja sowohl in die Zukunft als auch in die Vergangenheit geht, in der Vergangenheit unter anderem von dem Absender-Elektron 1 absorbiert (= avancierte Strahlung). Das Elektron 1 zeigt jetzt den messbaren Strahlungswiderstand und widersetzt sich damit den Versuchen, von Energie aus der Zukunft herumgestoßen zu werden.

Elektronen sind für Photonen Zeitspiegel im Raum. Teilchen treten auf eine zeitsymmetrische Weise miteinander in Wechselwirkung. Sie tauschen retardierte und avancierte »Botschaften« in einer kontinuierlichen Rückkopplung aus. Daraus ergibt sich eine geradezu wundersame Konsequenz: Wenn ein Elektron sein Botschafter-Photon als Angebotswelle zu einem anderen Elektron in der Zukunft schickt (»Zeit hin«) und dieses dann umgehend sein Antwort-Photon als Bestätigungswelle in die Vergangenheit sendet (»Zeit zurück«), dann ist die Antwort in dem Augenblick da, in dem das Photon erstmalig abgesendet wird. Jedes Elektron weiß also schon, wenn es seine Photonen absendet, wer diese empfangen hat. (Cramers 1986, Seite 647)

Shu-Yuan Chu, Physiker an der Universität von Kalifornien, kommentiert den Effekt sinngemäß so: Wenn wir hier auf Erden jetzt ein Elektron anstupsen, weiß jedes geladene Teilchen in der etwa zwei Millionen Lichtjahre entfernten Andromedagalaxie augenblicklich, was wir ausgelöst haben. (Chu 1993)

Diese Überlagerung von Angebot und Bestätigung löst den Kollaps der Wellenfunktion aus. Exakt dann werden Informationen für Kraftwirkungen frei.

Hier werden aufgrund des Einflusses aller geladenen Teilchen auch in entfernten Galaxien Informationen mit der Zukunft und mit der Vergangenheit ausgetauscht, die sich bemerkbar machen, ohne dass Informationen übermittelnde Signale mit Überlichtgeschwindigkeit hin- und herreisen.

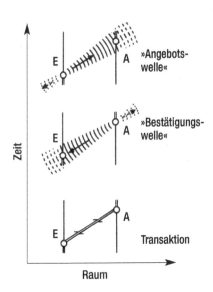

»Angebots-welle«

»Bestätigungs-welle«

Transaktion

Oben: Emitter E schickt eine »Angebotswelle« in die Zukunft *und* in die Vergangenheit.

Mitte: Diese wird von einem Absorber A aufgefangen, der eine »Bestätigungswelle« in der Zeit rückwärts zum Emitter *und* in die Zukunft sendet.

Unten: Angebotswelle und Bestätigungswelle heben sich überall im Universum durch Interferenz auf – nur nicht direkt zwischen Emitter und Absorber. Dort verstärken sie sich wechselseitig, was eine Quantentransaktion bewirkt: die Realität.

Die Quantentransaktion entspricht einem Wellenfunktionskollaps durch Echo-Feedback. Die revidierte Version dieses Effekts ist heute als Wheeler-Feynman-Absorbertheorie bekannt. Sie erklärt letztlich, warum die Realität entsteht.

Wenn beide Wellenmengen – also die Richtung Zukunft und die Richtung Vergangenheit – mit allen geladenen Teilchen des Universums in Wechselwirkung treten, bleiben aufgrund von Interferenzphänomenen die retardierten Wellen übrig.

Jeder weiß: Energie kann nur wirken, wenn sie von einer Zielstruktur erkannt und resorbiert wird. Genauso kann Information nur wirken, wenn sie von einer Zielstruktur verstanden und mit »Sinn und Bedeutung« versehen wird.

Die Angebotswelle in die Zukunft enthält Information, die mit einer Möglichkeit im Rauschen der Zukunft in Resonanz geht. Diese sendet eine Bestätigungswelle und schaltet so das Erleben dieser Realitätsvariante. Jede Lebenseinstellung, an der immer Elektronen beteiligt sind, sorgt für diese Resonanz, beispielsweise die »Sinnvoll-Bewertung«. Dafür ist nicht der Verstand entscheidend, sondern das Emotionssystem – das Ergebnis von Angeborenem, Erlebtem, Erfahrenem und Konditioniertem, das diesen Mechanismus immer und immer wieder durchlebt hat.

Wellenfunktion	X	Wellenfunktion
Realteil + Imaginärteil		Realteil + konjugierter* Imaginärteil
Vergangenheit ▮ Zukunft		Zukunft ➞ Vergangenheit
Angebotswelle ⟶		⟵ Echowelle, Bestätigungswelle

konjugiert heißt: in imaginärer Richtung gespiegelt. Man muss dafür die Zeit rückwärtslaufen lassen.

Die Modulation der beiden Wellenfunktionen entspricht einer Multiplikation. Das Produkt aus dieser Multiplikation bedeutet: Die Ereigniswahrscheinlichkeit ist hoch. Dies entspricht der erlebten Gegenwart. Dieses Prinzip ist wohl der wichtigste Mechanismus bei der Herstellung der Realität.

Prüfen Sie selbst: Sie schlafen ziemlich prompt ein, wenn Sie sich der Müdigkeit der tiefen Entspannung direkt bewusst werden. Ebenso können Sie Funktionsstörungen im Körper provozieren, indem Sie sich diese Störungen dauernd bewusst machen. Dann fühlen Sie das Ziel quasi über Feedback. Genauso läuft es mit allen anderen Zielen. Wir sind an diesen Mechanismus und seine Anwendung im täglichen Leben so gewohnt, dass wir ihm keine besondere Bedeutung mehr beimessen. Das sollten wir aber tun, denn hier liegt der Schlüssel zur Beeinflussung der Materie. Genauso entstehen Placebo- und Noceboeffekte. Bei richtiger Anwendung »weiß« jedes Elektron und jeder Bewusstseinsquant bereits in dem Augenblick, in dem eine Welle von ihm emittiert wird, wer diese »Nachricht« empfangen hat. Die Energiequalität (Wellenfunktion oder Teilchen) ändert sich scheinbar »rückwirkend«, aber in Wirklichkeit ist die Energie/Information zielorientiert. Wir suchen ein Ziel, spüren die Wirkung – und das Ziel gestaltet sich um. Im Prinzip machen wir das, was die Quantenphysik vorschreibt: Unser Bewusstsein steuert die Aufmerksamkeit für eine Auswahl aus dem Rauschen und legt die zugrunde liegenden Energiemuster als Kräfte, Zeit sowie »Sinn und Bedeutung« fest. Der Kollaps der Wellenfunktion ist vollzogen, und erst jetzt ergibt sich Information. Diese sozusagen herausgezogene Information wirkt allerdings immer zurück auf ihren Ursprung, wo alles gespeichert ist, und kann über Erfahrung moduliert beziehungsweise erweitert werden. Das Wort Information kommt von lateinisch *informare* = »in Form bringen, eine Form oder Gestalt geben«. Dies geschieht quasi aus ungeheuren Mengen sich überlagernder Energie. Damit beginnt ein Ding zu existieren (von lat. *existere* = »heraustreten«). Ist dieses Prinzip das Wesen des Lebens?

Es gibt einen inzwischen berühmten Versuch von Wheeler, das sogenannte Doppelspaltexperiment, der genau diese Interpretation der sich selbst erfüllenden Prophezeiung bestätigt.

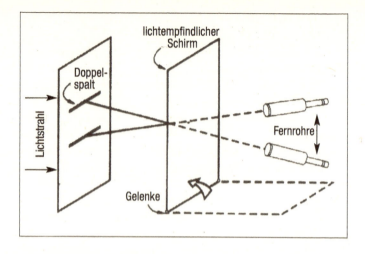

Ein Lichtstrahl wird durch den Doppelspalt gesendet. Die Fernrohre stehen für Teilchen-Messapparaturen (Resonanzprinzip). Wird nun *nach* der Lichtabsendung der Schirm hochgeklappt, entstehen durch Abschattung der Fernrohre keine Teilchen mehr, wie sonst bei Resonanz, sondern Interferenzmuster als Indikator von Wellen. Woher wusste das Licht nach der Absendung, dass keine Resonanz mehr zu finden ist?

Dieses Ergebnis wurde so interpretiert, dass die Wellenbildung rückwirkend, also in die Vergangenheit hinein, erfolgte, obwohl das Licht vorher aufgrund der messenden Resonanzbedingungen über die »Fernrohre« Teilchencharakter gehabt haben musste.

Wir können diesen Effekt nun plausibler erklären: Die Natur der Lichtenergie wird ununterbrochen der Zielstellung angepasst. Solange dem Licht das Ziel bekannt ist (die messenden Fernrohre), entsteht der Teilchencharakter über Feedback. Wird das Ziel abgedeckt, verschwindet die Feedback-Möglichkeit, und statt dass sich Teilchen bilden, entsteht der neutrale Wellencharakter.

Diese Erklärung stimmt mit dem Effekt der Quantenlöschung überein. Werden die Möglichkeiten der Beobachtung bzw. Messung einer Energieeigenschaft unterbunden, wandelt sich die Energie vom Quant zur Wellenfunktion zurück. Auch wenn Wellenfunktion und Welle als elektromagnetische Schwingung keineswegs gleichzusetzen sind, bleibt der Effekt der Teilchenlöschung dennoch ein Fakt.

Dieses Prinzip hat Konsequenzen für die Wirkung unseres Glaubens. Glauben bedeutet Gewissheit, dass das Ziel erreicht wird. In diesem Fall ist ein Ziel-Feedback möglich. Zweifeln wir jedoch daran, dass das Ziel erreichbar ist, werden Ziel-Feedback und Realitätsschaltung augenblicklich gestoppt.

Kapitel 6

DIE GRUNDLAGEN
DER HEILKUNST

»Das, was die Funktionen der Teile bestimmt, ist nicht materiell, nicht erklärbar durch Atome und Partikel. Sie sehen das bei Heilungsprozessen, wo die Ganzheit wiedererschaffen wird, obwohl die Funktion der Teile zerstört war.«

Roger W. Sperry, Medizin-Nobelpreis 1981

In den vorangegangenen Kapiteln wurden viele Einzelheiten zu den Akteuren vorgestellt, die das Wesen unseres Lebens ausmachen. Wir haben festgestellt, dass Bewusstsein/Unterbewusstsein ein universeller Modus ist, der Information zu uns hinzuschalten vermag. Diese Information ist als Abrufmöglichkeit – sozusagen virtuell – gespeichert in einem unendlichen »Meer aller Möglichkeiten«, das uns und alle andere Materie, ja sogar das ganze Universum ausfüllt. Bewusstsein/Unterbewusstsein ist sozusagen der Überträger oder Vermittler von Wahrscheinlichkeiten zu konkreten Wahrnehmungen. Bewusstsein/Unterbewusstsein ist ein universeller Modus, dessen Aufgabe darin besteht, einzelne Informationen oder Informationsmuster aus dem gigantischen »Meer aller Möglichkeiten« zum Erkennen zu führen. Die unterbewussten Wahrnehmungen werden in Kapitel 7 mit der Seele in Zusammenhang gebracht, während die bewussten Wahrnehmungen dem Geist zugeordnet werden. Wahrnehmung wird möglich, weil universelle Energiewellen, die das »Meer aller Möglichkeiten« ausfüllen, zu Teilchen mit besonderen Eigenschaften kollabieren. Diese Teilchen beeinflussen unsere Körpermaterie, indem sich Kräfte an Massen entwickeln. Die dem zugrunde liegenden Mechanismen beschreibt die Quantenphysik und, soweit die Seele und der Geist eines Individuums im Mittelpunkt stehen, die Quantenphilosophie.

Jeder Mensch muss für sich lernen, diesen Modus ganz gezielt anzuwenden. So lernen wir als Kleinkind, angeborene Gefühle mit einer gegebenen Situation zu verbinden. Außerdem lernen wir laufen, Rad fahren und vieles mehr. Wie wir bereits erfahren haben, entwickelt sich das Ich als Persönlichkeit erst aufgrund der vom Individuum gemachten Erfahrungen. Erfahrungen entstehen nach dem Feedback-Prinzip als Resultat sich teilweise gezielt entwickelnder Geschehnisse. Und dieses Feedback-Prinzip gilt für sämtliche Funktionen des Lebens.

Die in den vorangegangenen Kapiteln beschriebenen Einzelheiten können uns helfen, die Anwendungen zu verstehen, die über die alltäglichen Geschehnisse und Handlungen hinausgehen. Erst wenn wir verstanden haben, wie alles in uns funktioniert, können wir das Geschehen so optimieren, dass wir eine gewisse Macht über die Materie erhalten. Welche Praxis dafür erforderlich ist, erfahren wir in Kapitel 8.

Eines der wichtigsten Anwendungsgebiete ist wohl Gesundheit und Heilung. Wie wir in Kapitel 2 erfahren haben, ist der Placebo-/Noceboeffekt ganz auf »angewandte Information« zurückzuführen – Information, der über das Unterbewusstsein quasi automatisch »Sinn und Bedeutung« zukommen, und zwar durch bestimmte Gefühle. Dass dies geschieht, merken wir nur daran, dass sich als Folge davon die Funktion unserer Körpermaterie verändert – zum Guten oder zum Schlechten. Die Veränderung der Materie bewirkt in einer Art Rückkopplung eine Verstärkung der Gefühlseindrücke. Wir sprechen dann von Emotionen.

Alles, was wir bisher über die Rolle des Bewusstseins/Unterbewusstseins bei der Realitätsbildung erfahren haben, ist ohne Abstriche auf das übertragbar, was im Moment der Heilung geschieht. In der Quantentheorie, die ja der Realität zugrunde liegt, kommt Kausalität nicht vor. Kausalität ist ein Produkt des Bewusstseins. Das Bewusstsein bewegt sich durch das »Meer aller Möglichkeiten«, wählt bestimmte Ereignisse aus, sortiert sie und lässt dann den Geist Erklärungen dafür geben. So entsteht beispielsweise die Wahrnehmung von Zeit durch das sinnvolle Aneinanderreihen von Ereignissen.

> »Kausalität kann als eine Art der Wahrnehmung
> angesehen werden, durch die wir unsere Sinneseindrücke
> auf eine Ordnung reduzieren.«
>
> *Niels Bohr*

In Kapitel 5 wurde bereits angedeutet, was in Kapitel 7 noch ausführlich dargestellt werden wird: Die Wellenfunktionen der Materiequanten im Organismus treten über den Organismus hinaus in Wechselwirkung mit einem ausgewählten Ziel. Das passiert auch zwischen Menschen, beispielsweise zwischen einem Therapeuten und einem Patienten. Daraus ergeben sich überraschende Konsequenzen für die Vermittlung von heilenden Impulsen. Ganzheitlich therapieren kann man eben nicht schematisch und »objektiv«. Vielmehr muss man als Therapeut den Einzelfall sehen und seine ganz persönliche intuitive Wahrnehmung sowohl in die Diagnose als auch in die Therapie einbringen. Man muss also bewusst subjektiv behandeln. Im Kapitel 8 werden wir einige Versuche zur Fernheilung aufzeigen, deren Ergebnisse durchaus verallgemeinert werden können und deshalb auch für den »Nahbereich« gelten.

Heilung ist ein Mechanismus, der von der Natur offensichtlich unentwegt und leicht bewerkstelligt wird. Auch wir Menschen haben ein sehr wirksames Regenerationssystem, das kontinuierlich eine immense Leistung vollbringt. Millionen Körperzellen sterben in jeder Minute, werden zerlegt und abtransportiert. Ebenso viele werden in jeder Minute neu geschaffen.

Unser Körper benötigt dazu mehr als 50 000, möglicherweise sogar mehr als 100 000 verschiedene Enzyme (bisher sind nur etwa 3000 klassifiziert). Diese Enzyme müssen zum richtigen Zeitpunkt von der DNA angefordert und konstruiert und dann an die richtige Stelle im Körper dirigiert werden. Alle Enzyme »wissen« um die Aktivitäten aller anderen Enzyme. Kein Computer dieser Welt vollbringt eine so gewaltige Leistung.

Nach unserem heutigen Wissen und unter Einbeziehung der plausiblen Theorien funktioniert Heilung mithilfe von Enzymen auf verschiedenen hierarchisch angeordneten Ebenen. Die Wirksamkeit der Enzyme ist zwingend von ihrer Konformation abhängig. Diese wiederum beruht auf den spezifischen Bindungskräften zwischen den Molekülen, die das Enzym/Protein aufbauen. Eine falsche Konformation aufgrund falscher Bindungskräfte macht das Enzym unwirksam. So betrachtet, ist Krankheit letztlich eine zeitlich lokale (raum-zeitliche) Störung der Bindung zwischen Molekülen. Und Heilung ist die Wiederherstellung der adäquaten Bindung. Nur die andauernde Kontrolle des Abbaus und der Wiederherstellung einer vorgegebenen adäquaten Bindungskraft am richtigen Ort zum richtigen Zeitpunkt kann Gesundheit garantieren.

Im Rahmen unseres heutigen medizinisch-wissenschaftlichen Weltbilds betrachten wir Heilung nur als molekularen Prozess, der nach dem Gesetz von Ursache und Wirkung abläuft. Wenn beispielsweise eine Wunde heilt, nehmen wir als Ursache dafür die Stimulierung von Wachstumsfaktoren oder Immunfaktoren an, die ein ehemals zerstörtes Gewebe Schicht für Schicht neu aufbaut, bis alles wiederhergestellt ist.

Aber damit beginnen auch die Fragen: Warum kann mit dem Ablauf der Zeit neue Ordnung hergestellt werden? Warum »heilt die Zeit alle Wunden«? Das zweite thermodynamische Gesetz schreibt genau das Gegenteil vor: Mit dem Ablauf der Zeit vermehrt sich Unordnung (Entropie).

Woher »weiß« der Organismus, wie Gewebe aufgebaut wird und wann der Aufbau beendet werden kann, wann also Wachstums- und Immunfaktoren abgeschaltet werden sollen? Die gängige Antwort lautet vielleicht: »Die DNA weiß das.« Doch das allein kann nicht sein, denn die DNA meiner Hand ist exakt dieselbe wie die meiner Haarwurzel. Woher also weiß die DNA, wie sie die Hand und wie das Haar reparieren soll?

Nun wird die Epigenetik dafür verantwortlich gemacht; sie schlägt die Brücke zwischen Umwelt und genetischer Anlage. Der Begriff Epigenetik taucht in der Literatur bereits Mitte des 19. Jahrhunderts auf, seine Ursprünge gehen jedoch noch weiter zurück, nämlich auf Aristoteles (384–322 v. Chr.). Er sprach von Epigenese als der Entwicklung individueller organischer Formen aus formloser Substanz.

Jörn Walter, Professor für Genetik an der Universität des Saarlands, veranschaulicht die Epigenetik an einem Computer: Die Festplatte entspricht der DNA und die Programme dem Epigenom, der Fülle aller informativen Einflüsse. Durch die Programme auf dem Computer hat man Zugang zu bestimmten Daten auf der Festplatte. Bestimmte Bereiche sind passwortgeschützt, andere nicht. Wir müssen verstehen lernen, warum das so ist, wer das Passwort einsetzt und wie es heißt. In Zusammenhang damit steht wohl auch ein weithin bekanntes Symptom: Wenn eine materielle Struktur des Organismus ausgelöscht wird, etwa durch Amputation eines Armes oder eines Beins, bleibt die Funktion dieser Struktur trotzdem als Information im Gehirn erhalten und löst beispielsweise einen Phantomschmerz aus.

Heute noch offene Fragen lassen sich beantworten, wenn wir Heilung als einen geistig-informativen Prozess ansehen, in dessen Folge dann eine Reparatur, also ein materieller Prozess abläuft. Dabei spielen Zeitstrukturen eine Rolle. Der adäquate Zustand, der den Heilerfolg ausmacht, wird nicht neu konstruiert, sondern einer früher abgespeicherten Information angeglichen. Im Prinzip findet ein Sprung in die Vergangenheit statt.

Auch geistig-informative Prozesse benötigen eine zugrunde liegende Energie. Sind heilende Energien also wissenschaftlich erklärbar? Wir wollen uns hier vor allem auf einen Aspekt konzentrieren: die Urinformation für unsere Konstruktion und unseren Aufbau.

HEILUNG ALS WIEDER-HERSTELLUNG VON FORM/STRUKTUR/GESTALT

Die Materie aller lebenden Organismen, auch des individuellen Menschen, besitzt eine konsistente Form und Physiognomie, die aufgrund einer abgespeicherten »Information« zustande kommt. Dies gilt auch für die Molekülaggregate (Proteine, Nukleotide). Entscheidend für die Funktion der Organismen sowohl im Mikro- als auch im Makrobereich sind Form/Struktur/Gestalt.

Dass Form/Struktur/Gestalt eines Organismus ein Leben lang gleich bleibt, ist insofern erstaunlich, als sämtliche Bausteine des Körpers bis auf wenige Ausnahmen (DNA sowie einige Neuronen und Herzzellen) alle fünf bis sieben Jahre komplett ausgetauscht und erneuert werden. Es muss also etwas jenseits dieser Bausteine geben, das unabhängig von diesem ständigen Wandel für die dauerhafte Erhaltung von Form/Struktur/Gestalt sorgt: eine Urinformation. Sie stellt sicher, dass jeder Neuaufbau identisch zum vorherigen ist und dass Form/Struktur/Gestalt immer wieder durch exakt aktivierte Bindungen zwischen Atomen und Molekülen konstruiert wird.

Unsere Definition von Heilung ist daher: Heilung der Körpermaterie ist vordergründig die Wiederherstellung von Form/Struktur/Gestalt zum Zweck der optimalen Funktion. Eine heile Seele und ein ausgeglichener Geist sind eine Voraussetzung für die anhaltende Wirkung dieser Wiederherstellung.

Hier wird bereits deutlich, dass sich Heilung eines biologischen Zeitrelais bedient beziehungsweise eines Zeitsprungs in Richtung Vergangenheit. Es findet also ein Rückgriff auf eine früher abgelegte Information statt. Wir hatten in Kapitel 5 bereits von einer Matrix gesprochen, einem ursprünglichen, übergeordneten Musterfeld im »Meer aller Möglichkeiten«, das wahrscheinlich programmierbar, aber vor allem von Urinformation durchsetzt ist. Weiter unten werden wir Beispiele anführen, wie diese Urinformation auch in unserem Körper weitgehend automatisch abgerufen wird. Zunächst aber brauchen wir noch einige Grundlagen zum Verständnis.

Typische Muster werden von unterschiedlichen Kraftkomponenten in Zeitabschnitten aufgebaut, die zwischen den Molekülen vermitteln. Dies gilt für alle Muster, aus denen wir bestehen und die sich in jeder Zelle finden – als Membran, als Proteingerüst, als Zellkern, als Vesikel und so weiter. Der Einfachheit halber erläutern wir es am Beispiel einer Schneeflocke, denn deren hexagonale Struktur ist ein entscheidendes Muster des wirksamen körpereigenen Wassers in jedem Organismus. Dieses Muster besitzt erstens eine weitgehend konstante Kraft als Folge der kovalenten Bindungsenergie von Wasser mit 2,5 eV pro Bindung (241 kJ/Mol) und zweitens eine variable Kraft als Wasserstoffbindung mit 0,13 bis 0,32 eV (30,5 kJ/Mol), das entspricht einer elektromagnetischen Schwingung einer Frequenz von 3,14 bis 7,26 x 10^{13} Hz. Und gerade diese elektromagnetische Schwingung ist in Resonanz mit aktiven Enzymen, was eine energetische Unterstützung der Enzymaktivität bedeutet.

Kräfte und Zeit entstehen immer erst an Massen, wie bereits ausführlich erläutert wurde. Elektronen und Protonen, die kleinsten Einheiten geladener Massen, sind die Quelle eines ständig ausströmenden Kraftfelds. Und diese nie versagende Energiequelle, die wir als Elementarladungen bezeichnen, kommt aus dem Vakuum. Die Verursacher für Kraft- und Zeitoperationen sind genau diese Ladungen mit ihren elektrischen Potenzialen. Ladungen werden vermittelt durch Photonen – virtuelle Photonen im Fall von statischen Feldern und reale Photonen im Fall von elektromagnetischen Feldern.

Photonen vermitteln jedoch nur die Information für Kräfte an Massen, nicht die Kräfte selbst.

Photonen sind also Kommunikationsvermittler. Sämtliche Verbindungen im Organismus werden letztlich durch Elektronenaktivitäten gewährleistet, die durch die Spins von Elektronen vermittelt werden. Spins sind die Realität gewordenen Informationen der kollabierten Wellenfunktion des Elektrons.

Woher wissen Elektronen und Protonen, wie wir aufgebaut werden müssen, wie wir bei Beschädigung zu reparieren sind und wie wir wieder funktionstüchtig werden? Dafür brauchen sie eine weitergehende Information, eben die Urinformation.

>>Wirklichkeit und Information sind dasselbe. Information ist der Urstoff des Universums.<<
Anton Zeilinger

Wir hatten bereits deutlich gemacht, dass wir die Information mithilfe des Bewusstseins/Unterbewusstseins zur Materie leiten können. Aber der Grundaufbau des Organismus ist bereits durch andere Mechanismen gewährleistet. Damit wir verstehen, wie der Organismus die erwähnte Urinformation rekrutiert, müssen wir uns in aller Kürze ansehen, mit welchen Kräften er arbeitet und wie Information hier wirkt:

1. elektrostatische coulombsche Kräfte (allg. elektrische Spannungen, Redoxsysteme, Molekülbindungen, Membranpotenziale u. a.)
2. repetitiv pulsierende elektrostatische Signale (Aktionspotenziale von Muskeln und Nerven u. a.)
3. longitudinale elektrostatische Schwingungen, Phonone und Solitone (Proteine, insbesondere Enzyme, DNA)
4. elektromagnetische Kräfte aus transversalen Schwingungen (Molekülbindungen, Enzyme, DNA u. a.)
5. intermittierende elektromagnetische Signale (Neuronmembranen, Neurotransmitter, Mediatoren u. a.)

Nichts im Organismus findet ohne die Aktivität von Proteinen (= »das Erste im Leben«) statt. An fast allen Körperfunktionen sind Enzyme beteiligt, und diese sind aus Proteinen aufgebaut. Proteine wirken durch ihre ganz besondere Form/Struktur/Gestalt, entweder als sogenannte Alpha-Helix oder als Faltblattstruktur. Eine Änderung dieser Gesamtstruktur – man spricht auch von Konfiguration oder Konformation – macht lebenswichtige Funktionen möglich. Die Änderung der Gesamtstruktur wird durch eine nuancierte Veränderung der Bindungen zwischen den Bauelementen, den Aminosäuren, ermöglicht, genauer gesagt dadurch, dass sich die Winkel der Bindungen leicht verändern. Das setzt eine Veränderung der Bindungsenergien voraus. Und weil Bindungsenergien mit ganz bestimmten Frequenzen elektromagnetischer Schwingungen identisch sind, können extrem schmalbandige Frequenzen elektromagnetischer Schwingungen die spezifische Konfiguration/Konformation und Protein-/Enzymaktivität beeinflussen.

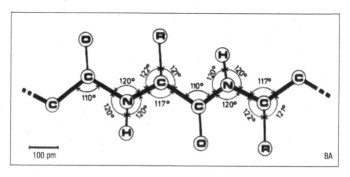

Man kann dieser Abbildung entnehmen, wie spezifisch die Winkel der Bindungen zwischen den Aminosäuren naturgemäß sein müssen: 117°, 122° und so weiter. Wenn jeder dieser Winkel nicht bis auf ein Grad genau am dafür vorgesehenen Ort steht, ergeben sich falsch geformte Proteine und Enzyme, die für den Organismus nur noch Proteinmatsch darstellen. Bei den sogenannten Prionen, die den »Rinderwahnsinn« verursachen, handelt es sich um derartig falsch geformte Proteine, die in größeren Mengen Krankheit hervorrufen. Stabilisiert werden die Winkel durch die natürlichen elektrischen und elektromagnetischen Felder in der Umgebung, die sich in einem angepassten Gleichgewicht befinden.

Falsche Form/Struktur/Gestalt entsteht aber auch durch nicht adäquate, also zum Beispiel technisch erzeugte, unnatürlich einwirkende elektromagnetische Schwingungsfrequenzen, denen man etwa beim Telefonieren mit dem Handy ausgesetzt ist. Eine Übersäuerung des Körpers kann hohe Amplituden und Intensitäten der elektromagnetischen Schwingungen von Wasserstoffionen (H^+) verursachen. Oder im Organismus finden sich nicht genügend negativ geladene Elektronen, die von Wasserstoff transportiert werden, also eine zu geringe Hydriddichte (Redoxpotenzial), was dann passiert, wenn wir zu wenig frisch geerntetes Obst und Gemüse aufnehmen. Oder die Photonenmenge, die dem elektromagnetischen Wellenlängenbereich von 3–10 µm entspricht, ist zu groß, etwa bei Fieber, oder zu gering, wie beim Kältefrieren (»Temperatur«).

Form/Struktur/Gestalt und davon abhängige Muster werden immer dann nicht richtig aufgebaut, wenn die Bindungen in Raum und Zeit gestört sind. Als Folge davon treten Funktionsstörungen auf, und Heilung kann nicht stattfinden.

Bei der Frage, wozu wir Materie brauchen, hatten wir bereits in Kapitel 3 vermutet, »Heilung« der Materie (Raum-Zeit-Konstruktionen) sei eine Notwendigkeit, um Resonanzen zur Realitätsbildung, also Kraft, Zeitphase, Sinn und Bedeutung adäquat zu gewährleisten. Wenn wir diese Ebene betrachten, wird deutlich: Krankheit ist letztlich eine Störung der Bindung zwischen Molekülen, die keine Resonanzen mehr zulässt, und Heilung ist eine Wiederherstellung der adäquaten Bindung, durch die notwendige Sender- und Empfängereigenschaften für Energie wieder möglich werden.

Das gilt sowohl für den Mikrobereich (Primär- und Sekundärstruktur von Proteinen, winkelgenaue Konfiguration und

Konformation von Enzymen, Helixformation der DNA) als auch für den Makrobereich.

Zwingende Voraussetzungen für die Realitätsbildung der gesunden Raum-Zeit-Muster als Form/Struktur/Gestalt ist das Abrufen einer Urinformation für:

> Energieresonanz (wie bei jedem Messvorgang),
> Kohärenz = Gleichphasigkeit oder Gleichorientierung in Raum und Zeit,
> Polarisation, das heißt, die Schwingungsrichtung wird in Raum und Zeit festgelegt.

Wir hatten dies bereits in Kapitel 3 beschrieben: Resonanz entsteht auch durch spezielle Raumgrößen. Die wiederum entstehen durch Begrenzungen aus erhöhter Elektronendichte. Diese »Wände« entscheiden über Reflexion oder Absorption. Dadurch ergibt sich die Auswahl bestimmter elektromagnetischer Schwingungsfrequenzen.

Kohärenz im Organismus ist ein wichtiges Verstärkerprinzip. Membranen und Zellwände sind durch ihre ausgerichteten Lipidbausteine eindeutige Kohärenzvermittler, zumal durch die Diffusion paramagnetischer Radikale wie Sauerstoff und Stickstoffmonoxid auch die Spins der Membranmoleküle in Gruppen ausgerichtet werden, und zwar durch die natürlichen, höchst starken Magnetfelder (3,8 Tesla). Auch das Neuronengeflecht ist ein Kohärenzwerkzeug. Das wird sichtbar an der elektrischen Summenaktivität im EEG: Alphawellen (meditative Aufmerksamkeit, geschlossene Augen), Deltawellen (Schlaf), Thetawellen (Koma). Kohärente elektrische Felder entstehen auch in Muskelfasern, und Neuronen steuern den Eiweißaufbau und die Regeneration.Wir haben in Kapitel 4 bereits erfahren, dass alles vom Bewusstsein abhängt, auch die Bindungseigenschaften der Moleküle. Aber das als »Quanten-Zeno-Paradoxon« bekannte Gesetz, das in Kapitel 3 bereits ausführlich dargestellt wurde, besagt, dass sich dauernd »beobachtete« Quantenzustände (und

Bindungen vermitteln quasi gegenseitige Beobachtung) niemals ändern können, auch dann nicht, wenn weitere Anregungsenergien resonant einwirken wollen. Ihre Energiestufen sind eingefroren, weil die Ausbreitung von Wahrscheinlichkeitswellen durch die Bindung verhindert wird. Nur »unbeobachtete« Quantenzustände können sich wandeln. Es gibt deshalb in einem bestimmten Zeitraum keine Neuzustände mehr. Damit ist gewährleistet, dass schwache Bindungen durch die über das Bewusstsein geleitete Information immerfort geändert werden, während starke Bindungen nur sehr schwer über das Bewusstsein beeinflusst werden können.

Schwache Bindungen haben wir zwischen den Muskelfilamenten, also innerhalb der Aktin-Myosinfasern, auch in den Membrankanälen der Nervenzelle. Deshalb ist es für uns leicht, diese Strukturen nutzen zu lernen. Starke Bindungen bestehen zwischen verschiedenen anderen Eiweißen und in der DNA. Sie sind für Informationen, die über das Bewusstsein kommen, erst einmal tabu.

Auch von außen einwirkende Fremdenergien/Fremdinformationen können – soweit sie nicht ionisierend sind wie etwa radioaktive Gammastrahlung – erst dann eine Wirkung auf die Bindung von Molekülen ausüben, wenn deren Zeit abgelaufen ist. Dann allerdings ist nicht nur ein Neuaufbau möglich, sondern auch ein Aufsuchen der Vergangenheit – quasi ein Reset. Für diesen Mechanismus gibt es bereits Patente, deren Prinzip wir später noch kennenlernen werden.

Kann es so etwas auch im menschlichen Organismus geben? Ja.

Vorerst halten wir fest: Die Heilung der Körpermaterie ist sowohl über Bewusstseinsprozesse als auch über technische Hilfsmittel möglich.

Alle uns aufbauenden Massebausteine bestehen nur aus den zwei Grundformen Atomkerne und Elektronen. Beide treten immer zusammen mit Ladungen auf. Ladungen sind die Quelle von Potenzialen.

Feldenergie und Potenzial sind seit 15 Milliarden Jahren präzise mit Ladungen korreliert. Diese Energie versorgt das ganze Universum. Ladungen und Ladungsverteilungen mit ihren dazugehörigen Feldern und Potenzialen treiben alle sogenannten chemischen Prozesse an (die in Wirklichkeit physikalische Prozesse sind).

Unterschiedliche Ladungsansammlungen erzeugen unterschiedliche Potenziale. Wenn unterschiedliche Potenziale nebeneinander existieren, entstehen Gradienten. Diese Potenzialgradienten erzeugen die elektrischen und elektromagnetischen Feldkräfte (EM-Feld), von denen wir oben bereits einige bekannte aufgezählt haben. Jeder Organismus enthält als Gesamtkörper, als Gewebe, als Organ, als Zelle, als Molekül bis hinunter zum Proton und Elektron spezifische Ladungen und somit spezifische Potenzialgrößen. Ladung kann mithilfe dieses Feldes arbeiten. Die Energie dafür ist unerschöpflich. Doch woher kommt der kontinuierliche Nachschub an Energie?

Die Physik tut sich schwer mit der Antwort. Der Physiker D. K. Sen sagt beispielsweise: »Die Verbindung zwischen dem Feld und seiner Quelle war immer schon und ist immer noch das schwierigste Problem in der klassischen und in der Quanten-Elektrodynamik.« (Sen 1968, Seite 54). Weitgehend einig ist man sich inzwischen darüber, dass diese Energie nur aus dem Vakuum kommen kann.

Alle wichtigen Funktionen unseres Körpers sind an bestimmte Potenziale gebunden: Aktionspotenzial, Ruhepotenzial, Zetapotenzial, Verletzungspotenzial, Redoxpotenzial, um nur einige zu nennen. Die Rolle, die Verletzungspotenziale bei unspezifischen Zellmembranen spielen, ist schon lange bekannt. Verletzung der Membran bedeutet das Zusammenfließen von vorher getrennten Ionenladungen. Die Polarisation in positiven und negativen Ladungsverhältnissen nimmt ab. Diese so entstehenden Hypopolarisationen steuern Immunreaktionen und Reparaturvorgänge, leiten also Heilungsprozesse ein. Was geschieht dabei?

Nehmen wir als konkretes Beispiel etwas, das andauernd in uns abläuft. Elektronenräuber, auch freie Radikale genannt, zerstören Molekülbindungen in einer Membran, die dadurch sozusagen löchrig und durchlässig für Ionen wird. Als Folge davon tritt lokal eine zur übrigen Membran inverse elektrische Spannung auf. An der Grenze zur intakten Membran löschen sich die gegenläufigen elektrischen Gradienten aus. Das ist der strategisch entscheidende Prozess für die Stimulierung von Zeitmomenten (Timelike-Photonen). Wir werden diesen Vorgang gleich verstehen lernen.

Am bekanntesten sind die Ruhe- und Aktionspotenziale von Nerven und Muskeln. Wir wissen aus der Muskelphysiologie, dass Stammzellen des Muskels immer dort entstehen, wo Muskel-Aktionspotenziale die Eiweißsynthese (Bodybuilding) und Regeneration bewirken.

Zellen, die ihre Aufgabe in bestimmten Organen erfüllen müssen, differenzieren sich. Aber für eine Regeneration müssen sich Zellen auch immer wieder dedifferenzieren, das heißt zu einem vergangenen Status zurückkehren. Als Folge davon entstehen die Stammzellen.

Auch Nervenzellen brauchen immer wieder ein Reset, damit sie flexibel auf die Umwelt reagieren können. Melitta Schachner vom Hamburger Zentrum für Molekulare Neurobiologie sagt dazu: »Wenn alte Zellen neue Synapsen bilden wollen, dann müssen sie sich in ein unreifes Stadium zurückverwandeln, in dem sie dazu noch fähig waren.« (Melitta Schachner, zitiert nach Spiegel 42/2003, Seite 194)

Das Signal zur Dedifferenzierung von Nervenzellen geht von ihren eigenen elektrischen Impulsen aus, den bereits erwähnten Aktionspotenzialen.

Die Stammzellenbildung durch Nervenimpulse kann so beschrieben werden: Angeregt durch besondere elektrische Impulse an den Spitzen der in das Wundgebiet ragenden Nervenfaserenden, bilden sich primitive Zellen, die zu nichts und allem fähig sind. Es handelt sich um embryonale Zellen, wie sie im Anfangsstadium der Entstehung des menschlichen Lebens im Mutterleib gebildet werden. Aus jeder dieser Zellen könnte ein neuer Mensch beziehungsweise eine exakte Kopie jedes Menschen hergestellt werden – oder aber nur irgendeine ganz spezielle Zelle mit eingeschränkter Funktion innerhalb des Organismus. Diese Wandlung einer undifferenzierten Zelle zu einer differenzierten Zelle geschieht durch das enzymatisch ausgelöste Zuklappen bestimmter Erbanlagen in der Zelle – bis nur das jeweils benötigte Programm zur Zellspezifizierung wirksam bleibt.

Weitere Besonderheiten der Potenzialfunktionen wurden erst in neuester Zeit unzweifelhaft deutlich: Wenn ein Muskel oft betätigt wird, bildet er mithilfe seiner eigenen Aktionspotenziale mehr Masse der Proteinmoleküle Aktin und Myosin, um der erhöhten Beanspruchung der Fasern besser gewachsen zu sein. Das bezeichnet man als Bodybuilding. Parallel dazu wird auch noch die Gewebeperfusion angeregt, wodurch eine sinnvolle Anreicherung von Sauerstoff und Substrat und somit die ATP-Energiebildung in den Gewebezellen forciert wird. Wir alle nutzen diesen sinnvollen Effekt, wenn wir nach einer längeren Ruheperiode intuitiv einem inneren Drang folgen und uns ausgiebig recken und strecken, wodurch ein Gewitter der Aktionspotenziale losbricht.

Fazit: Die Tätigkeit von Nerven und Muskeln regen über ihr gleichzeitig ablaufendes Potenzialmuster Gene zur Proteinsynthese und damit auch zur Geweberegeneration an. Die Gene werden von Enzymen informiert, und diese Enzyme werden sozusagen elektromagnetisch angeschaltet.

Derartige Reaktionen in den Zellen von Organen und Geweben entscheiden auch über Krankheit und Heilung. Das Modell besagt, dass mithilfe spezifischer Potenziale der strategisch wichtige Ausgangspunkt für die Auslösung einer Krankheit rückgängig gemacht werden kann, der Vorgang also in der Zeit zurück zum Status vor der Krankheitsauslösung geführt werden kann.

Im Zentrum des Geschehens steht ein sogenannter phasenkonjugierter Spiegelmechanismus: Signale laufen in verstärkter Intensität zurück in Zeit und Raum – ein Effekt, der sich im Labor beliebig reproduzieren lässt. Es gibt die konkrete Vorstellung einiger Wissenschaftler, dass genau dieser Mechanismus auch in Teilen unserer Gewebezellen oder sogar in kompletten Zellen stattfindet.

Dafür müssten die Zellen mit kohärenter Energie, vorzugsweise mit longitudinalen Schwingungen, »gepumpt« werden. Wenn diese Voraussetzung erfüllt ist, kann eine Zelle in einen früheren Zustand versetzt werden.

Sollte dieser Mechanismus tatsächlich so auf Zellen übertragbar sein, könnte eine krank gewordene Zelle in ihren gesunden Zustand zurückgeführt werden – ganz so, wie wir es mit der von einem Virus infizierten Festplatte unseres Computers machen. Wir rufen den Wiederherstellungsassistenten auf und tippen ein früheres Datum ein, zu dem der Computer noch nicht infiziert war.

Für die Zelle brauchen wir, wie gesagt, eine kohärente Schwingung. Doch woher kommen die »pumpenden«, longitudinalen Wellen?

POTENZIALE BRINGEN INFORMATIONEN AUS FRÜHEREN PHASEN DER EVOLUTION ERNEUT ZUR WIRKUNG

Die heutige Physiologie vertritt die Lehrmeinung, dass vorrangig elektrische Ströme und Stromdichten für Erregungszustände und Aktivierungen verantwortlich sind. Im Folgenden soll plausibel dargestellt werden, dass nicht nur Ströme, sondern auch Potenziale Auslöser für einige Aktivierungsprozesse sind. Ausgangspunkt für diese Erkenntnis ist ein verblüffender Effekt, den sich das Pharmaunternehmen Ciba-Geigy 1989 als Verfahren patentieren ließ. Heute ist der Vorgang auch unter dem Namen eines seiner Erfinder als Ebner-Effekt bekannt.

Allein durch das Aufprägen bestimmter Potenziale auf Keimanlagen, die von der Befruchtung ein paar Tage bis vier Wochen lang im elektrostatischen Feld gehalten wurden, entwickelten sich bei Fischen, Farnen und Moosen, Weizen und Mais außerordentlich vitale Spezies mit neuen Eigenschaften, und es entstanden sogar Arten neu, die längst ausgestorben waren, zum Beispiel eine Urform der Regenbogenforelle mit mächtigem Haken am Unterkiefer wie bei Wildlachsen. Diese Forellenart ist vor etwa 150 Jahren ausgestorben. Auch entstanden Urformen von Weizen und Mais mit erhöhter Keimungsrate und schnellerem Wachstum und Reife, die als frühere Wildpflanzen und Vorläufer unserer gezüchteten Arten identifiziert werden konnten und von heutigen Schädlingen vollkommen unangetastet bleiben. Besonders erstaunlich war die Verwandlung von Wurmfarnen in Hirschzungenfarne mit Änderung der Chromosomenzahl – von 36 beim Wurmfarn zu 41 beim Hirschzungenfarn – innerhalb einer einzelnen Vegetationsperiode. Auch entstanden Urfarne (identisch mit Steinkohlefossilien), die sich nach einigen Jahren in Buchenfarne und südafrikanische Lederfarne verwandelten. Wenn die Pflanze in den Einflussbereich von elektrostatischen Feldern gerät, die jenen aus der Frühzeit der Entwicklung ähnlich sind, werden die damals benutzten Programme wieder reaktiviert. Schließlich wurden sogar Millionen Jahre alte Bakterien aus Bohrkernen erneut zum Leben erweckt. (Bürgin 2007)

Diese Versuche könnten erklären, wie ein Artengedächtnis aus der Interaktion zwischen den elektrischen Feldern der Umwelt und den Informationen der Lebewesen entsteht. Potenziale wecken Information, die nach den bisherigen Erfahrungen einiger Physiker im Vakuum abgespeichert sind. Bereits 1960 wurde die physikalische (nicht nur die mathematische) Existenz der Potenziale nachgewiesen. Das Besondere an Potenzialen ist, dass sie in Abwesenheit jedes klassischen elektromagnetischen Kraftfelds die Phasen von Elektronenschwingungen beeinflussen und damit auf Ladungen wirken. (Chambers 1960, Seite 3)

Auch der Aharonov-Bohm-Effekt zeigt, dass Potenziale eine physikalische Realität darstellen und nicht nur mathematische Konstrukte sind. Potenziale können keine Arbeit leisten, da sie über keine Kräfte verfügen (also haben sie keine Auswirkungen auf Massen). Aber sie haben Möglichkeiten, Änderungen an Ladungen herbeizuführen (Informationscharakter).

»… im Gegensatz zu den Schlüssen der klassischen Mechanik existieren Effekte des Potenzials auf geladene Partikel, auch in Regionen, wo alle Felder (und deshalb alle Kräfte auf Partikel) verschwunden sind.« (Aharanov/Bohm, 1959, Seite 485)

Diese Potenziale haben laut William Tiller (Professor emeritus Stanford University) die Funktion eines Mediators zwischen dem Vakuum und einem elektromagnetischen Feld. Potenziale des Vakuums organisieren die Kräfte des elektromagnetischen Feldes, die wiederum die Raum-Zeit aufbauen. Potenziale sind physikalisch mehr, als bisher allgemein zugestanden wurde. Sie sind zusammengesetzte physikalische Größen und – was bisher vollkommen ignoriert wurde – besitzen implizierte Strukturen (Whittaker-Oszillationen); longitudinal polarisiert und zeitpolarisiert. Elektrische Spannungsimpulse sind notwendig um Zeitoperationen einzuleiten. Tatsächlich finden wir eine Theorie, die genau dies beschreibt. Sie wurde bereits in den Jahren 1903 und 1904 formuliert. (Whittaker 1903, Seite 333; Whittaker 1904, Seite 367–372)

Dort wird erklärt, wie in elektrischen Potenzialen sowohl longitudinale Schwingungen – die hatten wir ja als pumpende Welle der Zelle gesucht – als auch Zeitstrukturen eingefaltet sind. Es findet eine Umwandlung einer elektromagnetischen Schwingung durch »sukzessive phasenkonjugierte Paarung« in »Timelike«-Schwingung statt. In meinem Buch *Diesseits und jenseits der Raum-Zeit-Netze* habe ich ausführlicher darüber berichtet. (Warnke 2001)

Der rumänische Quantenphysiker Costinel Lepadatu kommt in einer neueren Arbeit zu den gleichen Ergebnissen: »Ein interessantes Ergebnis ist, dass die Raum-Zeit-Geometrie von der elektrostatischen Wechselwirkung der Teilchen mit elektrischer Ladung, die in ein elektrostatisches Feld gebracht werden, beeinflusst wird.« (Lepadatu 2007) Allerdings hatte die russische Forschung schon längst postuliert, dass elektrische Impulse Zeitquanten enthalten. Ihre Aussage lautet entsprechend: Mit spezifisch aufgebauten Torsionsfeldern können Zeitkomponenten der Spinstrahlung in Richtung Vergangenheit oder Zukunft geführt und Raum-Zeit-Muster synchronisiert werden.

Die Arbeitsgruppe Becker, USA, beschrieb Neubildungen von amputierten Extremitäten bei Lurchtieren aufgrund elektrischer Potenzialaufprägungen. Und schon in den frühen 1970er-Jahren gab es erstaunliche Differenzierungs- und Dedifferenzierungseffekte beim Applizieren von Potenzialen an Pflanzen und Amphibien (Murray 1967, Seite 606–15; Becker und Murray 1970, Seite 169–198). In den 1980er-Jahren wurde ein Patent für einen Apparat und eine Methode zur Informationsübertragung mithilfe von Potenzialfeldern zur medizinischen Anwendung vergeben. (Gellinas 1984)

HEILUNG DURCH
»MATRIXINFORMATION«

In Zusammenhang mit dem, was in Kapitel 5 und weiter vorn in diesem Kapitel über die Urinformation oder Matrix gesagt wurde, sind russische Versuche aus den 1990er-Jahren hochinteressant. In diesen Versuchen wurde Ratten durch eine Alloxan-Injektion in Betazellen der Bauchspeicheldrüse eine schwere Schädigung zugefügt. Alloxan ist ein Gift für diejenigen Zellen der Bauchspeicheldrüse, die Insulin herstellen. Da nun kein Insulin mehr ausgeschüttet wurde, stieg der Blutzuckerspiegel bis in pathologische Bereiche. Eine Gruppe Ratten bekam keinerlei Behandlung und starb nach der Giftinjektion. Die andere Gruppe wurde mit Radiowellen bestrahlt, auf die mit einem Laserstrahl »Heilinformation« aufgeprägt war. Daraufhin sank der Blutzuckerspiegel aller Ratten rasch ab, und sie wurden gesund. Die »Heilinformation« war durch elektromagnetisches Abscannen der Bauchspeicheldrüsen neugeborener und vollkommen gesunder Ratten gewonnen worden, indem man die organeigene elektromagnetische Strahlung der jeweiligen Bauchspeicheldrüse erfasst hatte. Die Ausstrahlung der Jungtiere war addiert, verstärkt und die Laserstrahlung mit dieser Information moduliert worden. (Gariaev 1994, 2003)

Wie es scheint, ist die Erfüllung des Wunschtraums von der Rückführung einer kranken in eine gesunde Zelle nur noch eine Frage der Bioingenieurskunst.

VERÄNDERTE PERSÖNLICHKEIT
WANDELT KRANKHEIT

Die zweite Möglichkeit besteht darin, den eben beschriebenen Retroset-Mechanismus allein mit dem Bewusstsein durchzuführen, wie es in Kapitel 4 bereits dargestellt wurde. Folgende Beispiele sind nicht nur spektakulär, sondern auch weitgehend kontrolliert überliefert und verdeutlichen deshalb glaubhaft, wie außerordentlich machtvoll das Bewusstsein die Materie beherrschen kann.

In diesem Zusammenhang sind Persönlichkeitswechsel interessant. Ein medizinisches Problem ist offensichtlich an eine bestimmte Persönlichkeit gebunden, die ihrerseits von einem bestimmten, durch das Bewusstsein gesteuerten Wahrnehmungszustand abhängig ist. Wechselt der Mensch seine Persönlichkeit, was trainiert werden kann, verschwindet oft auch seine Krankheit. Daniel Goleman berichtet von einem Patienten, der allergisch auf Orangensaft reagierte. Er bekam nach dem Genuss von Orangensaft immer einen massiven Hautausschlag. Doch in dem Moment, wo er sich in eine nicht allergisch reagierende Persönlichkeit versetzte, verschwand der Hautausschlag und blieb auch weg, wenn der Patient beliebige Mengen von Orangensaft trank. (Goleman 1988, Seite 25) Der klinisch relevante Diabetes einer Frau konnte durch den Wechsel zu einer anderen Persönlichkeit in der Klinik symptomlos gestellt werden. (Goleman 1985, Seite C1)

Wenn man Menschen, die ihre Persönlichkeit wandeln können, fragt, wie sie das anstellen, bekommt man meist zu hören, dass sie bestimmte Bildvorstellungstechniken bemühen oder eine »Parallelverarbeitung« durchführen. Gemeint ist damit das Denken und Handeln auf verschiedenen Kanälen gleichzeitig. Bei denen, die Krankheiten komplett ignorieren können, stehen meditierende und imaginierende Gedanken über eine Rückkehr zur Gesundheit im Vordergrund. (Hurley 1985, Seite 4)

Vor einigen Jahrzehnten noch abgelehnt, dann ignoriert, heute akzeptiert ist die Aussage, dass Menschen, die einen hohen Aggressionsindex haben, mit siebenmal höherer Wahrscheinlichkeit an einer Herzerkrankung sterben als andere. (Fackelmann 1989, Seite 60) In der Psychoneuroimmunologie ist längst bekannt, dass glücklich Verheiratete ein deutlich besseres Immunsystem haben, dass Aids- und Krebskranke mit kämpferischer Einstellung eine deutlich höhere Überlebenschance haben, dass Pessimisten häufiger erkältet sind als Optimisten, dass jede Art von Stress über einen längeren Zeitraum die Abwehrkraft gegen Krankheiten schwächt. Die Literatur über dieses Thema ist immens und lässt keinen Zweifel mehr zu.

Im Neuropsychiatrischen Institut der Universität von Kalifornien wurden in den 1970er-Jahren die Fähigkeiten eines gewissen Jack Schwarz untersucht. Ihm gelang es, mittels einer unbeirrbaren Überzeugung die Funktionen seines Körpers vollkommen zu beherrschen. Beispielsweise durchbohrte er sich die Arme mit 18 Zentimeter langen Nadeln und empfand dabei keinen Schmerz, was anhand der Aufzeichnung des EEG kontrolliert wurde. Es floss auch kein Blut, und nach dem Herausziehen der Nadeln war keine Wunde zu sehen. Auch glühende Kohlen, kurz in die Hand genommen, verursachten bei ihm keine Verbrennungen. Schwarz erklärte seine Fähigkeiten damit, dass er im Konzentrationslager seine bewussten Wahrnehmungen so umtrainiert habe, dass sie keinerlei Schmerzen mehr zuließen. Seiner Überzeugung nach sei jeder Mensch in der Lage, das zu lernen. (Raymond 1978, Seite 72–76) Derlei Praktiken sind auch aus Thailand und Sri Lanka gut dokumentiert. Ein ausführlicher Bericht wurde 1966 in der April-Nummer des *National Geographic Magazine* veröffentlicht.

Bereits in den 1940er-Jahren erregte der Holländer Mirin Dajo Aufsehen, auch bei Wissenschaftlern. Er wurde am 31. März 1947 im Züricher Kantonalkrankenhaus von zahlreichen Ärzten unter der Ägide von Dr. Werner Braun, Leiter der chirurgischen Abteilung, eingehend untersucht. Nachdem er sich einige Minuten bewusst in einen besonderen Zustand versetzt hatte, ließ er sich in aller Öffentlichkeit eine Florettklinge durch den Körper stoßen. Röntgenaufnahmen zeigten, dass dabei lebenswichtige Organe schwer verletzt wurden. Nach 20 Minuten wurde die Klinge entfernt. Danach war nur eine leicht gerötete Stelle auf der Haut zu erkennen, keinerlei Blut und auch keine Wunde. Wissenschaftler durften während späterer Versuche in Basel selbst das Florett durch Dajos Körper stechen – mit exakt dem gleichen Ergebnis. (Stelter 1984) Heute existieren im Internet abrufbare Originalfilme des Geschehens. *(www.mirin-dajo.com/mirindajo.html)*

Die Wirklichkeitsmechanismen in uns müssen nur erkannt und helfend unterstützt werden. Im Wissen darüber, wie das praktisch umgesetzt werden kann, waren uns frühere Kulturen und sind uns heutige Naturvölker weit voraus.

Auf dem 6. Asien-Pazifikkongress zum Thema Herz- und Lungenkrankheiten, der im März 1980 in Bombay stattfand, berichtete der Kardiologe Dr. Yogesh Chandra Mathur als Vertreter einer Gruppe von Wissenschaftlern von einem kontrollierten Samadhi-Zustand. Der Yogi Satyamurthi war in einer Grube (2,5 Meter lang, 2,5 Meter breit und 1,8 Meter tief) richtiggehend begraben worden. Eine 15 Zentimeter dicke, fest gestampfte Erdschicht hatte die Grube verschlossen. Die Wissenschaftler hatten in einer benachbarten Doppelgrube Messgeräte aufgebaut: einen Herzmonitor mit EKG-Schreiber sowie Geräte zur Messung des Hautwiderstands, der Körpertemperatur und der Lufttemperatur. Mit Mikrofonen wurden die Herztöne und alle anderen Schallereignisse registriert. Sieben Tage saßen die Wissenschaftler im Schichtbetrieb an ihren Messgeräten, um die bis dahin geheimnisvollen Fähigkeiten dieses Yogis zu ergründen.

Yoga ist eine Sanskrit-Bezeichnung für »Verbindung«. Damit ist im hinduistischen Sinne auch die Verbindung der individuellen menschlichen Seele (die als »Funke« der Universalseele angesehen wird) mit dem universellen Geist gemeint. Das Herstellen dieser Verbindung ist ein zweigliedriges Geschehen, das die Alchemisten als das »kleine und das große Werk« bezeichnen. Darauf kommen wir im letzten Kapitel zurück. Die Verbindung selbst wird im sogenannten »Samadhi-Zustand« optimal erreicht. Geübte Yogis können sich mithilfe einer überlieferten Technik jederzeit in diesen Zustand tiefster Meditation versetzen. Der Yogi setzt sein Bewusstsein dabei so ein, dass sich sein im Körper eingeschlossener Geist vollkommen mit dem universellen Geist verbindet. Diese Yoga-Praktiken werden bereits in den mehr als 3000 Jahre alten Veden beschrieben. Ihr letztendliches Ziel ist es, eine potenzielle, normalerweise verborgene Kraft im Körper zu mobilisieren, um mit der universellen Allmacht in direkten Kontakt treten zu können.

Doch zurück zu dem Versuch, von dem Dr. Mathur berichtete. 40 Stunden, nachdem er begonnen hatte, erreichte der Yogi einen vollkommen unphysiologischen Zustand (in Vorversuchen war ihm das bereits nach fünf Stunden gelungen). Der Hautwiderstand (Normalwert zwischen drei und acht Kiloohm) stieg für einige Stunden extrem an, zeitweilig über die Messgrenze des Geräts von 2000 Kiloohm hinaus. Aber besonders interessant waren die Anzeigen an den Herzmonitoren. Erst nahmen die Schläge zu, dann verlangsamten sie sich, dann nahmen sie erneut stark zu, um schließlich vollkommen zu erlöschen. Die Interpretation der Wissenschaftler klingt unglaublich: Der Yogi hat sein Herz angehalten. Ein Trick ist laut Dr. Mathur unmöglich. Erstens waren die Elektroden festgeklebt und klebten bei Versuchende genau auf den vorgezeichneten Stellen. Zweitens hatten die Wissenschaftler ein kleines, schalldichtes Fenster in die Wand der Grube mit dem Yogi eingelassen und überzeugten sich unentwegt, ob die Sensorik unangetastet blieb. Es wurden auch Filmaufnahmen gemacht. Drittens hätten die hochempfindlichen Mikrofone jede eventuelle Manipulation aufgezeichnet.

Fünf Stunden nach Eintreten des Samadhi-Zustands standen alle Körperfunktionen des Yogis still, außer denen des zentralen Nervensystems. Dieser Stillstand, der mit dem EKG gemessen wurde, hielt fünf Tage an. Das bedeutete: keine Atmung, keine Blutzirkulation – alles absolut unvereinbar mit dem Leben. Die den Versuch begleitenden Wissenschaftler versuchten, eine Erklärung für das Phänomen zu finden, indem sie eine Art »Winterschlaf« postulierten. Das reicht als glaubwürdige Erklärung für das Geschehen allerdings keineswegs aus.

Sieben Tage nach Versuchsbeginn öffneten die Helfer das »Grab«. Swami Satyamurthi saß in totenähnlicher Starre darin. Seine Frau massierte ihm mit warmem Öl Kopf und Oberkörper. Danach kam er zu sich und verlangte ein Glas Milch und

Früchte. Acht Stunden später fühlte er sich wieder frisch und wohlauf. Er hatte fünf Kilo Gewicht verloren.

Eigentlich müsste sich die Wissenschaft voller Inbrunst um die Entschlüsselung solcher, nach heutigem Wissen unmöglichen Vorgänge bemühen, aber nichts dergleichen geschieht. Dennoch werden Wissenschaftler, die sich in die Medizin wagen, erkennen müssen, dass ihnen die reduktionistische Analyse der Körpermaschine kein vollständiges Verständnis von Gesundheit und Krankheit liefern kann. Der Mensch muss als Ergebnis des Zusammenwirkens von Geist, Körper und Umfeld gesehen, untersucht und behandelt werden.

Die moderne Medizin als vermeintlich wissenschaftliche Disziplin vermeidet es, philosophische und existenzielle Fragen zur Kenntnis zu nehmen. Die geistige Sphäre wird aus dem Geltungsbereich der Medizin ausgeschlossen. Die Fehleinschätzung besteht in einer zu engen Sicht der wissenschaftlichen Fragestellungen. Auch subtile psychologische und spirituelle Aspekte gehören zum naturwissenschaftlich definierbaren Leben des Menschen. Dies wird bisher nicht begriffen. Eine vom menschlichen Geist unabhängige sogenannte »objektive« Wissenschaft ist eine Chimäre, ein Trugschluss.

Es gibt eine direkte Wirkung von geistiger Information auf Materie. Es gibt Information, die Eigenschaften von Molekülstrukturen entstehen lässt. Es gibt Information auf übergeordneter Ebene, die Massenkonstrukte, unabhängig von Raum und Zeit, beeinflussen kann.

DIE UNBEGRENZTHEIT DES BEWUSSTSEINS UND DIE WISSENSCHAFT

Reinkarnation

Wenn Bewusstsein also etwas ist, das nicht durch das Gehirn und im Gehirn entsteht, sondern universell und zeitlos existiert; wenn wir mithilfe eines universellen Bewusstseins unser Leben in einer Materiekonstruktion leben, um Erfahrungen zu machen, die wir mit unseren Elementarteilchen nicht machen können, und wenn wir schließlich alle unsere Erfahrungen für immer in einem »Meer aller Möglichkeiten« abspeichern – dann wäre das, was wir Seele und Geist nennen, unsterblich. Dann allerdings müsste es irgendwo auch Hinweise auf frühere Leben geben. Ein früheres Leben könnte dann unser jetziges Leben mitbestimmen. Unser jetziges Leben wäre eine Wiedergeburt. Diese Überlegung ist nicht neu.

Reinkarnation heißt wörtlich »Wiedereinfleischung«. Im 2. Konzil von Konstantinopel 553 wurde die Reinkarnationslehre zum Irrglauben erklärt.

Dennoch tauchen Erinnerungen an frühere Leben bis heute immer wieder in Erzählungen auf. Sie werden jedoch meistens nicht nach wissenschaftlichen Kriterien überprüft, was ein Grund dafür sein mag, dass dieses Thema keine Beachtung in den seriösen Medien findet. Es könnte allerdings auch sein, dass nicht sein kann, was nicht sein darf, denn erstaunlicherweise finden wir aus Indien, einem Land, in dem Reinkarnation ein selbstverständlicher Teil der kulturellen Tradition ist, immer wieder Berichte über Fälle von Reinkarnation, darunter auch einige, die sehr gut überprüft und dokumentiert sind, wie der von Shanti Devi. (Vgl. Ricard und Thuan 2001, S. 252ff.)

Shanti Devi wird 1926 in Delhi geboren und erklärt im Alter von etwa vier Jahren, ihr eigentliches Zuhause sei die etwa 130 Kilometer entfernte Stadt Mathura. Weil niemand in ihrer Umgebung die Geschichte ernst nimmt, versucht sie mit sechs Jahren, selbst nach Mathura zu gelangen – zu Fuß. Der Versuch misslingt. In der Schule erzählt sie, ihr Name sei nicht Shanti, sondern Lugdi Devi. Sie sei verheiratet und habe ein Kind, das sie aber nicht versorgen könne, weil sie zehn Tage nach der Entbindung gestorben sei. Die Einzelheiten ihrer Darstellung sind derart faszinierend, dass der Direktor der Schule und ihr Lehrer sie zwei Jahre nach ihrer Einschulung in ihrem Elternhaus befragen. Shanti beschreibt ihr Leben an der Seite ihres Mannes und macht auch detaillierte Angaben über die Örtlichkeit in Mathura. Doch was die Zuhörer besonders beeindruckt, ist die Tatsache, dass Shanti ihre Schilderungen in einem indischen Dialekt macht, der weder in der Schule noch in ihrem Elternhaus gesprochen wird. Später stellt sich heraus, dass es das Idiom der Region Mathura ist. Nachdem er auch den Namen ihres Mannes erfahren hat, stellt der Schuldirektor Nachforschungen in Mathura an und findet den Ladenbesitzer Kedarnath Chaube, der vor neun Jahren seine Frau verloren hat, zehn Tage nach der Geburt ihres Sohnes. Daraufhin schickt Chaube seinen Cousin nach Delhi, um mehr über Shanti zu erfahren. Als der Cousin im Haus ihrer Eltern ankommt, erkennt sie ihn sofort, begrüßt ihn mit viel emotionaler Wärme und erzählt Einzelheiten aus seinem Leben, vor allem, dass er sich während der Abwesenheit ihres Ehemanns »an sie herangemacht« habe. Nachdem der Cousin keinen Zweifel hat, die ehemalige Lugdi Devi getroffen zu haben, fährt auch Kedarnath gemeinsam mit seinem Bruder und seinem Sohn nach Delhi. Allerdings wechseln der Bruder und er die Rollen; der Bruder gibt sich als Kedarnath aus. Shanti erkennt ihren früheren Ehemann jedoch sofort und fragt ihn, ob er gehalten habe, was er ihr am Sterbebett schwor, nämlich niemals mehr zu heiraten. Kedarnath, der eine neue Frau hat, zögert mit seiner Antwort und stellt Shanti zunächst einige Fragen zu nur ihnen beiden bekannten Ereignissen. Als Shanti alles beantworten kann, ist auch Kedarnath überzeugt, dass Shanti eine Wiedergeburt seiner Frau ist.

Wenig später reiste das Mädchen in Begleitung seiner Eltern sowie mehrerer Persönlichkeiten des öffentlichen Lebens mit hoher intellektueller Reputation, Anwälte, Notare und Journalisten, nach Mathura. Dort wurden sie von einer großen Menschenmenge am Bahnhof erwartet. Doch Shanti lief ohne Zögern auf einen Mann zu, den sie als Großvater begrüßte, und fragte nach ihrem Basilisken. Der Mann bestätigte, der Großvater von Lugdi Devi zu sein und von ihr vor ihrem Tod einen heiligen Basilisken erhalten zu haben. Dann führte Shanti die Menschenmenge zu ihrem Haus und später auch zum Haus ihrer Eltern. (Gupta/Sharma/Mathur 1936 und Lonnerstrand 1998)

Dies ist der wohl bekannteste und am besten dokumentierte Fall von Reinkarnation, aber keineswegs der einzige, der mit wissenschaftlichen Methoden untersucht wurde. Ian Stevenson (1918–2007), Professor für Psychiatrie an der Universität von Virginia in Charlottesville, gilt als Begründer der wissenschaftlichen Reinkarnationsforschung. Aus den Berichten von mehreren Hundert Personen, die sich an ein früheres Leben erinnerten, wählte er 20 als eindeutig signifikant aus. Diese 20 Fälle beschrieb er in seinem 1966 erschienenen Buch *Twenty Cases Suggestive of Reincarnation*. (Stevenson 1992)

Nahtoderlebnisse

Wenn das Bewusstsein tatsächlich unabhängig von den physiologischen Körperfunktionen existiert, könnte unter Umständen auch ein Informationstransfer stattfinden, wenn die Körperfunktionen bereits erloschen sind. Und in der Tat werden Erfahrungen an der Grenze zum Tod schon im *Gilgamesch-Epos* (mindestens 18. Jh. v. Chr., vielleicht sogar älter) und auch später immer wieder beschrieben. In meinem 2001 veröffentlichten Buch *Diesseits und Jenseits der Raum-Zeit-Netze* habe ich das Thema anhand der bisher vorliegenden wissenschaftlichen Literatur ausführlich behandelt.

Inzwischen gibt es weitere Untersuchungen dieses Phänomens. Pim van Lommel, Herzspezialist am Rijnstate-Krankenhaus Arnheim, fragte 344 Patienten, die alle einen Herzstillstand hatten, bereits klinisch tot waren und wiederbelebt wurden, nach ihren Erfahrungen. Seine Studie wurde in der medizinischen Fachzeitschrift *The Lancet* veröffentlicht. (Van Lommel et. al. 2001) In einem Interview mit der niederländischen Zeitung *De Telegraaf*, das am 13.12.2001 unter dem Titel »Bijna-doodervaring blijft mysterie« erschien, kommt van Lommel zu dem Schluss: »Was wir nun wissen, ist, dass die üblichen Erklärungen für Nahtoderfahrungen nicht stimmen. Sie treten nicht aufgrund von absterbenden Hirnzellen oder einer Veränderung in der Blutzufuhr auf. Auch Alter, Geschlecht, Beruf oder Religion spielen dabei keine Rolle.«

Wenn das Herz stillsteht, transportiert das Blut keinen Sauerstoff und keine Energie mehr zu den Nervenzellen im Gehirn, der Blutdruck sinkt rapide, die Atmung stoppt, und das Tagesbewusstsein schwindet. Wird der Patient innerhalb der nächsten fünf bis zehn Minuten wiederbelebt, wird also der Blutkreislauf über das Herz wieder angeregt, kann der irreversible Zerfall von Gehirnzellen verhindert werden.

Nun hatten aber nur 61 der 344 in dieser Studie befragten Patienten (18 Prozent) eine erinnerte Nahtoderfahrung. Würde man die Nahtoderfahrung rein physiopathologisch erklären, etwa durch den Sauerstoff- und Energiemangel im Gehirn, müssten sich eigentlich mehr Patienten an typische Nahtoderlebnisse erinnern: Verlassen des Körpers, Rückblick auf das Leben, Tunnel mit gleißendem Licht am Ausgang, liebevolle Wesen, Begegnung mit bereits verstorbenen Verwandten, Freunden und Haustieren, schöner Musik und schönen Landschaften. Besonders interessant ist, dass bei den 61 Probanden mit eindeutiger Nahtoderfahrung zwar die Wahrnehmung des lokalen Umfelds aus der gewohnten Perspektive, also das, was wir gewöhnlich als Tagesbewusstsein bezeichnen, verschwand, nicht aber die Wahrnehmung des Ichs. Sie hatten ein klares Bewusstsein ihrer Gedanken und Gefühle. Sie wussten, dass sie sich außerhalb ihres Körpers befanden. Sie sahen bei ihrer Reanimation zu. Sie hatten Kindheitserinnerungen. Da in einzelnen wenigen Versuchsabschnitten das Elektroenzephalogramm (EEG) andauernd mitgeschrieben wurde und der klinische Tod sich durch ein vollkommen flaches »unbelebtes« EEG auszeichnet, was einer vollkommenen Auslöschung der elektrische Aktivität des Gehirns entspricht, hätte eine derartige Bewusstseinsaktivität mit Beobachtung der Reanimation überhaupt nicht mehr stattfinden können.

Im Rahmen dieser Studie wurden die Patienten nicht nur direkt nach ihrer Wiederbelebung, sondern auch zwei und acht Jahre danach befragt. Es zeigte sich, dass 43 Prozent der Patienten, die eine tiefe Nahtoderfahrung gehabt hatten, innerhalb von 30 Tagen nach der Wiederbelebung verstorben waren.

Eine im Studiendesign fast identische Studie mit kleinem Patientenkollektiv in England zeigt vollkommen analoge Ergebnisse. (Parina 2001)

Der Schluss, der aus diesen Untersuchungen gezogen werden kann, ist, dass ein flaches EEG nicht auf die Auslöschung des Bewusstseinsprozesses hinweist. Gleichzeitig lässt sich feststellen, dass die Wahrnehmung in diesem Zustand verändert ist und das »Jenseitsmodul« ausgelöst wird, das wir in Kapitel 2 besprochen haben.

Van Lommel hat seine gesamten Ergebnisse und Interpretationen inzwischen als Buch veröffentlicht. Darin vertritt er die These, dass Bewusstsein seinen angestammten Platz nicht im Gehirn haben kann. (Van Lommel 2010)

Diese These wird auch von Günter Ewald, Professor emeritus der Universität Bochum mit den Studienfächern Mathematik, Physik, Chemie, Philosophie, vertreten. (Ewald 2006)

Der Mediziner, Zoologe und Philosoph Lorenz Oken (1779–1851), Professor in Zürich, vertrat die Ansicht, die Natur sei der Ausdruck des göttlichen Geistes. Er stellte fest, dass die Wissenschaft nicht imstande war, die wirklichen Zusammenhänge in der Natur zu erkennen. Die ursprünglichen Menschen seien der Wahrheit weit näher gewesen.

An dieser Erkenntnis hat sich bis heute kaum etwas geändert.

Kapitel 7

DIE SCHNITTSTELLE ZWISCHEN GEIST, SEELE UND KÖRPERMATERIE

»Das wissende Selbst ist nicht geboren; es stirbt nicht. Es ist aus nichts entsprungen. Ohne Geburt, ewig immerwährend und alt, wird es nicht umgebracht, wenn der Körper umgebracht wird.«
Katha-Upanishad 2.18 (Nikhilananda 1963, Seite 73)

Wenn wir von den Funktionen des Menschseins sprechen, unterscheiden wir allgemein zwischen Körper, Geist und Seele beziehungsweise zwischen Geist, Seele und Materie. Diese Begriffe sind seit Jahrhunderten in Gebrauch, und da wir uns später noch mit den »Anleitungen der Alchemie zur Erlangung einer gewissen Allmacht« beschäftigen werden, sollten wir uns schon jetzt damit auseinandersetzen. Was Materie ist, hatten wir bereits weiter vorn definiert. Die Begriffe Geist und Seele werden mit so unterschiedlichen Bedeutungen verwendet, dass wir sie im Kontext dieses Buches neu definieren müssen.

Bisher haben wir nur über Bewusstsein/Unterbewusstsein und dessen informationvermittelnde Funktion gesprochen. Außerdem haben wir Bewusstsein eher mit Vernunft (Intellekt) verknüpft und Unterbewusstsein eher mit den Gefühlen, die zu Emotionen führen. Nun wollen wir versuchen, die Begriffe »Geist« und »Seele« mit »Bewusstsein« einerseits und »Unterbewusstsein« andererseits zu verbinden. Geist/Seele ist im Wesen des Menschen die gleiche komplementäre Einheit wie Bewusstsein/Unterbewusstsein.

Die Herleitung des Wortes »Geist« passt nicht ganz zu dem, was wir hier meinen. Der Begriff stammt aus der indogermanischen Wurzel *gheis* für »erschaudern, ergriffen« und »aufgeregt sein«. In dem Begriff steckt aber auch das westgermanische Wort *ghoizdo-z,* was ehemals »übernatürliches Wesen« hieß. Mit der Christianisierung der Germanen wurde daraus Geist, und fortan wurde der biblische *Spiritus Sanctus* mit diesem Begriff übersetzt. *Spiritus* ist mit *spirare* (»atmen«) verwandt. Deshalb war früher auch »Atem, Windhauch« als Ausdruck der Belebtheit eine weitere Bedeutung von Geist. Genauso wird das hebräische Wort *rûah,* das ebenfalls mit »Geist« übersetzt wird, im Tanach, der Bibel des Judentums, verstanden. Es bedeutet aber auch »bewegte Luft« und »Wind«. Bei Mensch und Tier ist die *rûah* der Atem, der den Geschöpfen Leben einhaucht und somit ihre geistigen, willentlichen Lebensfunktionen gewährleistet. Die Quelle der *rûah* – wie immer man sie nennen will – ist selbst ein Geistwesen.

Rûah ist in unserer Bibel »der Geist Gottes, der über den Wassern schwebt«, mit anderen Worten: unsere Verbindung zum Übernatürlichen. Sie ist also, wenn man interkulturelle Vergleiche anstellen will, so etwas wie die Shakti – das, was das inaktive Göttliche aktiv und damit für uns erfahrbar macht. Die Shakti ist aber genauso wenig von dem zu ihr gehörigen Gott trennbar wie Yin von Yang, der Tag von der Nacht oder Anima von Animus.

Dies ist ein durchaus überdenkenswerter Ansatz, denn wir versuchen, in diesem Buch aufzuzeigen, dass unser Bewusstsein/Unterbewusstsein, also unsere Geist/Seele, von kleinsten Energieeinheiten getragen wird, deren Quelle ein unendliches geistiges Hintergrundfeld ist.

Am einfachsten könnte man es sich wohl machen, indem man sich für die Definition von »Geist« an den physiologischen Funktionen des Menschen orientiert, doch das reicht uns nicht. Wir hatten eingangs bereits erwähnt, dass es in unserem Gehirn eine funktionelle Unterteilung gibt in einerseits den Neokortex, der mit seiner neuronalen Aktivität grob gesagt für Vernunft *(ratio)* und Einsicht *(intelligentia)* zuständig ist, und andererseits das Mittelhirn mit dem Limbischen System, das für die Gefühlswelt steht. Wir sprechen daher von den geistig-kognitiven Fähigkeiten des Menschen und meinen damit das Wahrnehmen und Lernen ebenso wie das Erinnern und Vorstellen, also sämtliche Formen des Denkens, die der Neokortex gewährleistet.

In der griechischen Antike werden die beiden Aspekte des Geistes als *pneuma* (Geist, Hauch) und *nous* (Vernunft, Geist) bezeichnet.

Wenn Sie dieses Kapitel gelesen haben, werden Sie feststellen, dass die Deutung des Philosophen und christlichen Kirchenlehrers Augustinus (354–430) der Wahrheit möglicherweise am nächsten kommt. Er unterscheidet zwischen Geist *(mens, animus)* und Seele *(anima)* und sieht den menschlichen Geist als »*Auge der Seele (oculus animae)*«. Wie er sagt, ist die Erkenntnis ewiger Wahrheiten durch das unveränderliche Licht *(lumen incommutabilis)* des göttlichen Geistes möglich. Dieses Licht ist das Innerste des Menschen. Die Wendung *(conversio)* des Menschen zu seinem innersten Selbst ist die Rückkehr zu seinem eigentlichen Ursprung. Der absolute Geist ist also der Inbegriff der Wirklichkeit und der Urgrund allen Seins.

Der Evolutionsbiologe Ernst Haeckel (1834–1919) war überzeugt, der Geist sei ein wissenschaftlich erfassbares Phänomen. Sigmund Freud (1856–1939) machte immer wieder deutlich, dass geistige Prozesse größtenteils unbewusst sind. Der Mensch ist sich einfach nicht im Klaren über die Ängste, die Wut und die anderen Gefühle, die er mit sich herumträgt und »herauslässt«.

Im heutigen Sprachgebrauch wird die Gesamtheit solcher Gefühlsregungen oft als »Seele« bezeichnet. Das Wort Seele stammt wohl von dem urgermanischen Begriff *saiwalô* oder *saiwlô* ab. Darin steckt das Wort *saiwaz*, »See«. Man kann darüber spekulieren, ob Menschen wohl schon sehr früh in ihrer Geschichte ahnten, dass die Seele mit so etwas Homogenem wie einem Meer zusammenhängt – dem »Meer aller Möglichkeiten«, wie wir es in diesem Buch nennen.

Demokrit (460–371 v. Chr.) beschrieb die Seele als Zusammenballung kugelförmiger, glatter Feueratome, die sich von den übrigen Atomen durch jene größere Beweglichkeit unterscheiden, der sie auch ihre Form verdanken.

Geist und Seele bilden gemeinsam die Psyche. Und auch hier finden wir wieder die Feinstofflichkeit als Funktion. Das altgriechische Substantiv *psyche* hängt nämlich mit dem Verb *psychein* (blasen, atmen) zusammen und bedeutete ursprünglich »Hauch, Atem« und daher auch »Leben«. Solange wir leben, sind nach Demokrit die Seelenatome im ganzen Körper verteilt und setzen die Körperatome in Bewegung. Auch alle mentalen Phänomene sind mit den Bewegungen der Seelenatome mechanisch erklärbar. So wird beispielsweise das Befinden eines Menschen von diesen Atombewegungen verursacht. Die Seelenlehre Demokrits wurde uns durch Aristoteles überliefert. (Claus 1981, Seite 142–148)

Epikur (342/341–271/270 v. Chr.) hielt die Seele für einen Körper innerhalb des Körpers. Daher gehörte die Seelenkunde für ihn zur Physik. Von der grobstofflichen Materie, unterscheidet sich die seelische durch ihre feinere, windartige Beschaffenheit.

Der römische Epikureer Lukrez (vermutlich 97–55 v. Chr.) ging noch mehr ins Detail. Für ihn war die Seele eine Mischung aus wärmeartigen, luftartigen und windartigen Atomen sowie einer vierten Atomart, welche die Übermittlung an den Verstand ermöglicht. Diese Atome sollten, verglichen mit der sonstigen Materie, glatt, rund und besonders klein sein.

René Descartes (1596–1650) geht vor dem Hintergrund seiner dualistischen Konzeption davon aus, dass man die Seele nicht im Körper oder an irgendeinem Ort der materiellen Welt lokalisieren kann. Wohl aber findet ihm zufolge eine Kommunikation zwischen Seele und Körper statt, deren zentraler Ort des Austauschs die Epiphyse ist. (Remnant 1979, Seite 377–386)

Insgesamt ist in den Überlieferungen, die Seele und den Geist betreffend, oft von einer Substanz die Rede, die sich wie ein Hauch über alles legt und die wir gleichsam als Atem zu uns lenken können. Wir werden weiter unten erfahren, dass sich die Dinge aus Sicht der heutigen Physik sehr ähnlich darstellen.

Wenn wir von einem universalen (absoluten) und individuellen »Geist« reden, wollen wir Folgendes zugrunde legen:

Information wird in einem ›Feld‹
> aufgenommen,
> gespeichert,
> intelligent (zielgerichtet) verwertet,
> mit Sinn und Bedeutung verknüpft,

insgesamt also mit einem Bewusstsein verarbeitet, das Erfahrung ermöglicht. Geist erhält Information und wandelt sie in Zeit, Raum und codierte Energie um.

Können Geist und Seele Kräfte auslösen? Wir würden diese Frage aus unserer Erfahrung bejahen. Wir sind ja durchaus in der Lage, mit unserem Willen und unseren Gefühlen Materie zu beeinflussen. Kräfte können aber nicht ohne eine zugrunde liegende Energie entstehen. Also müssen sich Geist und Seele bestimmter Energien bedienen.

Professor Boguslav Lipinski von der Universität Boston nahm in verschiedenen amerikanischen Kirchen während des Gottesdiensts Energiemessungen vor, und zwar mit einem Dosimeter für ionisierende Strahlungen (Radioaktivität in Millirem pro Stunde, mR/h), wie er auch in der Kernphysik genutzt wird. Die während der Gottesdienste üblichen Messwerte lagen bei 20 bis 70 mR/h. In der Kirche des Wallfahrtsorts Medjugorje wurden während einzelner Gebete jedoch kurzfristig

100 000 mR/h gemessen. Eigentlich ist eine derart hohe Strahlendosis für Menschen höchst gefährlich, aber die Anwesenden wurden nicht krank.

Interpretiert wurde dieses Geschehen so, dass bestimmte Energiefelder mit dem Gerät zwar messbar sind, es sich aber nicht um die übliche Radioaktivität handelt, sondern um eine Kraft, die ein atomares Geschehen auslöst, das der Radioaktivität ähnlich ist.

Gibt es eine solche Kraft des Bewusstseins? Dann müsste das gläubige Bewusstsein eine eigene Energie entwickeln.

Die These »Bewusstsein verwendet Quantenentitäten« wurde schon vor mehr als 40 Jahren aufgestellt und danach immer wieder vertreten.

Nils Bohr sagte: »Das bewusste Denken bringt einen winzigen Energieaustausch mit sich, und deshalb ist nur eine quantenphysikalische Erklärung qualifiziert, das Bewusstsein zu beschreiben.« (Bohr 1958)

DER SPIN ALS ELEMENTARER SCHALTMECHANISMUS

Wir hatten uns in Kapitel 1 gefragt: Was bewirkt ein willentlich (durch Information) ausgelöster Einfluss auf die Materie, wenn ich zum Beispiel den Arm hebe? Und wir sind, nachdem wir den Vorgang in einzelne physiologische Schritte zerlegt haben, zu dem Ergebnis gekommen, dass ein geistiges Prinzip – mein Wille – ursächlich (kausal) eine Kraft an Molekülbindungen erzeugt hat. Dafür mussten die Spins der Elektronen, die für die Molekülbindungen verantwortlich sind, verändert werden. Den Spins kommt also eine wichtige Rolle zu, wenn der Geist und die Seele auf die Materie einwirken.

Was machen Spins und wie werden sie beeinflusst?

Alle Naturkräfte sind Kombinationen aus Masse und Spin. Spins sind die Architekten der funktionellen Moleküle und letztlich des ganzen Organismus. Die Spins von Elektronen und ihre

Bewegungen um die Atomkerne sind die Ursachen von Molekülbindungen. Viele Molekülbindungen, die sich in verschiedenen
Richtungen im Raum anordnen, ergeben wiederum Form/Struk-
tur/Gestalt, und zwar sowohl im Mikrobereich als auch im für
uns sichtbaren Makrobereich. Für die Krafteffekte senden Elektronen Botenteilchen wie Photonen aus. Die Botenteilchen besitzen ebenfalls einen Spin. Verschiedene Botenteilchen haben
unterschiedliche Eigenschaften. Null- oder ganzzahlige Spins bei
Photon und Gluon (Klebstoff zwischen den Quarks, die den
Atomkern aufbauen) ergeben anziehende Kräfte. Halbzahlige
Spins ergeben abstoßende Kräfte.

Der Gesamtspin aller Elementarteilchen bewirkt beim Molekül eine Unsymmetrie im Aufbau, die sogenannte Händigkeit
(Chiralität). Diese spielt eine enorm wichtige Rolle für die Funktion des Organismus. Beispielsweise vertragen wir Menschen nur
linkshändige Aminosäuren- und rechtshändige Kohlenhydrat-
moleküle. Falschhändigkeit führt zu einer Funktionseinbuße und
im schlimmsten Fall zum Tod.

Von der Spinstellung sind unter anderem abhängig:
› die elektrostatische Wechselwirkungsenergie (Coulomb-
  Energie) – (Antiparallele Spins haben mehr Coulomb-Ener-
  gie als parallele Spins),
› die kinetische Energie der Elektronen und damit
› die Bindungseigenschaften innerhalb von Molekülen, also
  Form/Struktur/Gestalt und somit die Funktion der Moleküle.
Neueste Forschungsergebnisse zeigen, dass Materie aus immer kleineren Spinbauteilen aufgebaut ist: Atomkerne zergliedern sich in Quarks. Quarks zergliedern sich in Tohus und Wo-
hus. (Das hebräische Wort Tohuwabohu heißt übersetzt »wüst
und leer«. Am biblischen Anfang gibt es das Tohuwabohu und
die Ruach ... Erst dann spricht Gott.)

› »Der Spin ist verantwortlich für alle Quanteneffekte.«
  (Hestenes 1983)

> »Spin ist der Prozess, der die Quantenmechanik antreibt.«
  (Kiehn 1999)
> »Spin ist der Grund für Quantenverschränkung.« (Schrö-
  dinger 1935)
> »Quantenspin erzeugt Information für Kraft- und Zeitope-
  rationen an und zwischen Massen.« (Dirac 1928, Penrose
  1960, 1967)

Was hat das mit Bewusstsein zu tun?
Bewusstsein kann im Experiment Spins beeinflussen. Es beein-
flusst damit Kraft und Zeit an Massen und greift somit in die
Ordnung (Form/Struktur/Gestalt) ein.

Paul Davies schreibt dazu: »Die neue Physik stellt den Geist
zurück in eine zentrale Stelle in der Natur. [...] Wenn jemand ein
Atom anschaut, dann springt das Atom auf eine charakteristi-
sche Weise, die keine gewöhnliche physikalische Wechselwirkung nachmachen kann.« (Davies 1990, Seite 54)

So ist es also möglich, dass wir beispielsweise die Skelett-
muskulatur unseres Körpers willentlich bewegen können. Doch
eine Besonderheit fällt auf: Nur wenn wir bei Bewusstsein sind,
bleibt unser Körper der Gravitationskraft gegenüber standhaft.
Bei Bewusstlosigkeit zieht uns die Gravitation nach unten. Wir
fallen um und liegen flach am Boden. Als Erklärung für dieses
eigenartige Phänomen fallen mir nur zwei Möglichkeiten ein:
> Entweder haben sich durch das ständige Üben im Kleinkind-
  alter Muskel-Kraft-Reflexe zum Ausgleich gegen die Schwerkraft ausgebildet, die aber nur wirken, wenn wir bei Bewusstsein sind. So etwas gibt es tatsächlich. Ein Beispiel ist
  der Hustenreizreflex. Husten können wir nur, wenn wir
  wach sind, also nur während des Tagesbewusstseins.
> Oder aber, und das ist spekulativ, die Gravito-Spin-Effekte
  auf jede Masse unseres Körpers sind durch ein Bewusstsein
  zu neutralisieren.

Wie dem auch sei, eines ist klar: Alles, was Spins beeinflusst,
beeinflusst auch Krankheit und Heilung.

EXPERIMENTELL BEWIESENE QUANTENAKTIVITÄTEN IN LEBENS- UND BEWUSSTSEINS- PROZESSEN

1. Superposition (universelle Informationsquelle), syn. Überlagerungen von Möglichkeiten, Kohärenz von Wellenfunktionen.
2. Auswahl von Möglichkeiten (lokale und zeitliche Informationsfestlegung), syn. Kollaps der Wellenfunktion, Dekohärenz, Verfestigung, Determination, Beobachtung und Messung.
3. Verschränkung (»Vehikel« für nicht lokal-zeitliche d. h. universelle Verbreitung von spezifischen Eigenschaften mit lokal-zeitlicher Abrufoption), syn. Nichtlokalität, Einstein-Podolski-Rosen-Paradoxon, Quantum entanglement.

Prinzip der Superposition (universelle Informationsquelle)
Dieses Prinzip besagt, dass erst einmal alle Energie und Information in einer Wellenüberlagerung von allen möglichen verschiedenen Eigenschaften existiert, von mir als »Meer aller Möglichkeiten« bezeichnet. Die potenziellen Informationen zu diesen möglichen Eigenschaften sind in kohärenten Wellen gespeichert, die als mathematische Konstrukte »Wellenfunktionen« heißen.

Das Überlagerungssystem selbst kann nicht direkt gemessen werden. Es hat weder bestimmbare Position noch Impuls.

Diese Wellenfunktionen für potenzielle Eigenschaften sind im gesamten Universum ausgebreitet. Sie unterliegen weder Raum noch Zeit.

Wellenfunktionen sind pure Information, reine Software, denn die Wellenfunktion beschreibt, was über das System bekannt sein kann.

Das gesamte Universum ist deshalb ein Informationsfeld, vorstellbar als Hologrammoid.

Die Speicherungsmöglichkeiten als sogenannte Qubits betragen laut extrapolierter Kalkulation unglaubliche 10 hoch 107 (10^{107}) Zustände pro Planck-Volumen (10 hoch −99 (10^{-99}) cm^3).

Prinzip der Auswahl von Möglichkeiten (Dekohärenz) (lokale und zeitliche Informationsfestlegung)

Die Superposition der Wellenfunktionen ist eine sehr labile Phase.

Wenn es irgendwo im Universum aus der Materie heraus oder aus einem individuellen Geist heraus eine definitive Information für eine konkrete Beobachtung einer speziellen Eigenschaft gibt, dann kollabiert die zu dieser Eigenschaft gehörige Wellenfunktion im gesamten Universum; d. h., die Wellenfunktion ist im gesamten Universum gelöscht (Dekohärenz), und an ihre Stelle tritt eine lokale Information für Kraft und Zeit, fokussiert auf die betrachtende Materie bzw. auf den betrachtenden Geist.

Ergebnis dieser Dekohärenz ist also eine für uns erfahrbare Eigenschaft der Materie, weil nun etwas Messbares existiert, eben Realität.

Halten wir also fest: Jede Möglichkeit einer Eigenschaft ist ohne genaue, wohl definierte Information über diese Eigenschaft immer in Überlagerung (Superposition) mit anderen Eigenschaftsmöglichkeiten.

Sobald aber eine Wechselwirkung der Möglichkeitswelle mit der Umgebung stattfindet (also Energie- und Informationsaustausch stattfindet), geht die Kohärenz der Welle verloren, das heißt, die feste Beziehung aller Teilwellen wird gestört oder sogar zerstört: Dekohärenz tritt ein. Der Kollaps der Wellenfunktion ist der Übergang vom Potenziellen zum Wirklichen.

So erschafft die Beobachtung/die Messung Realität und Erfahrung.

Elektronen ohne Bestimmung existieren nicht als Sinneserfahrung, ob direkt oder über ein Messgerät, spielt dabei keine Rolle. Quantensysteme haben vor der Beobachtung keine festen

Eigenschaften. Sie sind nur virtuelle Wahrscheinlichkeiten einer Wellenfunktion. Kein Quantenteilchen besitzt einen Spin, bevor es gemessen wird. Nichts, dem keine Eigenschaften zugeordnet wurden, existiert in Raum und Zeit. Nur Elektronen, denen Sinn und Bedeutung, also Funktion, zukommen, outen sich als Quelle von Ladung und Information für Kraft und Zeit. Die Wellenfunktion der Elektroneneigenschaft kollabiert.

Wenn nun die Frage gestellt wird: »In welchem Stadium des Beobachtungs-/Messprozesses findet der Kollaps statt?«, dann heißt die Antwort: »Wenn sich ein menschliches Wesen einer Beobachtung/Messung bewusst wird.«

Derartige Information hat greifbare Auswirkungen auf zwischenatomare Kräfte, auf biologische Moleküle, darunter Proteine, Nukleinsäuren.

> »So zeigt sich das neue Paradigma des Universums: als komplexes System, in dem Geist, Intelligenz und Information wichtiger sind als Hardware.«
>
> *Paul Davies und John Gribbin*

Allgemein gilt: Dekohärenz entsteht, wenn von einem System, das sich in der kohärenten Überlagerung von Wellenfunktionen befindet, Information über den Zustand des Systems in die Umgebung getragen wird.

Solange eine derartige Information nicht vorliegt bzw. nicht beachtet wird, gilt kohärente Superposition. Das bedeutet: Zugrunde liegende Systemenergie und -information sind dann virtuell über das ganze Universum verbreitet.

Es gibt dazu interessante Experimente von Eigler, IBM: Rastertunnel-Mikroskopaufnahmen zeigen, wie auf einer Kupferoberfläche die Elektronen durch 48 im Ring dicht angeordnete Eisenatome eingesperrt werden.

Dadurch wird bei diesen eingekreisten Elektronen deren Informationsausbreitung für die potenzielle Kraft-/Zeitwirkung verhindert. Weil die Elektronen ihre Eigenschaften nicht mehr nach außen präsentieren können, schließen sie sich alle zu einer kohärenten Wellenformation zusammen, genau wie die Theorie es vorausgesagt hat.

Die Verschränkung als Zentrum des mystischen Geschehens

Mit dem Superpositionsprinzip und dem Realisierungsmechanismus durch die Materie, wobei Kraft und Zeit an Massen entsteht, ist das Wichtigste des Lebens noch nicht erzählt. Besonders erstaunlich ist das Phänomen, das die Physiker »Verschränkung« nennen.

Das Prinzip der Verschränkung ist kurz skizziert. Zwei Teilchen können durch Energiewirkung zu Zwillingen werden. Wenn die Zwillinge dann getrennt sind und der Zustand eines Teilchens geändert wird, findet diese Änderung zum exakt gleichen Zeitpunkt auch bei dem anderen Teilchen statt, wie weit es auch entfernt sein mag.

Realisierte Teilchen und Informationen, die sich konkretisiert haben, auch als Strukturen oder Bilder, können demnach unter bestimmten Umständen – das heißt bei ausreichender Isolierung vor zu viel Außeneinwirkung – in eine wechselseitige Überlagerung treten (Bell-Zustand). Dieser Zustand bleibt auch nach der Trennung erhalten. Dann allerdings verlieren die beteiligten Teilchen alle ihre wohl definierten Eigenschaften und bauen einen Neuzustand auf.

Sie hören auf, individuelle Objekte zu sein. Sie werden zum Gesamtobjekt, ähnlich wie ein Teppich aus vielen einzelnen Webknoten entsteht.

Weil die individuellen Eigenschaften des einzelnen Teilchens nun keine Rolle mehr spielen, entsteht eine Superposition. In dieser Wellenfunktion stecken nun als reine Wahrscheinlichkeit nicht nur alle individuellen Eigenschaften der zugehörigen Teilchen, sondern zusätzlich auch der Neuzustand der Überlagerung.

Diese Wellenfunktion breitet sich – wie wir es bereits von Superpositionen kennen – quasi instantan überallhin aus. Das heißt, ursprüngliche Quantensysteme hängen auch über große Entfernungen miteinander zusammen. Deshalb heißt dieser seltsame Vorgang »Verschränkung«. Diese Zustände sind mathematisch präzise beschreibbar.

Im verschränkten Zustand kann die Eigenschaft jedes einzelnen Teilchens völlig unbekannt sein. Wird dieser Zustand nun hier und jetzt durch Resonanzauswahl gemessen (Prinzip: Versuch und Irrtum), dann ist die Verschränkung zerstört, aber die individuellen Eigenschaften der Einzelteile offenbaren sich gleichzeitig an jedem beliebigen Ort des Universums.

Erwin Schrödinger, auf den der Begriff »Verschränkung« zurückgeht, sah darin das Wesen der Quantenphysik. (Schrödinger 1935)

Einstein gefiel die damals schon bekannte Theorie zu diesem Effekt überhaupt nicht. Er sprach von einer spukhaften Fernwirkung und verfasste mit Kollegen eine Schrift, in der er ein Gedankenexperiment beschrieb, das heute als Einstein-Podolski-Rosen-Paradoxon (EPR) bekannt ist. Dieses Gedankenkonstrukt sollte deutlich machen, dass an der Theorie der Quantenphysik etwas fehlte. Die Theorie sei unvollständig, hieß es, denn es kann nicht sein, was nicht sein darf. Heute wissen wir: Einstein und seine Kollegen hatten unrecht. Es kann sein, was nicht sein darf.

Verschränkung als Schlüssel zur Teleportation

Wiederholen wir noch einmal das Prinzip: Sobald irgendwo ein Energie- oder Informationsaustausch mit einer Verschränkungs-Wellenfunktion stattfindet, also gemessen oder beobachtet wird, treten augenblicklich die entsprechenden ursprünglichen Eigenschaften der eingehüllten Teile wieder in Erscheinung, dies unabhängig vom Ort und von der Zeit.

Dieser für unsere Gedanken unglaubliche Effekt der Verschränkung (englisch: *quantum entanglement*) gehört inzwischen zum verlässlichen Wissen. Derartige mysteriöse Effekte werden heute reproduzierbar zur Teleportation von Eigenschaften verwendet. Das gelingt bereits mit Aggregaten von mehr als 3000 Atomen, wie sie Kohlenstoffmolekülaggregate aufweisen, die Fullerene heißen. (Vgl. Zeilinger 2003, Seite 216f.)

Experimentell konnte die Arbeitsgruppe von Alain Aspect in Paris zwischen 1981 und 1983 erstmalig den von Einstein und seinen Kollegen Podolsky und Rosen im Jahr 1935 erdachten Versuch zur »gespenstigen Fernwirkung« (Einstein) mit Photonen durchführen.

Vor wenigen Jahren (2008) bestätigte Antoine Suarez nicht nur Aspects Ergebnisse, sondern interpretierte die übereinstimmenden Ergebnisse so, dass hinter der Quantentelepathie eine »mächtige unsichtbare Intelligenz« steht.

Er stellte aufgrund seiner Experimente zweifelsfrei fest: »Bei der Wechselbeziehung zwischen den Teilchen steht die Zeit still. Es ist, als sei bei der Quantentelepathie die Zeit außer Kraft gesetzt.« (Suarez 2003, 2008 a)

Verschränkte Teilchen können sich zur selben Zeit überall aufhalten. Sie sind nicht lokal durch unseren Willen kontrollierbar. Wenn das funktioniert, dann muss, so meint Suarez, unser freier Wille selbst ein Quantensystem sein. Da der freie Wille uns durch Naturgesetze gegeben ist, müssen die Naturgesetze Quantencharakter haben. (Suarez 2008 b)

Der Wissenschaftler Antoine Suarez ist so überzeugt von den Auswirkungen der Ferneffekte, dass er mit Kollegen ein Buch verfasste, worin er letztlich den Weg zu Gott eröffnet. (Driessen/Suarez 1997)

Teleportation ist inzwischen nicht nur mit einzelnen Quantenteilchen gelungen (Charles H. Bennett 1993, Watson Research Center der Firma IBM in Yorktown-Heights, New York), sondern auch

> mit Lichtfeldern (Jeff Kimble und Kollegen vom Caltech in Psadena),
> mit Laserstrahlen, die kodierte Information enthielten (Australian National University, 2002, und Harald Weinfurter, Ludwig-Maximilians-Universität, München),

> mit Atomkernen, deren Drehsinn innerhalb eines Moleküls auf einen anderen Kern übertragen werden konnte (Los Alamos National Laboratory, Neu-Mexiko),

> mit ganzen Atomen, die an beliebigen Orten wieder auftauchten. Im Jahre 2004 gelang es zwei Arbeitsgruppen erstmals, Quantenteleportation mit Atomen, genauer mit Ionen durchzuführen (Riebe et al., Universität Innsbruck und Barret et al., National Institute of Standards and Technology in Boulder, Colorado),

> mit Kalziumionen (Blatt und Riebe, Universität Innsbruck)

> mit Berylliumionen (David Wineland und MD Barrett vom National Institute of Standards and Technology in Boulder, Colorado)

> und sogar mit ganzen Molekülen (Fullerenen) (Zeilinger, Universität Wien)

Fazit: Die Verschränkung ist ein universaler Einflussprozess, ausgelöst durch lokale Materieaktivität. Das Zwillingsquant kann sich also an jedem beliebigen Ort des Universums befinden und »spürt« instantan die physikalische Behandlung seines Partners in einem Labor. Laut Modell ist das möglich, weil Photon 1 seine physikalische Beeinflussung dem »Meer aller Möglichkeiten« mitteilt und Photon 2, das als Zwilling in Resonanz geht, diese Information wieder herausliest und verwertet, egal, wo im Universum es sich gerade befindet.

Immer wieder wird darüber spekuliert, dass das Verschränkungsprinzip der Quantenphysik die Brücke zwischen der Wissenschaft und der Spiritualität schlagen könnte.

Der amerikanische Physiker Jack Sarfatti sagt: »Mit jedem Gedanken, jeder Handlung beschreiben wir nicht nur unsere eigene kleine Festplatte, sondern speichern auch etwas im Quantenuniversum ab, was unser irdisches Leben überdauert.«

Selbstverständlich beruhen auch die Eigenschaften des Gehirns wie die aller materiellen Systeme auf der Quantenphysik. Die Frage ist, ob sich auch innerhalb des Gehirns verschränkte Zustände befinden.

Die Antwort des Dekohärenzexperten Max Tegmark darauf ist: Selbst wenn sie einmal entstanden sein sollten, würden sie – laut Berechnung – innerhalb von weniger als 10^{-13} Sekunden wieder zerfallen. Da die neuronalen Schaltkreise Informationen um zehn Größenordnungen langsamer verarbeiten, gibt es keine wirksamen verschränkten Zustände im Gehirn. (*Science* 4.2.2000)

Geradezu unglaubliche Versuche zeigen nun, dass diese Meinung – wie so oft – voreilig war.

Verschränkung der Quanten zweier Moleküle durch Umgebungsenergie

Quantenspins unterliegen der Verschränkung *(Entanglement)*, das ist längst bekannt. Huping Hu und seine Ehefrau Maoxin Wu nahmen diese Erkenntnis zum Anlass, um etwas auszuprobieren. Kann man die Spins von Wassermolekülen mit den Spins von Drogen verschränken und die Wirkung der Drogen dann im Wasser finden? Genau das funktioniert, und zwar reproduzierbar. Bedingung dafür: Als Verschränkungsenergie ist eine kohärente Quelle notwendig, wie ein Laser oder ein Magnetfeld oder eine Mikrowelle. Wird das so verschränkte Wasser getrunken, ergeben sich die Wirkungssymptome, als sei die Droge – in diesem Fall ein Anästhetikum – eingenommen worden. (Hu/Wu 2006)

Auch die schon bekannte Aussage, wonach »Entanglement«-Effekte unabhängig von Raum und Zeit sind, konnte mit diesen Experimenten gezeigt werden: Wasser aus der Leitung wird durch Mikrowellen verschränkt und in zwei Portionen geteilt.

Die erste Portion wird am Ort A getrunken. Der Proband bewegt sich dann (fliegt, fährt) zu Ort B, viele Kilometer entfernt, in diesem Fall von San Francisco nach Peking, etwa 5000 Kilometer. Am Ort A wird nun die zweite Portion mit einer Droge verschränkt. Daraufhin spürt der Proband am Ort B die Wirkung der Droge.

Man braucht die Versuche nicht mithilfe von Wasser durchzuführen. Gleiche Ergebnisse bekommt man, wenn ein »Entanglement« von Spins der Gehirnmaterie und Spins der Medikamentenmoleküle durch spezifische Magnetfeldpulse durchgeführt wird. Dafür wird das Drogenfläschchen direkt an den Kopf gehalten, und das angelegte Magnetfeld durchströmt gleichzeitig das Gehirn und die Droge. Wieder kommt es zu Empfindungen, die der Drogenwirkung entsprechen. Wird dagegen ohne Wissen des Probanden Wasser in das Drogenfläschchen gefüllt, passiert nichts.

Und es wird noch spannender: Hu und Wu fanden, dass auch eine Verschränkung von Quantenspins zweier Gehirne durch kohärente Energie möglich ist. Das war bereits bei früheren Versuchen in anderen Arbeitsgruppen herausgefunden worden, doch damals konnte es niemand erklären.

Helmut Schmidt, damals Wissenschaftler bei Lockhead in den USA, beschrieb 1994 ein Experiment, in dem er eine nicht lokale Übertragung eines evozierten EEG-Potenzials zwischen zwei räumlich separierten Menschen herstellen konnte.

Genauer: Subjekt B erhält 16 Lichtblitze. Aufgezeichnet wird das über die Reizantwort gemittelte Elektroenzephalogramm. Subjekt A und B sitzen getrennt in jeweils einem dunklen Faradaykäfig. Die Käfige haben drei Meter Abstand.

Versuchsbedingung 1: Die beiden Personen haben vor der Trennung in einem Faradaykäfig gemeinsam meditiert. In diesem Fall wird nach der Trennung das durch Licht evozierte Potenzial von B auf A übertragen.

Versuchsbedingung 2: Es fand keine gemeinsame Meditation statt, in diesem Fall ergibt sich auch keine Übertragung des Signals. (Schmidt 1994).

Die Auswirkungen dieser Versuchsergebnisse sind immens.

DER SPIN ALS VERBINDUNG ZUM UNIVERSELLEN INFORMATIONSFELD

Alle Vorgänge in lebenden Organismen beruhen letztlich auf Quantenfluktuation. Der Physiker Paul Davies spricht in diesem Zusammenhang von »quantenverstärkter Informationsverarbeitung« in lebenden Zellen. Allerdings halten sich nur von äußeren Einwirkungen isolierte Atome an die Gesetze der Quantenwelt und hören damit auf, wenn vermehrt Einflüsse aus der Umwelt auf sie einwirken.

Tatsächlich wird heute diskutiert, ob sich isolierte Zellelemente, die von der Umwelt »nicht beachtet« werden, in eine universale kohärente Superposition verwandeln und erst dann wieder als Information für Kräfte zur Verfügung stehen, wenn sie gebraucht werden. Das heißt, momentan nicht benötigte, nicht abgefragte, nicht beobachtete, also nicht (mehr) in die Realität beförderte Strukturen (Spinmuster) ordnen sich wieder ins universelle Informationsfeld (Geist) ein.

Quantenspins sind also Schnittstellen zwischen »lokal« und »nicht lokal«. Werden sie abgerufen, stehen sie unter dem Einfluss der Elektroschwachen Kraft. Gleichzeitig sind sie verschränkt und demnach im ganzen Universum verbreitet.

Vorerst rein spekulativ könnte damit erklärt werden, wie alle unsere Zellen voneinander wissen und daher in Abstimmung mit dem Ganzen operieren können, wie das Phänomen Aufmerksamkeit Information codiert und wie Information holografisch integriert wird. Aber vor allem könnte es uns Antwort auf die Frage geben, wie Gedächtnisinhalte im »Meer aller Möglichkeiten« gespeichert und wieder abgerufen werden.

Spins sind Spiralbewegungen, und Spiralen spielen in allen traditionellen Kulturen eine wichtige Rolle. Teilhard de Chardin bringt es auf den Punkt, indem er sagt: »Die Spirale ist das Leben.«

Bei den Maori stehen sie für die dauerhafte Verbindung mit

212

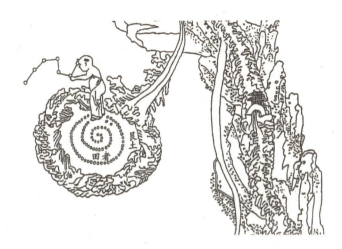

der kosmischen Energie. Die Spiraltätowierungen waren notwendig, um das ewige Leben als fortwährende Wiedergeburt zu erlangen. (Vgl. Latour 1985)

Die Oraibi- und Shipaluovi-Indianer glauben, dass Spiralen die Verbindung zwischen Materie und ursächlicher Energie erzeugen.

Für die Hopi-Indianer und auch für die Griechen früherer Generationen symbolisieren spezielle Spiralanordnungen die ewige Verbindung zwischen Mensch und Erde. Da alles aus der kosmischen Energie geboren wird, wurde diese wie auch die Erde in den alten Überlieferungen als »Mutter« bezeichnet.

Dies ist ein Ausschnitt aus einer Darstellung, die als Steinabreibung aus dem 18. Jahrhundert in Ostasien existiert und mit »TAO – Innere Alchemie des Menschen« überschrieben ist. Auffällig ist die Spirale, auf der ein Mensch steht, der mit den Händen den Großen Wagen berührt. Die Spirale ist von einem Feuerring umschlossen. Diese kleine Szene kann so interpretiert werden: Die Spirale ist identisch mit dem durch das Feuer aktivierten Bewusstsein, das die Wahrnehmung des Universums ermöglicht. Unter dieser Szene befindet sich im vollständigen Bild eine Landschaft. Das erlaubt die Interpretation: Die Seele erhebt sich über Materie. (Vgl. Kapitel 9)

Die Spirale ist in sämtlichen prähistorischen Kulturen Europas ein Zeichen für Fruchtbarkeit (Mutter Natur), Wiederkehr und Erneuerung sowie für Bewegung und Evolution im Kosmos wie in der Natur und im Menschen.

Die archaischen Tempel auf Malta, die etwa aus der Zeit 4000 bis 3000 v. Chr. stammen, zeigen Spiralen, die als Weg vom Leben zum Tod und wieder zum Leben gedeutet wurden. Die Navajo-Indianer praktizieren ein Heilungsritual, in dem die Spirale eine wichtige Rolle spielt. (Hartmann/Mislin 1985)

Die Doppelspirale symbolisiert »Stirb und werde«. Der Caducaeus, der von zwei Schlangen im Gegensinn spiralig umwickelte Stab, ist in Mesopotamien bereits 3000 v. Chr. bezeugt. Später wird er Hermes (Merkur) zugeordnet, der ihn als symbolischen Schlüssel des Allwissens trägt. (Vgl. Kapitel 9) Ähnliche Bedeutung hat er bei Asklepios, dem Heilgott, als Aeskulapstab. Und im Krummstab begleitet die Spirale führende Kirchenväter.

Augustinus, Kirchenvater und Philosoph (354–430), beschreibt den »Spiralflug« der Engel wie später auch Hildegard von Bingen (1098–1179). Aus einer Vision leitet sie den bekannten Satz ab: »Die Engel fliegen in Spiralen, der Teufel nur geradeaus.« (Böckeller 1929)

Welche Energien treten nun in direkte Wechselwirkung mit dem Bewusstsein einerseits und dem Spin eines Quants andererseits?

Wir wissen bereits, dass Kräfte an Massen entstehen, wenn Eigenschaften erkennbar werden. Bisher gab es vier Urkräfte:

1. Schwerkraft
2. Elektromagnetische Kraft
3. Schwache Kraft
4. Starke Kernkraft

Die Informationen für die Kraftbildungen werden von Teilchen übertragen, die wir uns nicht als kleine Kugeln oder Ähnliches vorstellen dürfen. Es sind vielmehr Energiewirbel, in denen Informationen codiert sind. Diese Teilchen heißen bei Elektronen, die untereinander korrespondieren, Photonen. Neben den Elektromagnetischen Krafteffekten gibt es zwischen Elektronen auch noch elektrostatische Krafteffekte, etwa die coulombschen Kräfte. Diese wirken mithilfe der Informationen aus virtuellen Photonen.

Bevor das Photon entstand, steckten die Informationen in den dazugehörigen Wellenfunktionen im »Meer aller Möglichkeiten«. Damit diese konkreten Energiewirbel, die wir dann Teilchen nennen, überhaupt entstehen können, müssen zunächst Wellenfunktionen der Wahrscheinlichkeit kollabieren. Dies wird durch Umwelteinflüsse veranlasst, beispielsweise durch Messung. Jede Wellenfunktion enthält die Information für das künftig aus ihr entstehende Teilchen. Sobald man eine quantenmechanische Messung durchführt, wird eine definierte Größe im Rauschen des »Meeres aller Möglichkeiten« festgelegt. Dadurch kollabiert die Wellenfunktion. Die Messung setzt also für uns verwertbare Information frei. Damit wird Wissen (Information) über das System vermittelt, wodurch sich die Welle zum Teilchen schaltet. Da für jede Zustandsänderung Energie (Arbeitsfähigkeit) notwendig ist, muss diese Energie mit der Welle mitgetragen werden. Wellen tragen demnach immer Energie und Information.

Das neu entstandene Teilchen ist also ausgestattet mit der Information und Energie der Welle und bewirkt damit eine spezifische Kraft- und Ereignisvermittlung (Zeit) an Massen. Das Vakuum reicht die Grundbedingungen für die Kraft- und Zeitwirkung von einem Masse-Raum-Zeitpunkt zum nächsten weiter. Dafür hält es lediglich potenzielle Energie und Information bereit und nicht etwa Kraft und Zeit selbst, wie es die klassische Physik bis heute postuliert.

Woher kommen die Wellen und ihre Funktionen?

Sie stammen einer Theorie zufolge aus dem spezifischen Schwingungszustand eines Strings (einer Membran) in einem elf-dimensionalen Vakuum. Alle Teilchen, aus denen unsere Welt besteht, sind also spezifische Schwingungszustände von Strings im Vakuum beziehungsweise im »Meer aller Möglichkeiten«. Das heißt: Die Informationen für den Aufbau und alle Funktionen unseres Körpers stammen primär nicht aus den Molekülen, sondern aus den zugrunde liegenden Schwingungen der Strings.

Wenn also Grundstruktur und Funktion des Körpers moduliert wird, sind dafür auf der einen Seite die von außen einwirkenden Energien verantwortlich und auf der anderen Seite unser Geist und unser Bewusstsein. Diesen Energien liegen allerdings wieder bestimmte Strings zugrunde. Alles, was Struktur und Formen aufbaut und beeinflusst, ist als spezifischer Stringzustand im Vakuum vorhanden. Ein String kann laut Michio Kaku (Professor für theoretische Physik am City College New York) eine riesige Menge an Informationen speichern und zwar so, dass sie jederzeit reproduzierbar sind.

AUS VIER URKRÄFTEN WERDEN DREI

Alles im Lebensbereich besteht je nach Abstand zum Wirkort aus drei oder vier Urkräften (Urenergien). Die Qualität von Kräften zwischen Massen ändert sich mit dem Abstand, den sie zu dem Teilchen haben: Dabei werden sich die Kräfte immer ähnlicher, je winziger dieser Abstand ist.

Die Physiker Glashow, Weinberg und Salam betrachten die elektromagnetische und die schwache Wechselwirkung als unterschiedliche Manifestierung einer gemeinsamen Kraft, der Elektroschwachen Kraft, und bekamen für dieses Postulat 1979 den Nobelpreis.

Da die Elektromagnetische Kraft als eine Spur der elektroschwachen Kraft erkannt wurde, werden heute bei gewöhnlichen Wirkentfernungen nur drei Kräfte unterschieden:

Die Elektroschwache Kraft E ist als einzige Energie mit allen anderen verbunden. Sie ragt deshalb aus den anderen selektiven Energieniveaus, der Gravitation G und der nuklearen starken Kraft N heraus.

Wir leiten unsere sichtbare Welt fast ausschließlich von der Elektromagnetischen Kraft ab, vom Licht. Doch die elektromagnetische Energie macht nur vier Prozent der Energien unserer Wirklichkeit aus.

Fakt ist: 96 Prozent der universellen Umweltenergien – Dunkle Energie (73 %) und Dunkle Materie (23 %) – sind scheinbar nicht erfassbar und bleiben selbst Fachleuten ein Rätsel. Solange die Wissenschaftler die Realität nur mithilfe des elektromagnetischen Feldes beobachten, können sie nur eine einzige, sehr kleine Ebene davon sehen. Alle anderen Ebenen, welche die sichtbare eventuell beeinflussen, bleiben ausgeschlossen.

DUNKLE ENERGIE UND DUNKLE MATERIE ALS MATRIX VON GEIST UND SEELE

Warum sprechen Wissenschaftler von *Dunkler* Energie und *Dunkler* Materie?

Dafür gibt es zwei Gründe. Erstens bewegen sich Sterne, Gaswolken und Galaxien voneinander weg, als würden sie von einer unsichtbaren Kraft gezogen. Und zweitens verlangen die ungelösten Rätsel der Teilchenphysik nach weiteren, bislang unbekannten Kräften.

Bereits 1930 schlossen Astronomen aus unerklärlichen Fliehkräften zwischen gewöhnlicher Materie, die mit der Gravitation nicht übereinstimmte, auf die Existenz einer Dunklen Materie. Die Dunkle Energie ergab sich einerseits aus der Vakuumenergie mit ihren Quantenfluktuationen, von denen in Kapitel 5 schon die Rede war, und andererseits aus der sogenannten Quintessenz, einer dynamischen Energieform, die durch bisher unerklärliche Wechselwirkung mit der Materie auffiel. Während die Dunkle Materie den Raum ungleichmäßig ausfüllt, ist die Dunkle Energie vollkommen homogen verteilt, als sei sie – wie das »Meer aller Möglichkeiten« – mit dem Raum verwoben.

Beide zusammen bilden eine eigene Welt mit eigenen Teilchen, die über neuartige Naturkräfte mit den uns bekannten Komponenten des Universums in Wechselwirkung treten.

Dunkle Materie ist nicht »baryonisch«, sie folgt keinem »Naturgesetz«, kurz: Sie ist übernatürlich. »Normale« Materie ist in Wahrheit der Exot. Das »Übernatürliche« hat einen deutlich größeren Anteil an unserer Welt als das beobachtbare »Natürliche«. Unsere Materie, die wir Augenwesen an der elektromagnetischen Strahlung festmachen, ist nur Zugabe. Die wahre Macht im All bleibt unsichtbar. Doch sie dirigiert fast alles.

Da stellt sich natürlich die Frage, wie sich eine derart gewaltige Masse der direkten Beobachtung entziehen kann? Sie kann es nur deshalb, weil sie aus Teilchen besteht, die mit unserer gewohnten »leuchtenden« Materie kaum in Wechselwirkung tritt. Was aber gewöhnlich kaum in Wechselwirkung tritt, könnte durch besondere Maßnahmen präzise gesteuert werden.

Die Astronomin Giuliana Conforto kam wohl als erste Wissenschaftlerin auf die Idee, dass die alles beherrschende Dunkle Energie und Dunkle Materie in einem Zusammenhang mit der Gefühlswelt stehen (Conforto 2006). Diesem Gedanken wollen wir nachgehen. Wir wollen herausfinden, warum unsere Emotionen die Fähigkeit besitzen, Materie zu beeinflussen, und zwar nicht nur die Materie unseres eigenen Körpers, sondern auch darüber hinaus.

Wir haben ja bereits gesehen, dass Bewusstsein die Spins der Elementarteilchen und damit auch Molekülbindungen verändern kann, was Auswirkungen auf Form/Struktur/Gestalt hat. Außerdem wissen wir, dass Bewusstsein nie nur in Verbindung mit unserem Ich auftritt, sondern immer zusammen mit dem Unterbewusstsein. Diese Kombination steht für die Informationen aus der Gefühlswelt.

Gleichzeitig erkennen wir, dass unser Unterbewusstsein mit 95 Prozent effektiver Präsenz genau der Präsenz der Dunklen Energie und Materie im Universum entspricht – ebenfalls fast 95 Prozent.

Kann es sein, dass sich das Unterbewusstsein der Dunklen Materie und Energie bedient und womöglich damit identisch ist? Und was verbindet die sichtbare Materie und die unsichtbare Dunkle Materie?

Die einzige Energie, die sichtbare Materie und Dunkle Materie/Energie verbindet, ist die Schwache Kernkraft. Der italienische Kernphysiker Enrico Fermi (1901–1954) postulierte eine neue Naturkraft und neue Kraftteilchen, um den Zerfall von Atomkernen zu erklären. Diese neue Kraft wird heute Schwache Kernkraft genannt. Ihre Austauschteilchen (Vektor-Bosonen) wurden in den 1980er-Jahren entdeckt und tragen die Bezeichnung W-, Z°-, W+-Teilchen. Sie selbst sind keine Dunkle Materie, aber ihre Eigenschaften weisen in deren Richtung, und deshalb korrespondieren sie mit dieser Energie.

Alles ist von dieser Kombination aus »Licht« und »Dunkelheit« durchdrungen, auch Proteine, Hormone und die Gene mit der DNA.

Und die Schwache Kraft hat zwei wichtige Besonderheiten.

Erstens: Die Energie ihrer Bosonen-Botenteilchen ist im Gegensatz zu der Energie der Photonen sehr hoch. Die Temperatur beträgt 10 Millionen Milliarden Grad mit einer Frequenz von 10^{26} Hz. Die Schwache Kraft ist also offensichtlich enorm stark. Sie hat fast 100 mal größere Masse als Protonen, aus denen das gesamte sichtbare Universum aufgebaut ist.

Zweitens: Die Bosonen brechen die Symmetrie auf, indem sie den Spins entsprechende Impulse geben. Damit werden die besonderen Strukturen der Proteine (Enzyme) und Nukleinsäuren (Gene) überhaupt erst möglich.

Genau hier liegen die Ursachen dafür, dass wir mit unserem Willen Körpermaterie dirigieren können. Die Schwache Kraft und die Elektroschwache Kraft durchdringen nämlich jeden Körper und spielen dort eine Schlüsselrolle: Sie bauen die Atomkerne auf und verursachen den Spin. Damit können sie das Energieniveau der Materie verändern. Sie bewirken die für das Leben essenzielle Händigkeit (Chiralität) der Aminosäuren (linksdrehend), die Proteine aufbauen, und der Zucker (rechtsdrehend), die Nukleinsäuren aufbauen, und sind somit interaktiv verantwortlich für alle Formen.

Ordnung und Qualität von Enzymen und Hormonen hängen vom Kernspin ab, der wiederum von der Menge und von der Aktivität der Botenteilchen der Schwachen beziehungsweise Elektroschwachen Kraft abhängt – Zustände, die auch Gefühlen zugeschrieben werden (zum Beispiel in der Psychoendokrinologie und Psychoneuroimmunologie). Die landläufige Überzeugung ist, dass Menschen »intelligent und gefühlvoll« sind, Kräftekonstellationen aber unmöglich intelligent sein können. Diese Überzeugung beruht keineswegs auf einem wissenschaftlichen Beweis. Umgekehrt ist aber klar, dass Alltagsintelligenz an die Aktivität des Körpers und des Gehirns gebunden ist, und die unterliegt unweigerlich der Elektroschwachen Kraft. Also könnten prinzipiell auch Kräftekonstellationen »intelligent« sein.

In welcher Beziehung stehen Dunkle Energie und Dunkle Materie – in unserem Modell der Gefühlswelt gleichgestellt – mit der Schwachen und Elektroschwachen Kraft?

Die Teilchen, aus denen die Dunkle Materie besteht, offenbaren sich nur indirekt durch ihre Gravitationswirkung. Man kennt aber einige Bedingungen, die sie erfüllen müssen. Als Teilchen der Dunklen Materie – *weakly interacting massive particles* (WIMPs), wie sie inzwischen heißen – kommen wohl am ehesten die supersymmetrischen Partner zum Photon infrage: die weiter oben bereits beschriebenen Z°-Quanten. Die Repräsentantenteilchen der Dunklen Energie sind die supersymmetrischen Partner zu den Higgs-Teilchen, also den hypothetischen

Teilchen, die das »Meer aller Möglichkeiten« ausfüllen: die Neutralinos-Quanten. Beide sind neutral und gehen eine selektive Wechselwirkung mit anderen Teilchen ein.

Die WIMPs beeinflussen ihre Umgebung immer nur über die Schwache Kernkraft, reagieren dagegen kaum auf die elektrischen und magnetischen Kräfte, welche die Alltagswelt dominieren. Deshalb sind sie völlig unsichtbar und normalerweise auch nicht zu spüren. Schätzungsweise fast eine Milliarde WIMPs durchqueren unsere Körper innerhalb weniger Minuten ohne merkliche Wirkung. Diese kalkulierbare Anzahl der Teilchen entspricht der, die zur Erklärung der kosmischen Dunklen Materie nötig ist. Das wird als WIMP-Koinzidenz bezeichnet.

Genau diese extrem schwache Wechselwirkung bewirkt, dass wir diese Kraft willentlich oder über aufkommende Gefühle wirksam schalten können. Wäre sie dauernd wirksam, würden selektive Schaltungen im »Rauschen« untergehen.

Neuerdings rechnen die Teilchenphysiker mit noch schwächer reagierenden Teilchen, den Super-WIMPs. Sie reagieren überhaupt nicht mehr mit der Schwachen Kernkraft, sondern nur noch mit der Gravitation. WIMPs können zu Super-WIMPs zerfallen und als Nebenprodukt Photonen oder Elektronen erzeugen – ein geradezu idealer Steuermechanismus zur Beeinflussung der Materie.

Kann unser Bewusstsein und Unterbewusstsein diesen Steuermechanismus auslösen? Gestalten unser Wille und unsere Gefühlswelt ihre Effekte also über die dominante Dunkle Energie und Dunkle Materie? Vermutlich ja, denn die notwendigen Bedingungen dafür sind erfüllt: Spins der Atomkerne werden verändert, was eine Veränderung der Spins von Elektronen nach sich zieht. Damit passiert das, was auch unser Bewusstsein und unser Unterbewusstsein bewirken.

Obwohl Dunkle Energie und Dunkle Materie hier auf der Erde allgegenwärtig ist, können wir sie nicht messen. Genauso geht es uns mit den Gefühlen. Jeder Mensch weiß, dass er Gefühle hat, aber die Gefühle selbst kann kein Messgerät nachweisen, immer nur deren Auswirkungen. Doch auch wenn unsere wissenschaftlichen Instrumente nicht reagieren – alle Lebewesen tun es.

Die Dunkle Materie wird – wie oben beschrieben – von einer verborgenen Schwachen Kernkraft begleitet und gleichzeitig womöglich von einer verborgenen Version des Elektromagnetismus. Das aber bedeutet, dass Dunkle Materie verborgenes »Licht« emittiert und reflektiert. Dies ist normalerweise unsichtbar, und somit bleibt die Dunkle Materie für unsere Augen weiterhin dunkel. Dennoch könnten neue Kräfte durchaus merkliche Effekte haben. Neue Modelle erzwingen geradezu die Möglichkeit, dass die Dunkle Materie mit der Dunklen Energie in Wechselwirkung tritt. Unter dem Einfluss dieser Kraft ist die Dunkle Materie bestrebt, sich von jeder Vermengung mit gewöhnlicher Materie zu lösen. (Feng/Trodden 2011)

Liegt hier das Geheimnis der sogenannten Erleuchtung verborgen? Und lehrt uns dieser Mechanismus etwas über die Trennung der Seele vom Körper nach dem Tod?

Kapitel 8

UMSETZUNG DES NEUEN UND DES ALTEN WISSENS

»Der wahre Wert des Lebens hängt vom Bewusstsein und der Kraft der Kontemplation ab, nicht vom reinen Überleben.«

Aristoteles

»Wenn wir Herr über Winde, Wellen, Gezeiten und Schwerkraft sind, werden wir uns die Energien der Liebe nutzbar machen. ... Dann wird der Mensch zum zweiten Mal in der Weltgeschichte das Feuer entdeckt haben.«

Pierre Teilhard de Chardin

Wie ist die Welt aufgebaut? Welche Rolle spielt der Mensch in dieser Welt? Was ist das Wesen des Lebens? Wie können wir diese Welt so verändern, dass es uns und dem Ganzen guttut?

Das sind Fragen, die sich Menschen seit Urzeiten stellen. Der Schlüssel zu ihrer Beantwortung ist gar nicht so schwer zu finden. Eigentlich brauchen wir noch nicht einmal danach zu suchen, denn er liegt offen da und ist uns allen zugänglich. Wir können, wenn wir nach Antworten auf Fragen wie die oben gestellten suchen, aus drei sicheren Quellen schöpfen:

Quantenphysik und Quantenphilosophie,

Gehirn als Werkzeug des Bewusstseins,
ein universelles Informationsfeld, an das wir uns intuitiv
ankoppeln können.

DIE SELBSTINSTANZ ALS QUANTENSYSTEM

Die Quantenphysik geht inzwischen davon aus, dass alles, wirklich alles aus Information hergeleitet ist. Diese Information ist zunächst nicht greifbar, sondern ausschließlich potenziell, also eine mögliche Information. Wird diese potenzielle Möglichkeit mit einer Art Resonanz oder Assoziation konfrontiert – dies kann eine Messung oder Beobachtung sein –, wird die Information schlagartig konkret.

Folglich wird jede mögliche Information immer dann konkret, wenn ein Bewusstsein nach »Sinn und Bedeutung« fragt. Genau in diesem Moment entsteht ein Muster aus Elementarteilchen, also eine Quantenfeldstruktur. Viele Quanten zusammen bilden Domänen von Quantenfeldern. Und dann geschieht etwas Kraftvolles: Jedes einzelne Quant besitzt nun die Information für bestimmte Kräfte und einige andere Eigenschaften. Da Kräfte gemessen werden können oder unsere Sinne auf diese Kräfte ansprechen, findet nun aus unserer bewussten Sicht ein reales Ereignis statt.

Bekannt ist aber auch, dass sich isolierte Zellelemente ohne Wirkabruf in eine universale kohärente Superposition transformieren. Momentan nicht benötigte, nicht abgefragte, nicht beobachtete, also nicht (mehr) in die Realität beförderte Strukturen ordnen sich wieder als Wellenfunktion in das universelle Informationsfeld der Möglichkeiten (universeller Geist) ein. So etwas passiert wohl auch, wenn wir uns während der Meditationen im »Leerdenken« üben.

Dem Produzieren einer logischen (widerspruchsfreien) Realität durch das Bewusstsein liegt folgender Wirkmechanismus zugrunde:

Quantentheoretische Möglichkeitsfunktionen kollabieren mit unterschiedlich großer Wahrscheinlichkeit. Die Realisierung bestimmter Möglichkeit aus dem »Meer aller Möglichkeiten« unterliegt dementsprechend auch der Wahrscheinlichkeit. Einige Ereignisse können leicht passieren, weil die Wahrnehmungskaskade über unser Bewusstsein leichten Zugriff hat. Andere Ereignisse sind praktisch unmöglich, weil der Zugriff zu viele Zwischenschritte erfordert. Das Ereignis wird mit zunehmender Anzahl der Zwischenschritte immer unwahrscheinlicher. Wahrscheinlichkeit ist unter anderem eine Funktion der Gegebenheiten der Umgebung beziehungsweise des Innenlebens und der Erfahrung. Wenn beispielsweise kein Teich in der Nähe ist, kann ich auch nicht in einen hineinspringen. Die Realisierung dauert entsprechend länger, weil unter Umständen viele Wege begangen werden müssen.

Bevor wir nun sozusagen die Anwendung der bis jetzt gewonnenen Erkenntnisse wagen, sollten wir uns nochmals den Anfang von Kapitel 2 ansehen. Dort wurde deutlich gemacht, dass sich das Ich als Konstrukt in Wechselwirkung mit der Umwelt formt. Die Erfahrungen, die das Ich macht, schlagen sich als Persönlichkeit nieder. Und um Erfahrungen machen zu können, braucht das Ich ein Bewusstsein. Das aber ist exakt auch die Art, wie aus dem »Meer aller Möglichkeiten« Eigenschaften als Quantenentitäten, Quantenmuster oder Quantenformen entstehen. Nur durch eine assoziative Resonanz mit der Umwelt und über das Bewusstsein entstehen Quanten, die letztlich Eigenschaften vermitteln, meistens Information für Kräfte.

Ist es möglich, dass alles nach demselben Prinzip aufgebaut ist? Wie im Mikrokosmos, so im Makrokosmos? Wenn ja, gelten für unser Ich die gleichen Regeln wie in der Quantenphysik. Oder anders herum: Die Prinzipien der Quantenphysik gelten auch für mein Ich-Konstrukt.

Mein Ich ist kein Ding, sondern eine Ansammlung von Informationen, ein sich laufend veränderndes Informationsmuster, nicht mehr und nicht weniger.

Mein Ich plus Bewusstsein ist mein denkender Geist, meine Vernunft, mein Intellekt, ein Teil der Selbstinstanz. Mein Ich plus Unterbewusstsein ist meine Seele, meine Gefühlswelt – der andere, weit überwiegende Teil der Selbstinstanz. Mein Ich verwendet den angeborenen Bewusstseinsprozess, um den Willen zu aktivieren und das Ziel zu setzen. Mein Ich verwendet den angeborenen Unterbewusstseinsprozess, um die Materie zu steuern und Erfahrungen zu erleben und abzuspeichern. Das Ich mit Bewusstsein und Unterbewusstsein ist die wichtigste Instanz im Leben von uns allen.

Gibt es ein Ich ohne Bewusstsein/Unterbewusstsein? Wir können diese Frage nicht beantworten, denn ohne Bewusstsein/Unterbewusstsein kann ein Ich weder Information erkennen noch verarbeiten, sich also nicht bemerkbar machen. Wenn unser Ich sein Bewusstsein verlieren würde, wäre es fortan ein isoliertes Informationsmuster im »Meer aller Möglichkeiten«, weil es keine Eigenschaften präsentieren könnte. Es hätte als Muster den letzten aktualisierten Zustand, den es vor dem Verlust des Bewusstseins hatte. Es ist wie in der Quantenphysik. Es gibt auch kein Elektron ohne Photon. Jedes Elektron zeigt seine Existenzeigenschaften immer und ausschließlich über ausgesandte Quanten.

Könnte unser Ich unter anderem die virtuelle Elektronenkonstruktion unserer Lebenserfahrungen sein? Es spricht nichts dagegen.

Kein Mensch hat je ein Elektron gesehen, es macht sich immer nur über seine Wirkungen bemerkbar, und die Wirkungen geschehen immer über die vom Elektron aktivierten Photonen und andere Quanten. Könnte unser Bewusstsein/Unterbewusstsein ein reines Boten-Quantenkonstrukt sein? Es spricht nichts dagegen.

Es ist wie beim Elektron. Niemand kann sagen, wie ein Ich aussieht, aber die Wirkungen, die es mithilfe des Bewusstseins hervorbringt, können jederzeit aufgezeigt werden. Photonen, die nicht aktiviert sind, befinden sich als Wellenfunktionen im »Meer aller Möglichkeiten« und sind universell verbreitet.

Bewusstsein, das nicht aktiviert ist, befindet sich ebenfalls im »Meer aller Möglichkeiten« und ist universell verbreitet. Es ist das Kosmosbewusstsein, das in alten Texten auch als absolutes Bewusstsein bezeichnet wird.

VERWENDUNG DES ABSOLUTEN BEWUSSTSEINS

Das absolute Bewusstsein unterscheidet sich vom angepassten Bewusstsein unserer Körperwelt allein durch erweiterte Wahrnehmung. Das angepasste Bewusstsein erlaubt nur ein Fenster für die Wahrnehmung, hat aber in Kooperation mit dem Geistfeld (Informationsfeld) prinzipiell die gleiche Schöpfungsqualität wie der universelle Geist mit dem absoluten Bewusstsein.

Das absolute Bewusstsein kann im täglichen Erleben nicht einfach erfahren werden, da unser an Raum und Zeit angepasstes Bewusstsein in seinen gewohnten Wahrnehmungen feststeckt und dabei fast ununterbrochen durch Sinnessignale, Emotionen, Planungen und Faktencheck abgelenkt ist.

Doch im Schlaf, wenn viele alltägliche Aktivitäten und Signale unterdrückt sind, schimmert das absolute Bewusstsein ansatzweise durch. Es ist die Traumphase, in der wir eine erweiterte Wahrnehmung erleben. Die ohnehin dominante Gefühlswelt, das Unterbewusstsein, überstrahlt nun alles. Die Erfahrung des absoluten Bewusstseins/Unterbewusstseins in der Traumphase kann aber nicht abgespeichert werden, weil die Aktivierung dafür unterbrochen ist.

Allerdings gibt es zwei wichtige Phasen, in denen diese Blockade durchlässig wird: erstens eine höchst sensible Phase während des Einschlafens und zweitens eine ebensolche Phase beim Aufwachen. Die sensiblen Phasen sind die, in denen wir wissen, dass wir noch nicht oder nicht mehr schlafen, uns aber auch nicht mehr oder noch nicht im normalen Tagesgeschehen befinden. Das heißt, unser Neokortex hat noch nicht auf die Tageswirklichkeit umgeschaltet. Es ist ähnlich wie im luziden Traum.

Mit einer erweiterten Wahrnehmung ist ein willentliches Erleben möglich, ein willentliches Aufheben der Schwerkraft, ein willentliches Umformen der Lebensumstände und eine willentliche Veränderung der Materie.

Auch wenn nicht alles übertragbar ist, haben diese Manipulationen manchmal doch erstaunliche Auswirkungen auf die Tageswirklichkeit, vor allem wenn es um Heilung geht.

Eine weitere Variante ist ein waches aufmerksames Bewusstsein ohne jeden Gedanken. Es kommt, auch wenn es sich nur sehr kurz aufrechterhalten lässt, der Erfahrung des absoluten Bewusstseins bereits sehr nahe. In dieser Phase der Ruhe, des anscheinenden Nichts, in welcher der Gedankenstrom zum Stillstand kommt, gibt es wenig Ablenkung. Gleichzeitig wird durch die aufmerksame Wachheit der Schalter für die Realitätsbildung (Kollabierung der Wellenfunktion) aktiviert.

Der Mathematiker Kurt Gödel berichtet vor dem Hintergrund seiner eigenen Erfahrungen darüber, wie man entsprechende Kenntnisse erlangen kann. (Schmieke 2009)

1. Zunächst muss man alle anderen Sinne schließen, indem man sich zum Beispiel an einem ruhigen Ort niederlegt. Es reicht jedoch nicht aus, einfach nur diese negative Handlung auszuführen, sondern man muss aktiv mit dem Geist suchen.
2. Es ist ein großer Fehler, zuzulassen, dass die alltägliche Wirklichkeit die Möglichkeiten begrenzt und bedingt, und sich auf diese Weise nur die Kombinationen und Permutationen physischer Objekte vorzustellen. Der Geist kann unbegrenzte Mengen direkt wahrnehmen.
3. Das Ziel solcher Gedanken und aller Philosophie ist die Wahrnehmung des Absoluten.

Das Nichts ist identisch mit dem »Meer aller Möglichkeiten« und die Quelle jedes Gedankens. Ein Gedanke beruht auf Erlebten und auf anderen Gedanken, aber er muss aufgrund dieser Ursache erschaffen werden, und alles, was erschaffen wird, kommt aus dem »Meer aller Möglichkeiten«. Wenn ich einen Gedanken abschließe, erlebt mein Ich erneut das Nichts. Das heißt, die mit einem wachen Bewusstsein aufgesuchte Phase zwischen zwei Gedanken ist der Moment, in dem wir völlig neue Welten erspüren können. Sie erschließen sich uns ohne unser Zutun.

Wenn man nun noch die traditionellen Überlieferungen mit einschließt, werden die entscheidenden Bedingungen deutlich:

Der Strom der Gedanken kommt zum Stillstand.

Der Verstand (Geist) steuert die Gefühlssphäre (Seele).

Das Gefühl steuert reziprok den Verstand.

Das alles zusammen entspricht einem besonderen Zustand, einem »Einfühlungsvermögen«, das Intention (Verstand) ebenso einschließt wie Intuition (Gefühl). Die Bedingungen zur Erlangung einer willentlich gesteuerten Intuition sind nicht ohne Weiteres gegeben, können aber mit viel Übung geschaffen werden. Meister Eckehart nennt als Voraussetzungen für ein absolutes Bewusstsein:

1. Liebe
2. Unbekümmertheit
3. Ruhe am Ort (Friede)
4. Alle Aktivität des Körpers hört auf, nicht sprechen, nicht hören, nicht sehen, ohne Trägheit und Müdigkeit.

Und der Lohn der Übung bedeutet nach Meister Eckehart:

freies Hindurchschauen,

Emporheben zur wunderbaren Gottesweisheit,

Ewigkeit ohne Raum und Zeit, nur Gegenwart »Jetzt«,

Vordringen in die Wahrheit der bloßen Einheit.

(Quelle: *Meister Eckehart Schriften*, Eugen Diedrichs Verlag, Jena 1934)

Die Liebe, von der Meister Eckehart hier spricht, bedeutet die Vereinigung des individuellen menschlichen Bewusstseins und seiner Seele mit dem universellen (kosmischen) Bewusstsein. Doch wie nähern wir uns dieser Vereinigung an?

Gefühle als Vermittler zwischen Seele und Bewusstsein, Geist und Materie sind zwar in jedem Menschen angelegt, lassen sich aber nicht ohne Weiteres willentlich steuern, weil eine Barriere dies verhindert – und aus gutem Grund, denn wäre diese Barriere nicht vorhanden, könnte jeder beliebige, plötzlich auftauchende Gedanke, der ja immer von Gefühlskomponenten begleitet wird, die Materie beeinflussen. Jeder noch so dumme Gedanke würde dann augenblicklich Realität, und ein geordnetes Leben wäre unmöglich.

»Unwissende« haben deshalb keine Chance, ihre eigene Körpermaterie und die Materie jenseits ihres Körpers zu verändern oder Ideen beliebig zu verwirklichen. Es funktioniert einfach nicht allein mit dem Willen. Das Leben der meisten Menschen ist nicht nur von gesellschaftlich-sozialen Regeln und Erfahrungen bestimmt, sondern auch von angeborenen Mechanismen, die dem Überleben dienen.

Das Ausleben von Liebe, die wir suchen, und Angst, vor der wir zu fliehen versuchen, gibt bereits einen vagen Hinweis darauf, wie die Barriere eventuell durchlässig gemacht werden kann. Liebe steht in der Hierarchie der entscheidenden Prinzipien ganz oben. »Liebe« ist, wie oben schon angedeutet, das Codewort für »Verschmelzung«. Oberstes Ziel ist die Verschmelzung von Unterbewusstsein und Bewusstsein, also von Gefühl (Seele) und Vernunft (Geist). Ist dieses Ziel erreicht, kann der Mensch seine Gefühle mit der Vernunft steuern. Das hört sich nicht sonderlich aufregend an, birgt aber ein gewaltiges Potenzial, denn Gefühle sind die Realitätsschalter überhaupt, wie wir unter anderem aus der Psychosomatik (Lehre vom Zusammenhang zwischen geistig-seelischen und körperlichen Vorgängen), der Psychoneuroimmunologie (Lehre von der Abhängigkeit des Immunsystems von Gefühlen und Stimmungen) und der Psychoendokrinologie (Lehre von der Abhängigkeit des Hormonsystems von Stimmungen und Gefühlen und umgekehrt) wissen.

Wir müssen lernen, Gefühlsäußerungen mit Vernunft/Bewusstsein zu dirigieren und umgekehrt auch die Vernunft mit dem Gefühl/Unterbewusstsein in Einklang zu bringen, beide Prozesse also vereinigt ablaufen zu lassen, um dann zu einer Synthese von Intention und Intuition zu gelangen. Dieser nunmehr gelenkte und nicht mehr sporadisch impulsartig ablaufende Zustand hat bereits eine gewisse Kraft. Wenn wir unsere Gefühle unter die Kontrolle unseres Bewusstseins bringen, können wir unseren Körper im Sinne des Placeboeffekts in eine positive Richtung steuern und beliebig mit Energie aufladen.

Doch das ist nur die eine Seite der Medaille, die andere ist noch wichtiger. Dieses Konglomerat aus Vernunft und Gefühl muss nun »in Liebe entflammen«, sprich: mit dem universellen Geist verschmelzen. Dazu gehört ein unerschütterlicher Glaube – die Gewissheit, dass dies möglich ist und passieren wird. Eigentlich ist diese Verbindung mit dem universellen Geist eine Selbstverständlichkeit. Wer sonst als die Natur und damit das universelle Informationsfeld, der universelle Geist, hat uns hervorgebracht? Doch leider machen wir uns das nur sehr, sehr selten bewusst und vergessen immer wieder, dass unsere Selbstinstanz über allem steht und aus demselben Stoff ist wie der universelle Geist. Die kommunikative Verbindung besteht bereits, aber einseitig: von der universellen Intelligenz zu uns. Für die Verschmelzung braucht es noch unsere Hingabe, unsere Seele und unseren Verstand.

»Du sollst den Herrn, deinen Gott, lieben mit deinem ganzen Herzen und mit deiner ganzen Seele und mit deinem ganzen Verstande.« (Matthäus 22,37)

Diese Verschmelzung fuhrt zu einem »Überbewusstsein«, das zur Wahrnehmung quasi aller Möglichkeiten fähig sein kann. Das Erreichen eines solchen Überbewusstseins wird im Buddhismus und im Hinduismus als *Samadhi* (»Erwachen« oder »Erleuchtung«) bezeichnet und bedeutet, dass sich das ei-

gene Bewusstsein nun prinzipiell auf die Gesamtexistenz aus-
dehnen lässt.

»In dem Moment, in dem man die Intuitionsenergie einschließlich ihres vollständigen Gefühlsspektrums – der Seele zugehö-
rig – mit dem Willen beherrscht, erlangt man universelles Bewusstsein (›Gott sehen‹, Gottes-Bewusstsein)«, sagt Martinus.
(Todt 2008, Seite 193)

Auch aus den decodierten Lehren der Alchemie und anderer
hermetischer Traditionen kann man die Quintessenz ziehen,
dass das »Geheimnis zur Beeinflussung aller Materie« darin besteht, den Zustand zu erlangen, in dem man mit dem universellen Geist (oder dem absoluten Bewusstsein) Kontakt aufnehmen
und so die Macht gewinnen kann, sämtliche Zustände und Dinge zu beeinflussen. Dass man etwas im Geist für wahr hält und
gleichzeitig »im Herzen und im Bauch« als wahr empfindet, ist
ein untrügliches Zeichen für den Zusammenschluss von Geist
und Seele – Intuition.

BEWUSSTSEINSERWEITERUNG IST WAHRNEHMUNGS- ERWEITERUNG

Das Gehirn wird unterstützend vom Bewusstsein eingesetzt.
Der gesamte Körper wird unterstützend vom Unterbewusstsein
eingesetzt. Ziel dieses Einsatzes ist nicht etwa eine Bewusst-
seinserweiterung, wie so oft zu lesen und hören ist, sondern
eine Erweiterung der Wahrnehmung. Wie wir in Kapitel 2 erfahren haben, kommt diese erweiterte Wahrnehmung durch
Aufhebung oder zumindest Abschwächung des Zensors Neokortex gegenüber dem Limbischen System zustande, wodurch
die Ausschüttung von DMT aus der Zirbeldrüse verstärkt wird.
Diesen Effekt hatten wir als »Jenseitsmodul« bezeichnet. Wenn
das »Jenseitsmodul« aktiviert ist, hat das, was wir weiter oben
als Seele definiert haben, freie Bahn. Die vom Unterbewusstsein
hervorgerufene Wahrnehmung wird in diesen Momenten vom

Wachbewusstsein zusätzlich wahrgenommen, und damit ist eine erweiterte Weltsicht möglich.

Als Ursachen für die Aufhebung beziehungsweise Abschwächung des Zensors Neokortex und die konsequente Stimulierung des »Jenseitsmoduls« kommen infrage:

> Zellenergiemangel im Neuronennetzwerk, bedingt durch Alkohol
> Hyperventilation (Blutgefäßverengung)
> Verausgabung beim Sport
> Stopp peripherer Reize und Gedanken
> Konzentration auf die Atmung, Mandalas etc.
> Rituale
> Yoga, Meditation
> Neurotransmitter und Hormonbildung
> Zuführung der Aminosäure Tryptophan für Serotonin
> Zuführung der Aminosäure Tyrosin für Dopamin
> Schlaf, in dem das aufsteigende retikuläre Aktivierungssystem (ARAS) unterdrückt wird
> diverse Drogen

Dafür, ob man die erweiterte Wahrnehmungsfähigkeit als positiv empfindet oder nicht, ist auch die physiologische Ausgangslage in Bezug auf den momentanen vorhandenen Hormoncocktail wichtig. Der wiederum ist abhängig von der Stimmungslage. Horrortrips sind bei einer Hormonmischung, die Stress und Furcht auslöst, keine Seltenheit. Das mag ein Grund dafür sein, dass in spirituellen Anleitungen oft von einer ruhigen, wohltuenden Stimmung in einer eigens gestalteten Umgebung ausgegangen wird. Auch Rituale dienen der Aufrechterhaltung einer positiven Gruppenstimmung. Die prunkvollen Inszenierungen in manchen Kirchen dienen diesem Zweck ebenso wie der Intensivierung einer Atmosphäre, in der das Glauben leichterfällt. Das kann natürlich auch mit Amuletten oder anderen Devotionalien oder Ritualgegenständen erreicht werden.

Die emotionale Feedback-Wahrnehmung ist ein Realitätsschalter, während Gedanken allein keine Relevanz haben, wenn es um die Veränderung der Alltagswirklichkeit geht. Realisiert werden Gedanken nämlich erst über das Feedback, das heißt nach Überprüfung ihrer Effektivität. Dies entspricht quantenphysikalisch einer Messung und quantenphilosophisch einer Beobachtung. Es geht also um die bewusste Konzentration auf die Antwort der ausgewählten Zielstruktur, und dieses bewusste Konzentrieren ist das Entscheidende an jeder Religion (*religio* = Rückbindung).

Zur Bewertung des Geschehens werden Gefühle eingesetzt. Das bedeutet: Bei all diesen rückgekoppelten Bewusstseinsprozessen spielt das Unterbewusstsein eine entscheidende Rolle. Ein Schauspieler, der in einer Szene den Auftrag hat zu weinen, kann nicht einfach sagen: »So, jetzt müssen die Tränen kommen.« Er muss sich vielmehr in die Szene hineindenken und das Geschehen rückkoppeln. Erst dann wird es ihm gelingen, die Tränendrüsen zu aktivieren. Wenn wir als Zuschauer ihn später weinen sehen, läuft das Gleiche in uns ab. Entscheidend sind immer Rückkopplung und Resonanz.

Wir haben mehrfach deutlich gemacht, dass Gefühle die eigentlichen Schalter zur Beeinflussung der Materie oder zur Verwirklichung von Ideen sind. Aber Gefühle können sehr unterschiedlich sein. Wir unterscheiden beispielsweise zwischen Gefühlen, die situationsbedingt das Ego betreffen, wie Abscheu, Hass, Eifersucht, Missgunst, und Gefühlen, die grenzenlose Harmonie fördern, wie Seligkeit, Wohlbefinden und Geborgenheit.

Es ist ganz sicher keine leere Geste der traditionellen Kulte und Religionen, wenn sie die adäquaten Gefühle über Rituale und Umgebungsinsignien stimulieren. Kohärenz in der Gruppe entsteht durch besondere Ausstattung von Räumen, aber auch durch Rhythmen, Musik und Gesang. Mithilfe der richtigen Signale aus der Umgebung stellen sich grenzenlose Seligkeit und Geborgenheit, Zuversicht und innere Harmonie leichter ein als durch eigene Anstrengungen, die vollkommen kontraproduktiv sein können. Jede Anstrengung besetzt das »System« mit einem Gefühl, das andere notwendige Gefühle ausschließt.

Wir brauchen uns eigentlich nur auf die Natur in ihrem ungestörten, friedlichen Zustand einzulassen, auf natürliche Landschaften mit all ihren visuellen, olfaktorischen und akustischen Reizen, auf schöne Farben, schöne Düfte, das angenehme Rauschen des Windes, das Plätschern von Wasser ...

Alle Schöpfung beruht auf Naturgesetzen, und alle Naturgesetze sind nach Aussage der Wissenschaftler, die sie formal entdeckt haben, »schön«. Schönheit und darauf aufbauende Harmonie ruft angenehme Gefühle und Stimmungen hervor. Unter diesen Voraussetzungen kann uns die willentliche Veränderung der Alltagswirklichkeit gelingen, sowohl im Innern und auch außerhalb unseres Körpers. Der Realitätsschalter ist eine Kraft- und Zeitoperation, die durch Glaube, Intuition, Feedback sowie das Geben von Sinn und Bedeutung initiiert wird. Dieser Schalter funktioniert mit eigenem Energiepotenzial, wahrscheinlich in Verbindung mit der aus der Physik bekannten elektroschwachen Energie.

Um diesen natürlichen Mechanismus in Gang zu bringen, müssen wir unsere Wahrnehmung schärfen. Konkret heißt das: Wir müssen eine Achtsamkeit entwickeln, die mit der Ausrichtung der bewussten Wahrnehmung identisch ist. Dies bewirkt den Kollaps der Wahrscheinlichkeitsverteilung, von dem in der Quantentheorie die Rede ist.

Wichtig ist weiterhin, die Intuition zu »hören« und zu berücksichtigen. Dieses Berücksichtigen entspricht dem schon mehrfach erwähnten Feedback. Von dem, was wir über Feedback geprüft haben, sind wir überzeugt. Das, wovon wir überzeugt sind, halten wir für wahr. Daher steht es im Mittelpunkt unseres Lebens. Und noch etwas dürfen wir nicht vergessen: Leichtigkeit und Freude mit einem Schuss Neugier sind weit effektiver als verkrampfte Ernsthaftigkeit. Rituale sind wertvolle Stimmungsverstärker, Glaube ist ein Aufmerksamkeitslenker und Musik ein archaischer Gefühlsverstärker.

Alle Menschen sind in der Lage, sich intuitiv an das universelle Informationsfeld anzukoppeln. Dabei eröffnen sich »absolute Wahrheiten«. Neben meiner eigenen Darstellung möchte ich hier eine Zusammenfassung der sogenannten X-Terminologie präsentieren, die der dänische Philosoph Martinus Thomsen (1890–1981) aufgestellt hat. Ich habe sie ausgewählt, weil sie am einfachsten, aber gleichzeitig auch am prägnantesten aufzeigt, was es mit der vermeintlichen Wahrheit auf sich hat.

Im universellen Geschehens gibt es neben dem zyklischen Anfangszustand drei Ebenen:

X_0 → Ein Etwas als Unendlichkeit und Ewigkeit.

X_1 → Ein »Meer aller Möglichkeiten«, das Ich des Universums, verborgen im Bereich der Dunklen Energie und Dunklen Information. Es rekrutiert und moduliert sich aus den Myriaden von Ichs jedes Einzelwesens. Das heißt, jeder Mensch mit seinem ihm bewussten Ich in Form einer Selbstinstanz ist Teil des Universums.

X_2 → Die Schöpferkraft mithilfe eines Bewusstseins/Unterbewusstseins. Jedes Individuum erzeugt seine eigene, körperlich geprägte Persönlichkeit sowie die Welt, wie sie ihm erscheint, selbst.

X_3 → Die konstruierte Welt, alles Erscheinende, sowohl äußerlich als auch innerlich. Die Außenwelt wird mit den Sinnen aufgenommen, innerlich umgeprägt und dann als Eindruck (oft als eigenes schöpferisches Bild) wieder an die Außenwelt zurückgegeben. Alles äußerlich Erscheinende ist jedoch immer und ausschließlich ein Ausdruck unserer Innenwelt. Die innere Welt (Psyche, Seele) ist wiederum maßgeblich das Resultat von Erlebnissen, die wir in der so projizierten vermeintlichen Außenwelt gemacht haben.

Alle Ebenen sind untrennbar miteinander verbunden. Es gibt in keinem einzigen Fall eine Erscheinung (Ebene X_3), die nicht aus dem Bewusstsein (Ebene X_2) hervorgegangen ist. Alles, aber auch wirklich alles, was wir kennen, ist immer und ausschließlich durch den Filter eines menschlichen Bewusstseins in die Welt gelangt. Wir machen uns das gewöhnlich nicht klar.

Die Gleichung für unser Schöpfungsvermögen lautet:

Individuelles Ich, Teil des universellen Selbst (X_1) + Bewusstsein/Unterbewusstsein (X_2) = Gedanken, Wahrnehmung, Informationserkennung, Geben von Sinn und Bedeutung, Energiefluss (X_3).

VOM ZIEL HER ORGANISIERT

Auch wenn die Evolutionstheorie etwas völlig anderes postuliert, wird bei Kenntnis der unzähligen Naturkonstruktionen und der natürlichen Funktionen immer deutlicher: Die Natur hat die Lebewesen vom Ziel her organisiert.

Es ist wie bei unseren modernen Navigationsgeräten: Das Ziel wird eingegeben, und der Computer sucht aus den vielen Möglichkeiten einen Weg heraus, um das Ziel zu erreichen.

So sind auch Aufbau und Funktion des Organismus und seiner Systeme in intelligenter Weise zielgerichtet. Entscheidend ist, dass alle Organsysteme einschließlich ihrer diversen funktionellen Enzyme »wissen«, wie sie sich insgesamt organisieren müssen.

Aber nicht nur die Organsysteme unseres Körpers sind zielbestimmt, auch unser Tagesbewusstsein zeigt diese Tendenz. Wir können nur deshalb ganze Sätze sprechen, weil unser Geist die Aussage des ganzen Satzes schon vorab bildet. Alle unsere Handlungen sind zielgerichtet. Entscheidend für die Handlung ist das Feedback, das vom Ereignis/Ziel kommt. Ich weiß aufgrund meiner Erfahrung, dass ich dieses oder jenes kann. Das Gewünschte ist bereits vorweggenommen. Der Istzustand wird eingeprägt. Genauso haben wir vegetative, also eigentlich unbewusst ablaufende Aktivitäten unseres Körpers unter die Kontrolle unseres Bewusstseins gebracht, beispielsweise die Entleerung von Harnblase und Darm.

Wir haben gelernt, ein Ziel anzuvisieren, und prüfen den Zustand dieses Ziels durch unentwegte, meist unbewusste Rückkopplung. Auf diese Weise steuern wir unser Erleben.

Zwei Beispiele mögen dies verdeutlichen: Ich gehe durchs Paradies. Herrliche Farben und Düfte umgeben mich ... Wenn ich mich nicht auf diese Farben und Düfte konzentriere, sie nicht in mich aufnehme, existiert das Paradies für mich nicht. Oder: Ich esse und lese dabei Zeitung, konzentriere mich also nicht auf das, was ich esse. Dann werde ich es auch nicht genießen können.

Im Prinzip ist jeder Gedanke mit einem interpretierenden Gefühl verbunden.

Alle Körpersysteme können mithilfe dieser Vernunft-Gefühl-Kombination ein Programm lernen. Das gilt auch für die vegetativen Systeme, die nicht willentlich gesteuert werden. Die Kombination Vernunft und Gefühl ist durch Übung konditionierbar. Ein bekanntes Beispiel ist das Autogene Training, bei dem ein Ziel, zum Beispiel »Kalte Füße werden warm«, zunächst bewusst gesetzt und anvisiert wird. Dann werden Gefühle (Unterbewusstsein) investiert, die Vorstellung/Erwartung/Zuversicht stärken, dass das Ziel bereits erreicht ist.

CODIERTES GEHEIMWISSEN

Traditionelles Wissen, sei es das der Alchemie oder heiliger Schriften aus allen Kulturen, ist streng codiert. Deshalb spricht Jesus im Neuen Testament so oft in Gleichnissen. Diese Codierung hatte und hat noch heute ihren Sinn, denn das Wissen um die Funktionen des Universums ist eine Geheimwissenschaft. Wenn ein Mensch wüsste, wie alles funktioniert, könnte er heute beispielsweise jedes elektronische Gerät beeinflussen, was ja in den Experimenten der Gruppe PEAR (*Princeton Engineering Anomalies Research*) und im *Global Consciousness Project* immer wieder mehr oder weniger statistisch signifikant gelungen ist. Dann könnte er allerdings auch jedes Flugzeug zum Absturz bringen, jedes Atomkraftwerk in den GAU schicken und weitere schlimme Szenarien initiieren, falls sein Charakter schlecht ist und er egoistische Ziele verfolgt.

Wenn sich ein Adept jedoch bemüht, seinen eigenen Weg zu finden, um so zum ersehnten Ziel zu gelangen, muss er die alten Schriften lesen, muss die neue Physik verstehen und wird durch die Erkenntnis einer eigentlich unglaublichen, aber letztlich erfahrbaren universellen Intelligenz geläutert und demütig. Und wenn er dann zwecks beliebiger Wiederholung dieser Prozedur ein Training mithilfe seines Unterbewusstseins absolviert, wird er schließlich charakterlich gefestigt. Damit schafft er die richtigen Voraussetzungen, um ohne egoistische Gefühle das adäquate Bewusstsein und die richtige Vernunft-Gefühl-Konstellation zum Andocken an das allgegenwärtige Wissen und Glück zu erlangen.

Mit anderen Worten: Menschen, die diesen Weg gehen, müssen eine bestimmte Reife mitbringen, damit ihnen das Geheimnis vollständig offenbart wird.

Für viele Menschen sind Geld und Statussymbole das Wichtigste. Dafür würden sie alles geben und auch Schlimmes machen, wie wir seit vielen Generationen an der Zerstörung unserer Lebensgrundlage, der Natur, ablesen können – und es wird immer schlimmer. Auch unter denen, die noch keinen größeren Reichtum angehäuft haben, gibt es viele, die bereit sind, für Geld alles zu tun, auch wenn dadurch andere zu Schaden kommen. Die Ereignisse, über die täglich in den Medien berichtet wird, sind Beispiel genug.

BEGRENZTHEIT, DAS HAUPT-PROBLEM FÜR DIE UMSETZUNG

1. Die Seele ist als Wesensentität prinzipiell raum- und zeitlos. Sie ist nur vorübergehend an einen Materiekörper gebunden (Inkarnation), um Erfahrungen machen zu können, die sie als »reine Seele« ohne einen Körper nicht machen kann.

Aber: Durch die Inkarnation ist die Seele mit dem Körper verbunden und eingegrenzt.

2. Geist/Bewusstsein ist ein Prozess, der vom Menschen individuell genutzt wird. Im Prinzip ist Geist/Bewusstsein universell und wie die Seele raum- und zeitlos.

Aber: Individuelles Bewusstsein ist ohne besondere Übung im Tagesbewusstsein gefangen und eingegrenzt durch die gewohnheitsmäßige Erfahrung des Körpers und der Umwelt.

Wir müssen uns also klarmachen: Bewusstsein (Geist) und Gefühle (Seele) sind nur gewohnheitsmäßig an den Körper gebunden. Im Ursprung sind sie jedoch frei und universell. Es gilt also, die Gewohnheit zu durchbrechen, und das geht nur mit viel Übung. Üben heißt Lernen und Lernen bedingt eine Umstrukturierung der Gehirnstruktur, die fortan dafür sorgt, dass das Lernen entfallen kann. Das Gelernte ist gefestigt. Das Exerzieren spielte bei den Adepten aller Religionen und Traditionen eine entscheidende Rolle.

Auch das »Schalten« von Gesundheit ist ein Programmieren, an dem Gefühle (Seele) und Vernunft (Geist) beteiligt sind, und funktioniert nicht spontan, sondern muss trainiert und konditioniert werden. Das Lernen durch Übung ist die notwendige Überbrückung eines Spalts, der etabliert wurde, um den Menschen vor den katastrophalen Auswirkungen zu bewahren, die durch beliebige Gedanken entstehen könnten, die Wirklichkeit werden.

DER LUZIDE TRAUM ALS TRAININGSZUSTAND

Im luziden Traum ist sich der Träumende vollkommen darüber bewusst, dass er träumt. Er weiß, dass sich sein Körper im Schlafzustand befindet. Wenn er das aber weiß, ist sein Bewusstsein so tätig wie im Wachzustand. Die wahrnehmende, handelnde, denkende Selbstinstanz ist aktiv. Allerdings ist das Bewusstsein nicht als Vermittler zur Materie tätig. Die Wahrnehmung findet vielmehr in ihrem ureigenen Element statt. Es ist die Welt, in der die Naturgesetze der Raum-Zeit und der Gravitation, die beide von den Massen abhängen, nicht gelten, sondern allein die Direktiven des Geistes. Alles, was der Geist sich ausdenkt, geschieht und ist so real wie die gewohnte Wachwelt.

Das Besondere am luziden Traum ist, dass sich der Träumende an Teile davon deutlich erinnert und so bleibende Einsichten gewinnt. Dies kommt einem Schlüsselerlebnis gleich, das fortan die Lebensweise mitbestimmt.

Luzide Träume können sich auch während der üblichen Entspannungsphasen plötzlich einstellen und entwickeln sich manchmal zu ganz merkwürdigen Zuständen mit einzigartigen Erlebnissen: Die betroffene Person empfindet ein unbändiges Wohlsein, eine nie gekannte Gelassenheit, vollständige Gelöstheit. Sie spürt sich ganz und gar behütet von einer liebevollen Macht. Es gibt kein Vorher mehr und keine Zukunft, um die sie sich immer Sorgen gemacht hat, nur das wunderbare Jetzt. Auch ist ihr Ich vollkommen im Einklang und erfüllt von all dem, was sie sonst als getrennt betrachtet hatte. Sie ist mit allen schönen Dingen der Natur, ja sogar des ganzen Kosmos, verbunden. Ein seltsames Leuchten geht von ihr aus.

Manch einer, der so etwas erlebt, denkt, er sei vielleicht tot, denn er sieht und hört ganz anders, als er es gewohnt ist. Es ist einfach überwältigend schön, und wenn er willentlich seine Gedanken einsetzt, versteht er, wie alles funktioniert, wie die Welt aufgebaut ist, welche Rolle Pflanzen, Tiere und Menschen spielen, wie alles miteinander zusammenhängt und aufeinander angewiesen ist. Eine gütige wissende Kraft der Erkenntnis dominiert dabei immerzu und vermittelte intuitiv die »endgültige absolute Wahrheit«.

Doch ebenso plötzlich, wie sich dieser Zustand eingestellt hat, verschwindet er wieder, und die Person kehrt in ihre gewohnte Welt zurück. Sie war nicht tot, und es war auch kein Traum.

Leider kann sich die Person nicht alle Einzelheiten der »Funktion von allem«, die sie eben noch wie selbstverständlich erfahren und auch verstanden hat, merken. Die Lawine der Weisheit war übermächtig in ihrem Gesamteindruck. Aber das Erlebnis hat massive Folgen. Diese einzigartige Erfahrung verändert das Leben der betroffenen Person tief greifend. Sie fragt sich, warum wir Menschen dieses wunderbare Gefühl und solch universales Wissen nicht beliebig oft abrufen können. Was stand dahinter? Was blockiert diese Paradieserfahrung in unserem Alltag?

Im japanischen Zen wird diese Erfahrung als *Satori* oder *Kensho* bezeichnet. Das bedeutet: das Wesen oder die Natur sehen und als Quelle aller Geheimnisse wahrnehmen. Das Erlebnis steigt aus dem Unterbewusstsein auf und äußert sich als ein »Über-allem-Stehen« ohne jede Aufspaltung der Geschehnisse. Man befindet sich sozusagen am Urbeginn des Weltgeschehens und erfährt die elementaren Funktionen, die genau zum gewünschten Ziel führen. Das ist eine völlig neue Sichtweise aller Wirklichkeiten. Satori zu erfahren bedeutet, ein anderer zu werden. Und Satori wiederholt hervorzurufen bedeutet, schließlich alles zu wissen, was die Welt zusammenhält.

Heilungen aus diesem Zustand heraus sind vielfach geschildert worden, liegen aber nur als Erfahrungsberichte vor und wurden meines Wissens bisher nicht wissenschaftlich untersucht. Die Verbindung zum antiken Tempelschlaf, einem wichtigen Element der Medizin zur Zeit des Hippokrates, liegt nahe. Heilung lag ehemals in Priesterhand. Heilig und Heilung, Meditation und Medizin haben deshalb noch heute identische Stammsilben. Tempelschlaf entspricht einer spirituellen Hypnosetherapie mit Mechanismen zur luziden Traumlenkung.

Wenn wir erst erkannt haben, wie heilsam Zustände sein können, wie wir sie etwa im luziden Traum erleben, möchten wir auch wissen, wie wir sie erreichen und optimieren können.

Jeder, der sich selbst beobachtet, stellt fest, dass die Körperfunktion über die eigene gedankliche Vorstellung verändert wird. Besonders deutlich ist dieser Einfluss, wenn die Stabilität der eigenen Regelkreise nachlässt. Das ist der Fall, wenn die Energiebildung innerhalb der Zellen stark abnimmt, wie zum Beispiel bei akuter Unterzuckerung. Nervenzellen ohne ausreichende Energie können ihre elektrische Spannung an den Membranen nicht halten (keine vollständige Wiederherstellung des Ruhepotenzials) und werden deshalb umso leichter Aktionspotenziale »feuern«. Das bedeutet nichts anderes als überstarke Nervosität. Als Gefühle machen sich Unruhe, Verspannung und allgemeines Unwohlsein breit. Genau das ist der Moment, wo der Mensch vermehrt in sich hineinhorcht. Die Feedback-Brücke steht. Was man nun erwartet, passiert. Die meisten Menschen erwarten nichts Gutes in einer derartigen Situation. Deshalb passiert auch nichts Gutes. Anders ist es bei geübten Menschen, die den Mechanismus durchschauen. Sie können ihren Körper nicht nur in der Ausnahmesituation, sondern fortwährend in die gewünschte Richtung lenken.

Sie können durch Vorstellung/Visualisierung/Erwartung/Zuversicht, verbunden mit zielgerichteter Auswahl, durch die Vernunftinstanz ein Gefühl von Ruhe und Gelassenheit abrufen oder ein Organ, das vielleicht Schwächen zeigt, positiv beeinflussen. Der Erfolg macht immer mutiger und das Training immer sicherer.

Richtig spannend wird die ganze Angelegenheit, wenn man sozusagen die nächsthöhere Stufe erklimmt: raus aus der Welt der Gegensätze, die wir für das Erleben so dringend brauchen, Ent-Scheidung, Ent-Schluss und rein in die Einheit mit Anknüpfung an das universelle Bewusstsein. Da es sich bei der Einheit um eine virtuelle Informationsmatrix handelt, können Sie einen einfachen Formalismus anwenden wie beim Computer: Einloggen – Ausführen – Ausloggen. Hilfreich ist dabei ein Gedanken-

Stopp und beim Einloggen eine hohe Achtsamkeit auf das intelligente Geistfeld mit seinem »absoluten Bewusstsein«. Intelligent erscheint das Prinzip auch deshalb, weil die Erfüllung eines einfachen Ziels oftmals ziemlich prompt eintritt. Dieser Effekt ist längst bekannt und wird als sich selbst erfüllende Prophezeiung bezeichnet.

Die Verwirklichung komplizierter Dinge ist allerdings abhängig von der Position auf der Wahrscheinlichkeitsskala: je wahrscheinlicher, desto schneller. Ist ein Ziel direkt mit den Ressourcen des Organismus nicht erreichbar, werden Fremdeffekte mit einbezogen: »Zufällig« sich ergebende Gelegenheiten werden erkannt und genutzt. Nehmen wir als Beispiel die Evolution. Sie läuft nicht als Prozess unter Zufallsbedingungen ab, sondern durch intensive gemeinschaftliche Bewusstseinsanstrengungen und zielgerichtete Gedanken der verschiedensten Wesenheiten.

Welche der unten skizzierten Methoden am besten wirken, muss jeder selbst ausprobieren. Jeder Mensch hat eigene Vorlieben und Prägungen, die den jeweils erfolgreichsten Weg vorgeben.

Erste Methode: Körpereigenes Wissen

Das Wissen unseres Körpers setzt sich zusammen aus Glaube, Absicht und Intuition. Der Geist mit seiner Vernunft weiß, Herz und Bauch fühlen und empfinden das Wissen. Darauf basieren auch die in Kapitel 2 beschriebenen Placebo- und Noceboeffekte. Für diesen natürlichen, wohl angeborenen Prozess sind bereits etabliert und brauchen nur angewendet zu werden:

> das Gefühl einer »Notwendigkeit« als Motivation,
> Überzeugung/Gewissheit,
> Vertrauen/Zuversicht,
> kein Zwang, eher spielerische Einladung,
> der Glaube daran, dass es »bereits realisiert ist«, statt Hoffnung.

Der allergrößte Teil unserer Wahrnehmung wird vom Unterbewusstsein gelenkt.

Wie erreicht man, dass das unbewusste »Unterbewusstsein« das tut, was man will? Warum kann der Glaube daran, dass »es bereits realisiert ist«, so wirkungsvoll sein?

Man wendet das Prinzip des Trainierens an. Gedanken, die sich in einer relativ kurzen Zeitspanne wiederholen, verändern die Nervenverbindungen des zentralen und des vegetativen Nervensystems. Dieser Vorgang entspricht dem Lernen beziehungsweise, bei Vorhandensein eines unbeteiligten zusätzlichen Reizes, dem Konditionieren.

Wird ein Glaubensinhalt oft genug wiederholt, weiß der Körper schließlich: Das ist jetzt Fakt.

Viele heilige Schriften, so auch die Bibel, sagen uns sehr genau, was zu beherzigen ist. Wir haben es nur bisher nicht wirklich verstanden.

»Euch geschehe nach eurem Glauben.« *Matthäus 9, 29*

»Ihr müsst Glauben an Gott haben. Amen, das sage ich euch: Wenn jemand zu diesem Berg sagt: Hebe dich empor und stürz dich ins Meer! Und wenn er in seinem Herzen nicht zweifelt, sondern glaubt, dass geschieht, was er sagt, dann wird es geschehen. Darum sage ich euch: Alles, worum ihr betet und bittet – glaubt nur, dass ihr es schon erhalten habt, dann wird es euch zuteil.« *Markus 11, 22–24*

Zweite Methode: Symbolische Vorstellungen, mentale Bilder der gewollten Veränderung

Man stellt sich das, was man haben möchte, bildhaft vor (Visualisierung) und lädt diese Szene dann mit der Energie des Bewusstseins, einer starken Konzentration und Willenskraft, auf. Buddha sagt dazu im Dhammapada: »Wir sind, was wir denken.« Oder: »Alles, was wir sind, entsteht aus unseren Gedanken.« Oder: »Mit unseren Gedanken erschaffen wir die Welt.« (Byron 1976, Seite 13)

Die Wahrnehmung in Gedanken sollte richtiggehend mit dem anvisierten Ziel gesättigt werden. Man verschmilzt in Gedanken geradezu mit dem, was geschehen soll. Wenn eine Organfunktion gestört ist und Schmerzen erzeugt, versetzt man sich dort hinein, sozusagen als Seelenkonzentrierung: »Ich fühle, wie das Organ fühlt.« Das Bewusstsein bewirkt eine Verlagerung des Ichs auf die Zielstruktur und erlaubt die akute Wahrnehmung und dann die Änderung der Wahrnehmung. Nun kann man sich das Schmerzgefühl in Schmerzlosigkeit umdenken. Oftmals gelingt dies. Dass es nicht beliebig oft gelingt, hängt wohl einerseits mit der nicht genügend wahrgenommenen Schmerzursache ab, aber vor allem von unserer begleitenden Stimmung und Motivation, die rituell nicht eingestellt ist. Zu anderer Zeit kann es wieder besser gelingen. Damit wir diesen Punkt richtig verstehen, seien hier noch einmal alle Glieder der Argumentationskette aufgeführt:

> Wahrnehmung erzeugt Realität.
> Die Steuerung dessen, was wahrgenommen wird, geschieht durch Motivation (Antriebsimpuls).
> Die Motivation (haben oder vermeiden wollen) ist abhängig von Stimmungen.
> Stimmungen entstehen durch Gefühlskonglomerate.
> Gefühlkonglomerate werden durch Gedanken, die Erlebnisse widerspiegeln, hervorgerufen.
> Das Gefühl »es ist Gewissheit ohne jeden Zweifel« ist essenziell als Voraussetzung für die Realitätsschaltung. Aber nicht der pure Gedanke, sondern die Ausrichtung der Wahrnehmung auf ein Ziel und sein erlebbares Feedback erzeugen die Realität.

Ein für jeden nachvollziehbares Beispiel: Das Gefühl der Bedrohung durch eine laute, schmutzige Umwelt mit fremden, missmutigen Menschen zwingt meinen Körper automatisch in eine physisch und mental belastende Form. Erst das willentlich bewusste Feedback der Entspannung holt mich wieder aus dieser Verkrampfung heraus – vorausgesetzt, ich habe mir diese Methode bereits antrainiert und ihre Wirkung entsprechend häufig erlebt.

Bewusstsein im Rahmen unserer Erfahrung erlaubt die Auswahl von Teilaspekten als Wahrnehmung aus dem Ganzen. Gewöhnlich gelangt nur die Information zu uns, die den Filter des Erfahrungsrahmens durchdringt. Er ist unser Schutz vor Überlastung.

Dritte Methode: Programmierung

Das Gebet mit Ritual und Zeremonie hat eine jahrtausendealte Tradition. Kann eine Methode, die sich so lange hält, sinnlos sein? Es fällt auf, dass Gebete häufig eine innere Struktur haben: Es wird ein Wesen angerufen. Wir gehen mit diesem Wesen eine persönliche Beziehung ein. Wir bitten das Wesen um etwas und beschließen die gesamte Gebetsphase, zum Beispiel mit Amen. Dies ähnelt dem Formalismus einer Programmierung beziehungsweise Bestellung. Es ist quasi ein »Computerabruf« mit Feedback-Mechanismus im Gefühls- und Seelenmodus: Absenden – Empfangen – Reflexion »es ist«, Startbefehl – Arbeitsbefehl – Vollendungsbefehl, identisch mit Gedankenfokus – Gefühlsinvestition – E-Motion (nach außen bewegt).

Der Mediziner Luciano Bernardi von der Universität Pavia sagt: Es ist sehr heilsam, in sich zu gehen. Dabei muss das Gesundwerden als Auftrag gegeben werden. Interessant ist in diesem Zusammenhang auch eine Stelle aus dem Johannes-Evangelium, Kapitel 16, Vers 24. In der von Luther übersetzten Bibel heißt es:

»Bisher habt ihr nichts gebeten in meinem Namen. Bittet, so werdet ihr nehmen, dass eure Freude vollkommen sei.«

Es gibt aber das alte Manuskript der Bibel in Aramäisch, der Sprache der Essener. Ins heutige Deutsch übersetzt, lautet die betreffende Textstelle:

»Bitte um alle Dinge klar und direkt ...

Bisher hast du das nicht getan ...

Sei eingehüllt in das, was du ersehnst,
dann wird deine Freude groß sein.« (Douglas-Klotz 2007)

Dies ist eine hervorragende Anleitung zur Kommunikation mit
der universellen Informationsmatrix. Es geht darum, ein klares Ziel anzugeben und dann die richtigen Gefühle zu inves-
tieren. Die Absicht muss präzise und kurz formuliert und auf
das Endergebnis konzentriert werden. Zwingend ist außerdem
eine positive freundliche Stimmung. Es geht nie darum, etwas
zu bekämpfen oder auszuschalten, sondern liebevoll aufzufor-
dern, ganz im Sinne einer Einladung.

Das Ganze entspricht der Angebots- und Bestätigungswelle
laut Cramer, die wir in Kapitel 5 erklärt haben. Die Angebotswelle lässt eine mögliche Zukunftsvariante kollabieren und
sendet das entsprechende konkrete Energiemuster aus diesem
Geschehen zum Absender zurück. Dann setzt unser Bewusstsein
es als Information in die Realität um. Man kann diesen ständig
ablaufenden Vorgang geradezu als Naturgesetz ansehen.

Vierte Methode: Twilight-Time

Mit dieser »Zwielichtzeit« meinen wir die Übergänge zwischen
Schlaf- und Wachphasen spätabends und morgens.

Wenn wir uns die einzelnen Phasen bis zum Einschlafen genau bewusst machen, merken wir, dass wir irgendwann einen
besonders sensiblen Punkt erreicht haben. Unser Neokortex
hört auf, breit angelegt zu denken, er ist verstärkt inaktiviert, alle Signale aus dem Körper kommen zur Ruhe, es gibt kaum
mehr etwas zu schalten. Genau das ist der Moment, in dem der
Zensor unserer Gefühlswelt ausgeschaltet wird. Das Limbische
System dominiert nun bei der Wahrnehmung von Informationen. Aber – und das ist entscheidend – wir schlafen noch nicht.
Wir wissen ganz genau, was gerade geschieht, und können
darauf Einfluss nehmen. Der Neokortex wird nicht mehr abgelenkt und kann sich jetzt glasklar auf die neue Wahrnehmungs-
welt konzentrieren.

Gleiches passiert morgens beim Aufwachen, wenn der Neokortex noch nicht vollkommen die Herrschaft über alle Wahrnehmungen im Modus des Tagesbewusstseins übernommen hat.

Der Zustand ähnelt frappierend dem luziden Traum, der weiter oben ausführlich beschrieben wurde. Im luziden Traum kann das Traumgeschehen weitgehend willentlich manipuliert werden. Auch in der Twilight-Time kann alles so dirigiert werden, wie es dem Körper und der Seele nützt. Situationen und Menschen sind willentlich abrufbar. Das ganze Szenario ist erfüllt von einer motivierenden Spannung und Energie. Man nimmt besonders grelle Konturen, Farben und manchmal sogar Gerüche wahr.

Man kann dies als Abruf reeller Raum-Zeit-Muster aus dem holografischen Hintergrundfeld interpretieren, und zwar mithilfe eines besonderen, energetisch kohärent eingestellten Bewusstseinsstrahls. Darüber hinaus werden die so abgerufenen Informationen auch noch durch das vom Alltag befreite Bewusstsein verarbeitet. Die eigene Persönlichkeit kann sich dann ganz nach Wunsch verändern, und im Zuge dessen können sogar Krankheiten zum Verschwinden gebracht werden. (Vgl. Kapitel 6)

Fünfte Methode: Meditation

Es gibt sehr viele Arten der Meditation. Gemeinsam sind ihnen einige wichtige Prinzipien, allen voran dieses: Stopp den störenden, plappernden Gedanken. Wir müssen lernen, Gedankenimpulse an- und abzustellen, so wie wir die Lautimpulse zum Sprechen an- und abstellen. Wir sprechen nicht unentwegt, sondern nur, wenn es was zu sagen gibt. So werden auch die Gedanken nur dann hervorgeholt, wenn sie notwendig sind. Das ist kein leichtes Unterfangen. Wenn wir dies schaffen, passiert exakt das, was auch schon bei den anderen Methoden angeklungen ist: Der Neokortex erlaubt, dass die Herrschaft über unser Ich vom Limbischen System ausgeht und diese Herrschaft dann trotz Reduktion durch das Bewusstsein wahrnehmbar ist.

Die Meditation kann veranlassen, dass die Ich-Perspektive sich völlig auflöst: ein individueller Geist ohne Besitzer. Das Gefühl von sich selbst als eine von allem getrennte Persönlichkeit kann verflachen, und man gleicht sich einer überirdischen »Intelligenz« an. Wir hatten in Kapitel 4 bereits auf eine derartig präsente »Intelligenz« geschlossen. Die hawaiischen Kahunas nennen diese immerfort präsente intelligente Wesenheit *aumakua,* was man mit »hohes Selbst« übersetzen kann. Die Position, die nun eingenommen wird, eröffnet eine erweiterte Wahrnehmung der Welt. Es fließen Informationen, die vorher ausgeschlossen waren: Bilder, Antworten auf Fragen, Erfahrungen, die man selbst nicht gemacht hat. Es gibt Hinweise darauf, dass geübte Spirituelle zu diesem Zweck das Limbische System und Regionen des Neokortex gemeinsam synchronisieren, also kohärent vereinen. (Krippner 2005)

Mithilfe der Magnetresonanztomografie (ein Verfahren, das Magnetfelder und elektromagnetische Wellen in eine Resonanz mit den Spins der Atomkerne bringt und daraus Bilder kreiert) konnte nachgewiesen werden, wie durch bestimmte meditative Prozesse emotionale und kognitive Funktionen des Gehirns tatsächlich in eine zusammenhängende Phase fielen: Aktivierung des Limbischen Systems und Abschaltung der Breitbandigkeit des Neokortex zugunsten eines hohen selektiven Aufmerksamkeitssignals. (Lazar/Benson 2000)

Genau diesen Zustand hatten wir bereits in Zusammenhang mit der Twilight-Methode beschrieben. Im Endeffekt wird das Ich ins Universum verlagert und das »absolute Bewusstsein« zu uns gelenkt. Das ist das Ziel des Yogi, das als Erleuchtung *(Samadhi)* bezeichnet wird. Je stärker die Wahrnehmung der Einheit bewusst ist, desto mehr Informationen werden Realität.

Was bedeutet es, die Einheit zu erlangen? Mein Bewusstsein sagt mir, dass ich – wie alle anderen Menschen – in einer Außenwelt agiere. Gleichzeitig erschaffe ich diese Erkenntnis mit meiner Innenwelt. Das aber bedeutet, ich bin als Innenwelt aktiv, um mich als Teil der Außenwelt zu wähnen. Diesem Prinzip der Differenzierung ist die gesamte Natur mit allen Geschöpfen unterworfen. Immer gibt es Beobachter und Beobachtetes. Das Beobachtete ist gleichzeitig Beobachter für anderes. In der Meditation kann diese zwanghafte Pseudodifferenzierung durchbrochen werden.

Eine einfache und für einige Menschen recht simple Methode der Meditation ist das Finden und Aufsuchen von Gedankenlücken und dadurch eine umfassende Wahrnehmung mithilfe des »absoluten Bewusstseins«. Dem liegt die Idee zugrunde, dass jeder flüchtige Gedanke einen Anfang und ein Ende hat. Zwischen diesen beiden Gedanken tut sich eine Lücke auf. Wenn wir uns nun genau auf diese Lücke konzentrieren, nehmen wir wahr, was vorher verdeckt war. Diese Art der Wahrnehmung führt zur Auflösung der komplexen Bindungen an die Realität. Eine weitere, ganz ähnliche Methode ist das Aufsuchen der Leere durch Loslassen, Nicht-Denken.

Bekannt ist auch die Methode der Bewusstseinsfokussierung als Gedankenblocker: Man konzentriert sich auf etwas im Jetzt, das unkompliziert und leicht überschaubar ist, zum Beispiel ein Mandala.

>»In dem Augenblick, in dem man etwas seine ganze Aufmerksamkeit schenkt, selbst einem Grashalm, wird es zu einer geheimnisvollen, Ehrfurcht gebietenden, unbeschreiblich großartigen Welt.«   *Henry Miller*

Um die beschriebenen Effekte regelmäßig auslösen zu können, bedarf es einer Umstrukturierung des Gehirns – auch als Konditionierung bekannt. Voraussetzung für eine solche Umstrukturierung ist ständiges Üben einer Lektion über einen Zeitraum von mindestens zwei bis vier Wochen. Je nach Komplexität des erwünschten Vorgangs kann dieses Umstrukturieren auch Monate dauern. Es hat ja auch mehrere Monate gedauert, bis wir das Gleichgewichthalten beim Laufen und Radfahren gelernt haben.

Letztlich lösen alle oben vorgestellten Methoden denselben Effekt aus. Sie lassen die vorrangige Aktivität des Limbischen Systems zu, indem sie dafür sorgen, dass der Neokortex, der dies im täglichen Leben verhindert, mehr oder weniger stillgelegt wird. Das Limbische System ist die Brücke zum »Meer aller Möglichkeiten«.

Rat: Üben Sie diese doppelte Verschmelzung von individuellem Bewusstsein/Unterbewusstsein mit dem kosmischen Bewusstsein täglich – ohne Zwang, eher spielerisch –, und plötzlich haben Sie ein Satori-Erlebnis. Und je öfter Sie ein solches Erlebnis haben, umso wissender und weiser, voller Wohlgefühl und Glück wird Ihr Leben verlaufen. Ganz gewiss.

Kapitel 9

DIE ALCHEMIE WEIST DEN WEG

»Wenn ihr die zwei zu eins macht und wenn ihr das Innere wie das Äußere macht und das Äußere wie das Innere und das Obere wie das Untere und wenn ihr das Männliche und das Weibliche zu einem einzigen macht ... dann werdet ihr in das Königreich eingehen.«

Thomas-Evangelium, Logion 22

Wir haben in den vorherigen Kapiteln lesen können, dass wir unsere alltäglichen Erfahrungen erstens mithilfe unserer unbewussten Gefühle und zweitens mithilfe unseres bewussten Willens machen. Die allermeisten Erfahrungen sind an Erlebnisse gebunden, die mit unserem Körper und seiner Materiefunktion zu tun haben. Die Erfahrungen des Unterbewusstseins hatten wir mit »Seele« bezeichnet und die des Bewusstseins mit »individueller Geist«. Durch die Körperpräsenz sind Geist und Seele vollkommen verstrickt mit den Körperfunktionen und mit den Einflüssen, die von außen auf uns einwirken.

Quantenphilosophisch betrachtet, heißt das, dass wir mithilfe unseres Bewusstseins unentwegt Energie und Information, umgewandelt als Kräfte, in unsere Materie hineinschalten, und das in einem enormen, chaotischen Ausmaß.

Diese normalen Vorgänge dienen fast ausschließlich der Lebenserhaltung, dem Schutz und der Nahrungsaufnahme, der Fortpflanzung und eventuell der Sicherung einer gewissen Machtposition innerhalb der Gesellschaft. Aber das menschliche Leben hat einem Keim, der sehr viel mehr Möglichkeiten zur Entfaltung bringen könnte. Leider ist er seit geraumer Zeit vollkommen verschüttet. Es geht um die Überwindung der Zeit und des Raumes, um willentliche Beeinflussung der Materie, auch zu Heilzwecken, um das Bewahren eines optimalen Gesundheitszustands, um die Erhaltung der Natur mit all ihren Lebewesen, also letztlich um die Wiederherstellung »paradiesischer Zustände«.

Die Entfaltung dieses verborgenen Keims ist unsere eigentliche Lebensaufgabe und die Schlüssel dazu sind in vielen Überlieferungen und zahlreichen Weisheitsbüchern enthalten: Aufheben jeglicher Dualität, Wiederfinden der ursprünglichen Einheit, Aufgehen in dem Urgrund allen Seins, aus dem alles entsteht – zeitlos, raumlos.

Auf dem Weg zu diesem Ziel sind nicht die Worte entscheidend, die rationales Wissen vermitteln, sondern allein die Erkenntnis, die aus dem Erleben erwächst – aus der eigenen Erfahrung. Wir können uns noch so viel Mühe geben, in eigenen Worten eine praktische Anleitung zu formulieren. Es wird nicht gelingen, das zu beschreiben, was tatsächlich in uns ablaufen kann. Für das, was wir erleben können, hat die Umgangssprache keine passenden Worte. Menschen unterhalten sich nicht über das, was im Innern jedes Einzelnen von ihnen vor sich geht – zumal wir unsere Aufmerksamkeit normalerweise nicht nach innen lenken. Auch die etablierten Religionen sind nicht geeignet, dies zu fördern und das Augenmerk auf die entscheidenden Geschehnisse im Menschen zu lenken, weil sie viel zu sehr mit Dogmen, Hierarchien und Institutionalisierungen beschäftigt sind.

Es gibt aber Bücher, in denen in Gleichnissen und Symbolen das niedergelegt wurde, was das Wesen des menschlichen Lebens ausmacht. Die alchemistischen Texte, von denen wir uns einige noch anschauen werden, kamen erst im frühen Mittelalter nach Europa – nachdem sie mehrfach übersetzt worden waren. Beispielsweise wurden antike griechische Texte im Jahr 632 ins Arabische und ins Syrische übertragen, dann zwischen 1114 und 1187 ins Katalanische (Gerhard von Cremona) und 1142 vom Arabischen ins Lateinische (Robert von Ketten bzw. Robertus Castrensis: *Liber de compositione Alchemiae*). Man kann davon ausgehen, dass so viele Übersetzungen zu einer massiven Verfremdung der Inhalte führten. Allerdings übermittelten die Alchemisten ihr Wissen auch sehr häufig in Bildern und Symbolen – und die waren universal und daher kaum anfällig für eine Verfremdung.

Ursprünglicher als die mehrfach übersetzten Bücher der Alchemisten sind Texte, die ein ägyptischer Bauer im Jahr 1945 bei Nag Hammadi in Oberägypten fand. Es handelt sich dabei um 52 Originalaufzeichnungen in koptischer Sprache, die auf das Jahr 42 bis 400 n. Chr. datiert werden. Unter diesen Texten befanden sich auch stark östlich geprägte Weisheiten, beispielsweise die Thomas-Schriften mit dem Thomas-Evangelium und der heute sogenannten Thomas-Akte. In dieser Akte wird über die Reise des Apostel Thomas nach Indien berichtet und über die Wundertaten, die er dort vollbracht hat. Die Thomasgemeinde, die der Apostel im Jahr 52 in Cranganore an der Westküste Indiens gegründet haben soll, ist noch heute sehr lebendig. In einer zeitgenössischen Chronik der Stadt Edessa wird der Tod des Thomas in Indien und seine Beerdigung in Edessa beschrieben. Das aramäische Edessa war in der Antike ein wichtiges Zentrum des Christentums und galt als Brücke zu den Kulturen Indiens und Persiens.

Die Inhalte der Thomas-Schriften spiegeln das sogenannte gnostische (seelisch erkennende) Denken wider, auch deshalb, weil hier hermetische Anschauungen wiedergegeben werden. Aus der dokumentierten Indienreise des Apostels Thomas lässt sich schließen, dass er – genau wie Jesus – mit dem buddhistischen Gedankengut vertraut war. Deshalb finden sich im hermetischen und im gnostischen Gedankengut immer wieder Parallelen zu östlichen Weisheiten, etwa die, dass der Mensch nur durch die Läuterung zur Erleuchtung gelangen kann, die im Buddhismus darin besteht, dass er den achtfachen Pfad beschreitet.

Das Thomas-Evangelium, das als apokryphe Schrift absichtlich keinen Eingang in unsere Bibel fand, gilt als Wiedergabe der Worte des noch lebenden Jesus durch unmittelbare Zeitzeugen. 114 verschlüsselte Aussagen Jesu wurden als Logien (Singular: Logion) aufgeschrieben. (Alle hier wiedergegebenen Logien stammen aus »Das Evangelium nach Thomas«, http://www.meyerbuch.de/pdf/Thomas-Evangelium.pdf)

Eingeleitet wird die Sammlung mit
> *Logion 1: » Dies sind die geheimen Worte, die Jesus, der Lebendige, sprach und die Didymus Judas Thomas niedergeschrieben hat.«*

Hier scheint ein Wortspiel beabsichtigt zu sein, denn sowohl die griechische Bezeichnung *Didymos* als auch der aramäische Name Thomas bedeutet Zwilling. Gemeint ist: Zwilling Jesu im Geiste. An anderer Stelle ist von Thomas dem Ungläubigen die Rede – ungläubig, weil er wahres Wissen hatte. Wissen ersetzt Glauben. Der Apostel Thomas hatte das einfache Glauben nicht mehr nötig. Diesem ungläubigen Thomas wurden die geheimen Worte Jesu anvertraut, weil er als Geistesverwandter ihren Inhalt verstand und er für eine Weiterverbreitung an die Einsamen, Einsgewordenen, also diejenigen, welche die Einheit gefunden hatten, infrage kam. Interessant in diesem Zusammenhang ist, dass die Bezeichnung »Mönch« von dem griechischen Wort *monachos* kommt, was mit *monachè* verwandt ist, und »einzig« und »allein« bedeutet.

Im Mittelpunkt der Schriften steht das Erkennen eines göttlichen Funken im Menschen. Das ist genau das, was wir oben als Entfaltung des Keims bezeichnet haben. Dieser Funke öffnet ein Tor zu der Erkenntnis, dass wir uns mit dem universellen Geist identifizieren können.

Logion 113: »… das Königreich des Vaters ist ausgebreitet über die Erde, und die Menschen sehen es nicht.«

Intuitive Erkenntnisse kann ein normal im Leben stehender ungeübter Mensch nicht ohne Weiteres erlangen. Geheim waren die Worte deshalb, weil mit dem Einsetzen einer erweiterten Wahrnehmung die Allmacht des Menschen wirksam werden kann, die, wenn sie von schlechten Charakteren benutzt wird, großen Schaden anrichtet.

Logion 62 macht dies deutlich: »Ich sage meine Geheimnisse denen, die meiner Geheimnisse würdig sind.«

Nur Eingeweihte, die bereits Erkenntnisse und innere Erfahrungen hatten, also Zwilling waren – Gleiches erkennt Gleiches (wir haben dies vorher als Resonanz bezeichnet, die ja auch für Information gilt) –, konnten die Aussagen entschlüsseln. Welche verschlüsselten Aussagen sind in der Thomas-Akte und im Thomas-Evangelium im Detail enthalten?

Die Begriffe weiblich und männlich: Braut und Bräutigam stehen wie in der Alchemie, wo Königin und König verwendet wird, für Seele und Geist. Diese beiden Polaritäten sollen sich in der Hochzeit, im Brautgemach durch Liebe vereinigen. So sollen laut Logion 22 »das Männliche und das Weibliche zu einer Einheit« werden. Dies knüpft an den Urzustand im Paradies an, wo, wie es heißt, Eva nicht von Adam getrennt war, sondern beide als Teile eines Körpers das Ganze ausmachten. (Vgl. Friedrich 2007)

Logion 22: »Wenn ihr die zwei zu eins macht und wenn ihr das Innere wie das Äußere macht und das Äußere wie das Innere und das Obere wie das Untere und wenn ihr das Männliche und das Weibliche zu einem einzigen macht, sodass das Männliche nicht männlich und das Weibliche nicht weiblich ist, und wenn ihr Augen macht anstelle eines Auges und eine Hand anstelle einer Hand und einen Fuß anstelle eines Fußes, ein Bild anstelle eines Bildes, dann werdet ihr in das Königreich eingehen.«

Diese verschlüsselte Aussage ist im Kern auch die Aussage der hermetischen Wissenschaft, geschrieben auf der berühmten *Tabula Smaragdina*: »Was unten ist, gleicht dem, was oben ist. Was oben ist, gleicht dem, was unten ist, damit die Wunder des Einen sich vollziehen. Und so wie alle Dinge aus dem Einen geworden sind durch eine Mittlerschaft, so sind sie alle aus diesem Einen geboren, durch Übertragung.« (Vgl. Löber 2007)

Geist und Seele sind normalerweise gefangen in den Erfahrungen, die mit dem Körper im täglichen Leben möglich sind, und auf die Sicherung des Lebenserhalts fokussiert. Gnostisch denkende Menschen zielen dagegen auf die »Licht-Epinoia«, die persönliche Erfahrung eines geistigen Lichtes, des *pneuma psychikon,* das sich wie eine Flamme der Erkenntnis in das Denken einbrennt. Jeder muss diese Erfahrung selbst machen. Sie entspricht einer Selbsterkenntnis. Das Ergebnis der Erfahrung ist immer die Verbindung der individuellen Seele mit dem individuellen Geist zur Geistseele. Diese verbindet sich dann mit dem universellen Geist und erfährt die Wahrnehmung der Einheit, eine innere Auferstehung und Wiedergeburt des Ursprünglichen. Daraus resultieren ungeahnte Kräfte – das eigentliche Wunder laut Thomas-Evangelium.

Logion 2: »Wer sucht, soll nicht aufhören zu suchen, bis er findet. Und wenn er findet, wird er erschrocken sein. Und wenn er erschrocken ist, wird er verwundert sein, und er wird über das All herrschen.«

Logion 49: »Selig seid ihr, Einsgewordene, Auserwählte, denn ihr werdet das Königreich finden.«

Zu betonen ist, dass nicht der schlichte religiöse Glaube im Vordergrund allen Bemühens steht, sondern die Erlangung einer tief greifenden Erkenntnis, eine Überzeugung durch Wissen als Folge der »Hochzeit« der Seele und des Geistes der Wahrheit.

Während des Konzils von Nicäa im Jahre 325 n. Chr. wurden die zur Selbsterfahrung aufrufenden apokryphen Schriften von den zu Macht gekommenen Kirchenfunktionären ausgesondert, weil man gezielt einen an Dogmen orientierten Glau-

ben etablieren wollte. Menschen, die auf eigenen Bewusstseins-
wegen zu besonderen Erkenntnissen gelangen konnten, wären
nicht so beherrschbar gewesen, wie es vorgesehen war. Deshalb
wurden diese Erfahrungswege als Irrlehre bezeichnet und das
gnostische Gedankengut der Vernichtung preisgegeben.

Aber Wahrheit lässt sich niemals aussperren, und echte, weil
naturgegebene Wahrheit ist zeitlos. Es brauchte allerdings fast
2000 Jahre, bis wir uns heute neu aneignen können, was einige
damals schon hatten: das Wissen um den Erweb einer neuen erweiterten Wahrnehmung mit allen Folgen für eine willentlich
gesteuerte, quasi programmierbare Realität. Im Vordergrund
stehen eben nicht der naive Glaube und die Hoffnung, dass so
etwas möglich ist, sondern ein konkreter, man könnte sagen: ge-
setzmäßiger Weg der Erkenntnis darüber, wie alles funktioniert
und beeinflussbar ist.

Logon 10: »Ich habe ein Feuer auf die Welt geworfen, und
siehe, ich bewache es, bis es brennt.«

Logon 82: »Wer mir nahe ist, der ist dem Feuer nahe, und
wer fern ist von mir, ist fern vom Königreich.«

Feuer steht in den hermetischen Wissenschaften symbolisch
für Zeugungskraft beziehungsweise als Agens der Wandlung,
was in diesem Fall heißt, dass eine geläuterte Seele mit dem
Geist der Wahrheit verbunden wird. Feuer steht auch für ein Bewusstsein, das eine veränderte Wahrnehmung vermittelt. Es
wird auch das »geheime Feuer« genannt, was der beherrschten
Leidenschaft eines konzentrierten Geistes gleichkommt.

Doch wenden wir uns nun einigen wichtigen Überlieferungen der hermetischen Wissenschaften zu und vergleichen sie mit
dem, was in diesem Buch bisher ausgesagt wurde.

Hermetische (= verschlossene) Wissenschaften pflegen das
Wissen uralter Priesterkasten, wohl schon seit Tausenden von
Jahren. Von Indien ausgehend, breitete sich das Wissen in das
griechisch besetzte Ägypten (300 v. Chr.), nach Arabien/Syrien
und China (Taoismus) aus. Das Wort »Alchemie« leitet sich entweder von dem griechischen Wort *alchemos* (»Weisheit«) ab

oder auch vom ägyptischen *keme* oder *khemi* für »schwarze Erde« oder von dem arabischen Begriff *Al-kimiya* (»schwarze Erde«), von dem sich auch unsere heutige Bezeichnung »Chemie« herleitet.

Alchemie ist keineswegs die unreife, empirische und spekulative Vorläuferin der Chemie, als die sie oft missverstanden wird. Ihr Ziel war es ursprünglich auch nicht, unedle Metalle in Gold zu verwandeln. In den meisten alchemistischen Texten ist nicht etwa von den empirischen Entdeckungen der experimentellen Alchemisten die Rede, sondern von einer besonderen magisch-spirituellen Erfahrung. Aber: Der Eid zur Geheimhaltung des Wissens und zur Verschlüsselung der Inhalte machte Anleihen aus den damals bekannten chemischen Reaktionen notwendig.

Alchemie ist eine Geheimlehre, die sich mit Phänomenen einer verborgenen Wirklichkeit höchsten Ranges befasst – einer Wirklichkeit, die das Wesen aller Wahrheiten und aller ursprünglichen Religionen ausmacht. Die Alchemie ist sozusagen der Regenbogen, der die Kluft zwischen dem »Irdischen« (= materiellen Bereich) und dem »Himmlischen« (= geistigen Bereich) überbrückt. Aber wie der Regenbogen scheint diese solide Wissenschaft zum Greifen nahe und entflieht dem Ahnungslosen aufgrund ihrer kryptischen codierten Darstellung letztlich doch.

Der Mensch kann die Phänomene schlussendlich nur erkennen, wenn sich seine Wahrnehmung mithilfe des Bewusstseins radikal verändert und dann von der gewöhnlichen (bleiartigen) Ebene der alltäglichen Erkenntnis aufsteigt zu einer subtilen (goldartigen) Erkenntnisebene, von der aus alles möglich wird. Das entspricht der Macht über die »Materia prima«, aus der alles entsteht – auch Gesundheit und Krankheit.

Begründer der Alchemie im Abendland ist der sagenhafte Hermes Trismegistos (dreimalgrößte Hermes). Er soll 36 000 Schriften verfasst haben, darunter die berühmte *Tabula Smaragdina*, die Smaragdtafel, auf der ein Text mit Maximen eingraviert war, die Uneingeweihten rätselhaft, wenn nicht gar sinnlos erscheinen, die aber vor dem Hintergrund des heutigem quantenphilosophischen Wissens große Wahrheiten offenbaren.

Woher stammt diese Tafel, die mittlerweile verschollen ist? Ibn Arfa Ras, ein arabischer Schriftsteller des 12. Jahrhunderts, erzählt folgende Version: Hermes war Adams Sohn und wurde in China geboren. Wie alle Adepten der Weisheit, reiste er nach Indien. In Ceylon fand er eine Höhle mit unermesslichen Schätzen, darunter ein Porträt seines Vaters und die *Tabula Smaragdina*. (von Lippman 1938/39)

Diese Darstellung braucht so nicht zu stimmen, aber ihr Reiz besteht darin, dass sie die beiden Länder benennt, die als Ursprung jahrtausendealter überlieferter Weisheit gelten: China und Indien.

Sir Isaac Newton (1643–1727) war überzeugt, dass das Wissen über die Geheimnisse der Naturphilosophie von einigen Auserwählten mitgeteilt worden war, danach wieder verloren ging, später wieder entdeckt und dann in Fabeln und mythische Formeln gekleidet wurde, damit es für den Nicht-Eingeweihten unverständlich blieb. Dennoch hatte Newton keinen Zweifel an der universellen Gültigkeit der Alchemie. In seiner Bibliothek gab es 170 Bücher über Alchemie und die Kabbala. Newton muss diese Bücher sehr genau studiert haben, denn er hat 5000 Seitenverweise mit 900 Stichwörtern angelegt. Vermutlich hat er die Alchemie 30 Jahre lang gründlich studiert, um eine Lehre daraus ableiten zu können. Experten zufolge sind die Einflüsse der Alchemie in seinen Abhandlungen erkennbar. (Dobbs 1975 und 1991)

Alles, was mit Alchemie und Hermetik zu tun hat, ist codiert, getarnt und verschleiert, und zwar aus gutem Grund:

»Wo immer wir gesprochen haben, haben wir nichts gesagt.
Aber wo wir etwas verschlüsselt und in Bildern niedergeschrieben haben,
dort haben wir die Wahrheit verhüllt.«
    Rosarium philosophorum (Ausgabe Weinheim 1990)

Die überlieferten Schriften und Bilder sind ein chaotisches Verweissystem, ein Netz ständig wechselnder Decknamen und Symbole, ein Wildwuchs der diffusen Konzepte, eine kryptische Bildwelt.

»Ich versichere dir, dass derjenige, der versucht, mit dem normalen Wortsinn das zu verstehen, was die hermetischen Philosophen geschrieben haben, sich in den Mäandern eines Labyrinths verstrickt, aus dem er niemals wieder herausfinden wird.«

Livre de Artephius (Bibl. des Philosophes Chimiques, Paris 1741)

»Geheim soll diese Kunst auf ewig bleiben.
Den Grund dafür will ich euch treulich schreiben:
Ein böser Mensch könnte durch ihre Macht
der Christen Frieden stören über Nacht.
Und voller Hoffart (Hochmut) von den Thronen stürzen
rechtmäßige Kaiser, Könige und Fürsten.«

Thomas Norton, englischer Alchemist (1433–1514)

»Vom Wesen des ersten Agens haben die Philosophen stets nur Gleichnisse oder Bilder mitgeteilt, damit die Wissenschaft nie von den Toren verstanden wurde, denn wenn das geschähe, ginge alles unter. Sie soll nur den geduldigen Seelen und verfeinerten Geistern zugänglich sein, die sich aus dem Pfuhl der Welt herausgezogen haben und vom schlammigen Schmutze des Geizes gereinigt sind ...«

Synesios von Kyrene (ca. 373–414)

Können wir die Bilder der Alchemie und ihre Symbolsprache decodieren? Und sind wir ethisch reif genug dafür?

Allein die heutigen Kenntnisse der Quantenphilosophie, die notwendig sind, um die Lehren der Alchemie ohne besondere Vermittlung der eigenen Erfahrung zu deuten, lassen erahnen, welche Erkenntnisse den Alchemisten früherer Zeiten zugänglich gewesen sein müssen. Vor diesem Hintergrund liest man auch Bibelstellen wie die folgenden mit anderen Augen:

»Euch ist's gegeben, zu wissen das Geheimnis des Reiches Gottes, den anderen aber in Gleichnissen, dass sie es nicht sehen, ob sie es schon sehen, und nicht verstehen, ob sie es schon hören.«

Lukas (8, 10)

»Da kamen die Jünger zu ihm und sagten: Warum redest du zu ihnen in Gleichnissen?
Er antwortete: Euch ist gegeben, die Gleichnisse des Himmelreichs zu erkennen, ihnen aber ist es nicht gegeben. Deshalb rede ich zu ihnen in Gleichnissen, weil sie hören und doch nicht hören und nichts verstehen. An ihnen erfüllt sich die Weissagung Jesajas: Hören sollt ihr, hören, aber nicht verstehen; sehen sollt ihr, sehen, aber nicht erkennen. ... Ihr aber seid selig, denn eure Augen sehen und eure Ohren hören.«

Matthäus (13, 10–17)

Das Wesen der Alchemie ist die Überzeugung einer mystischen Verbundenheit des Menschen und aller Dinge der Natur in einer gewollten, sinngeprägten und zielbestimmten Schöpfung. Es geht um »die Mitte aller Dinge« (Med...), den Geist des Lebens, die Macht über das magische Universalmittel *(materia prima)*. Die pure Materie wird in einen durch und durch geistig durchdrungenen »Lichtkörper« verwandelt: eine Wiedergewinnung des irdischen Paradieses.

Das alchemistische Denken deckt mithilfe einer allegorischen, metaphorischen, symbolischen Sprache folgende Koexistenzen in uns auf:

> Realität – Virtualität
> Materie – Geist und Seele

> sichtbar – unsichtbar
> »unten« – »oben«.

Diese Koexistenzen beruhen auf Energien und Informationen, die als Bits angesehen werden können und vom Menschen in Kräfte und Zeitoperationen verwandelt werden. Das kennen wir aus der Quantenphilosophie als Programmierung eines matrixartigen Hintergrundfelds.

Mit einer alchemistischen Gebrauchsanweisung kann durch Ignorieren (auf)gelöst werden, was als falsch erkannt wurde. Dies entspricht der Quantenlöschung. Dieses Auflösen ist die Voraussetzung für das Knüpfen einer neuen Konstellation. Diese Gesetzmäßigkeit haben wir bereits als Quanten-Zeno-Paradoxon kennengelernt.

An dem einfachen Beispiel »Ich will jetzt meinen Arm heben« hatten wir gezeigt, dass in uns eine dauernde Wechselwirkung zwischen Geist und Materie stattfindet. Letztlich steuert mein Wille – ein geistiges Prinzip – die Materie meines Körpers. Da sich der Erfolg der Wechselwirkung von Geist und Materie also offensichtlich in der Wechselwirkung verschiedener Moleküle, also verschiedener materieller Aggregate, zeigt, scheint das Wirken geistiger Kräfte mit dem Wirken physikalischer Kräfte einherzugehen. In Kapitel 7 haben wir die Grundlagen dafür besprochen.

Der Kosmos einschließlich unserer Welt beherbergt die Naturkräfte und deshalb auch den »universellen Geist«, eine Intelligenz, welche die Natur und ihre Funktionen hervorgebracht hat. Da alles Wissen und sämtliche Theorien auf den Naturkräften und den Naturgesetzen aufbauen, sind alle nur möglichen Theorien über uns bereits da, und alles Wissen ist potenziell vorhanden.

Dieser Fakt ist eine Voraussetzung für die nutzbare Anwendung der Alchemie.

Das »adamische Urwissen« *(prisca sapientia)* wurde nach der Überlieferung vermittels einer »Ur- oder Natursprache« in direkter Kommunikation mit den geistlichen Welten erlangt. Diese geistigen Welten würden wir heute eher als universales Informationsfeld bezeichnen.

Die Eigenschaften des »geheimen Agens« werden aus anderen Überlieferungen des Hermes Trismegistos deutlich:

> »... das Werk ist mit euch und bei euch; indem ihr es in euch selber findet, wo es immerwährend ist, werdet ihr es stets gegenwärtig haben, wo immer ihr auch sein möget, an Land oder zur See ...«

Wenn wir bedenken, dass wir in den verschiedenen Kapiteln dieses Buches immer wieder hervorgehoben haben, wie allein unser Bewusstsein/Unterbewusstsein jegliche Wahrnehmung steuert und in Kräfte umformt, wird verständlich, warum die Alchemie-Wissenschaft für ihre Ziele auf diesen Vorgang hinweist. Das Bewusstsein ist »mit euch und bei euch. Indem ihr es in euch selber findet, wo es immerwährend ist, werdet ihr es stets gegenwärtig haben, wo immer ihr auch sein möget.«

Ziel ist die Erkenntnis, der Stein des Weisen. Es könnte die *al-kimiya* sein oder das *al-iksir*, das Elixier, das rötliche, schmelzbare, feuerbeständige Pulver von hoher Dichte, das im übertragenen Sinne »jedes beliebige Metall in Gold umwandelt«. Gemeint ist hier die Wirkung einer Kraft, die Menschen allmächtig macht. Das kann überall passieren. Deswegen ist auch der »Lapis«, der Stein des Weisen, überall zu finden: »in der Luft, im Wasser, auf den Wegen, auf den Bergen«.

Entscheidend für die Erlangung der besonderen Erkenntnisse ist das Resonanzprinzip: Gleiches erkennt Gleiches.

Ausgangsstoff ist die geheimnisvolle *Materia prima*, ein Urstoff, der dem Vermögen nach alle Formen der Welt enthält, sozusagen die »Gebärmutter« von allem. Es ist die Urenergie, völlig undifferenziert, ungeformt. Sie ist »dunkel«, weil keine spektrale Absorption Farbe erzeugen kann (siehe auch *keme*, *khemi* = schwarze Erde). Laut Abu-l-Qasim-al-Iraqi († 925), einem der anerkannten Alchemisten, entspricht die *materia prima* einem Berg mit einer unermesslichen Sammlung unerschaffener Dinge und jeder Art von Erkenntnis oder einem Meer, das alle Formen enthält, oder einer Erde, die alles ernähren kann.

Der Berg ist identisch mit der *materia prima,* nach unserer Definition: die möglichen Inhalte im »Meer aller Möglichkeiten«, das sich auch in unserem Körper und im gesamtem Universum befindet. Und dann wird in den Überlieferungen auch noch verraten, dass die Seele eins ist mit dieser *materia prima.* Es ist die Seele als Erfahrungswelt, nicht der ursprüngliche Zustand der Seele. Es ist der Grundstoff mit Leidenschaften, mit Eindrücken. Diesen Zustand hatten wir weiter oben als strukturiertes Vakuum bezeichnet.

Wie in Kapitel 7 ausgeführt wurde, liegt es nahe, dass diese Phase mit der Dunklen Materie identisch ist.

> »Und diese *materia prima* wird in einem Berg gefunden, der eine ungeheure Anzahl erschaffener Dinge enthält. In diesem Berg ist jede Art von Wissen zu finden, die es gibt auf der Welt.
>
> Keine Wissenschaft oder Kenntnis, kein Traum oder Gedanke (...), der darin nicht enthalten wäre.«
> *Abu l-Quasim* (*Kitab al-'ilm,* Hg. Holmyard, Paris, 1923)

Der Urstoff *materia prima* ist, so wird überliefert, nur durch die Erkenntnis des reinen Seins erfassbar. Normalerweise ist dieser Bereich den Sinnen und dem Verstand entzogen. Wenn wir ihn allerdings erfasst haben, sind alle potenziellen Wahrnehmbarkeiten von unserem Bewusstsein konkret erkennbar und können anschließend in die Materie hinein umgesetzt werden.

Der aufmerksame, zielgerichtete Geist ohne jede Ablenkung kann – wieder mithilfe des Bewusstseins – die *materia prima* formen und somit ein Produkt schöpfen. Vielleicht kennen Sie die Darstellungen der Jungfrau mit Kind und fliegender Taube über dem Kopf, die man oft in Kirchen und Museen findet. Sie ist eine Metapher der Alchemisten: Die Taube repräsentiert den Geist der Wahrheit. Er beeinflusst die Jungfrau, die der *materia prima* entspricht. Und als Frucht dieser Beeinflussung entsteht etwas Neues: das kleine Kind, das noch formbar ist.

Von der Alchemie wird in Aussicht gestellt, dass der Mensch mit der bewussten Macht über dieses Agens *materia prima* alles beeinflussen kann, auch Krankheit und Gesundheit. Das alchemistische Elixier (Stein des Weisen) kann Krankheiten heilen, indem es ihre Ursachen entwurzelt und verwandelt. Dies geschieht durch das Auflösen falscher Molekülverbindungen und deren Neuverbindung nach der Urinformation. Dass dies auf Basis der Quantenphilosophie tatsächlich funktioniert, haben wir in den vorangegangenen Kapiteln immer wieder dargestellt. Das Ergebnis besteht in der Verwandlung unserer Materie in einen durch und durch geistig durchdrungenen »unverweslichen Lichtkörper«, wie die Alten sagen.

Das Wesen der Alchemie ist also »Glaube durch Wissen« um die mystische Verbundenheit des Menschen und aller Dinge der Natur in einer gottgewollten, sinngeprägten und zielbestimmten Schöpfung.

Das heißt: Der Alchemist löst die unvollkommenen Verdichtungen der Seele, die sich im täglichen Erleben gebildet haben, und führt sie so zu ihrer *materia prima* zurück. Das Ergebnis dieses Prozesses ist die jetzt wieder reine Seele. Danach wird diese Seele erneut »kristallisiert« und in eine edlere Form gebracht: *Solve et coagula* (»löse und verbinde«). Dieses Werk kann nur im Einklang mit der Natur gelingen, wobei die Seele (Persönlichkeit aus Erleben und Lebenserfahrung) in Verbindung mit dem kosmischen Reich (unserem Vakuum, dem »Meer aller Möglichkeiten«) gebracht wird. Danach geht alles wie von selbst: »Das Fortschreiten des Werkes gefällt der Natur sehr.«

Und wozu machen wir das? Als Antwort auf diese Frage werden Gründe genannt, die offensichtlich in uralten Zeiten genauso gelten wie heute. Es geht um das Erreichen einer unendlichen wahren Freiheit. Für gewöhnlich stolpern wir Menschen durch unser Leben, verlieren Energie in vielen unnützen Kämpfen und unentwegten Gedanken und sind geistig blind für das wahre Wesen des Lebens. Was wir »Freiheit« nennen, ist eher ein Hören auf unsere soziale Umwelt, unsere Gesellschaft, das nicht selten zur Hörigkeit wird und in Krankheit und Elend mündet. Davor kann uns die Alchemie bewahren.

Der Adept (*adeptus* = »derjenige, der erlangt hat«) wird mit der dreifachen Krone der Erleuchtung belohnt:

1. Allwissenheit
2. Allmacht
3. Freude der ewigen Liebe

Wer will das nicht haben? Aber bevor das Elixier gewonnen wird, muss in höchst komplizierten Einzelhandlungen der täglich antrainierte und eingeprägte Ballast abgebaut werden. Am Ende dieser Phase wartet der »Stein des Weisen« – eine kristalline (kohärente und holografische) Struktur.

Diese entscheidende Wandlung wird in einem »kleinen« und einem »großen Werk« vollzogen, deren Einzelheiten genau beschrieben, wenn auch kryptisch codiert sind. Methodisch gelangt man über eine besondere Wahrnehmung zu den Informationen der *materia prima*. Dazu muss »von innen her aufgelöst werden«. Das Bewusstsein muss weitgehend stillgelegt werden, damit die Ablenkung über die Sinne nicht im Vordergrund steht und die Zensur die besondere Wahrnehmung nicht zunichtemacht. Dann kann die Seele direkt als Urstoff wirken.

Genau diesen Weg hatten wir aus der Physiologie heraus zur Erreichung des Jenseitsmoduls aufgezeigt: Deaktivierung des zensierenden Neokortex und resultierende Aktivierung des Limbischen Systems und der Zirbeldrüse mit Ausschüttung von DMT. Die Beruhigung des Neokortex wird durch Nicht-Denken erreicht, wie es auch für die Meditationen empfohlen wird: Entspannung und absolute Konzentration (Achtsamkeit) auf das, was wahrgenommen wird. Gleichzeitig kann das limbische System dadurch aktiviert werden, dass eine Neugier der neuen Erkenntnis gegenüber als Motivation aufgebaut wird und sich ein spirituelles Wohlgefühl dazugesellt.

Das alchemistische Schlüsselwort – von Basilius Valentinus bekannt gegeben – lautet V.I.T.R.I.O.L. *Visita interiora terrae; rectificando invenies occultum lapidem.* Das heißt: »Besuche das Innere der Erde; läuternd wirst du den verborgenen Stein finden.« Das Innere der Erde ist das seelisch-geistig-informative Innere unseres Körpers. Der verborgene Stein ist der energetisch-informative Urstoff als (holografische) Lichtüberlagerung wie bei einem Diamanten.

Die Quantenphilosophie gibt die analoge Anleitung glasklar wieder. Demnach gibt es eine unendlich weite Phase zwischen unseren Grundbausteinen, den Massen Atomkern und Elektron. Diese Vakuumphase, die 99,999... Prozent des Raumes aller Materie – auch unseres Körpers – einnimmt, ist ein Reservoir gewaltiger Energie und Information, das »Meer aller Möglichkeiten«. Wir kommen im täglichen Leben nur an einen Bruchteil der in ihr enthaltenen Energie und Information heran. Das ändert sich aber, wenn das Bewusstsein bestimmte erweiterte Wahrnehmungsmöglichkeiten nutzt, zumal der »Beobachter« mithilfe seines Bewusstseins laut Quantenphysik (Kopenhagener Deutung) alle Realität erschafft. Was also muss geschehen, damit »das Werk« der Alchemie gelingt?

Das wichtigste Ziel ist die Vereinigung der reinen Seele mit dem Geist der Wahrheit. Der Geist der Wahrheit ist das bewusste Anknüpfen des individuellen Geistes an den universellen Geist. Dieses Anknüpfen wird bis zur Verschmelzung fortgeführt. Das beste Wort für Verschmelzung ist »Liebe«. Die »Liebe« zwischen Geist (Sonne, Mann) und Seele (Mond, Frau) hat viel mit dem wissenden Glauben zu tun, den wir in den Kapiteln 2 und 4 beschrieben haben: *Im Geist für wahr halten – im Herzen als wahr empfinden.*

Der Weg zum Ziel wird eingeleitet durch das geheime, die Gegensätze vereinigende Feuer, von dem oben bereits die Rede war, das wir nun aber noch etwas genauer betrachten wollen.

Wie wird dieses geheime Feuer der Vereinigung von Seele (Mond) und Geist (Sonne) entfacht? Den Schlüssel dafür hat Merkur (Hermes). Er stellt ihn uns allen zur Verfügung. Doch um zu verstehen, wie wir ihn erhalten können, müssen wir noch etwas tiefer einsteigen.

Alle Planeten-Zeichen bestehen aus drei Grundformen, die Geist, Seele, Materie codieren. Die folgenden Ausführungen basieren auf dem, was Titus Burckhardt zu diesem Thema gesagt hat. (Burckhardt 1960).

Die Synonyme gehören zum Verwirrspiel und geben gleichzeitig reale Eigenschaften des Systems an:

○ Sonne, Quelle des Lichts aller Planeten = Gold = tätiger Pol, Sender = männlich = Geist = Wahrnehmung über das Bewusstsein.

☽ Mond beziehungsweise Mondsichel = Silber = empfangender Pol, Antenne, Spiegel, Sonnenreflexion = weiblich = Seele = Wahrnehmung über das Unterbewusstsein.

+ Materie = Kreuz der vier Elemente = bodenständig = im Stoff enthaltene Gegensätze.

Die wechselnden Verbindungen der drei Symbole zeigt nun die jeweilige Station auf dem Weg zum Ziel der Alchemie an, also den Grad der gewollten Vereinigung von Seele und Geist in Bezug zur Verstrickung in der Materie.

☿ *Merkur* (Quecksilber) enthält alle Grundformen: Kreis, Halbkreis, Kreuz. Die liegende Mondsichel über der Sonne hält das Kreuz fest. Das ist eine hierachisch arbeitende Vereinigung von Geist, Seele und Körper als Schlüssel zum Werk der Alchemie *(primum agens)*. In dieser Einheit steht die Wahrnehmung des Unterbewusstseins, die Seelenwelt, über allem. Gleichzeitig herrscht die Wahrnehmung des Bewusstseins, die Vernunft, über die Materie – über jegliche Materie. Genau das ist beabsichtigt, und damit ist Hermes der Stammvater der Alchemie. Interessant ist, dass in der hellenistischen Alchemie anstelle des Quecksilbers das Elektron genannt wird. Und das spielte ja auch in der bisherigen Darstellung der Quantenphilosophie eine herausragende Rolle.

Wie kommt es dazu, dass Merkur diese Schlüsselrolle einnimmt? Schauen wir uns zunächst die Planetensymbole der Seele an:

♄ Bei *Saturn* (Blei) ist die Seele am Tiefpunkt des Kreuzes. Die chaotische Verstrickung in die Materie dominiert.

♃ Bei *Jupiter* (Zinn) befindet sich die Seele in einer mittleren Stellung zwischen Blei und Silber. Sie hat bereits einen besseren Überblick und löst sich von den elementaren Gegensätzen bis hin zur kosmischen Ausbreitung.

☽ Der *Mond* steht für die Seele, die bereits allein ist, nicht mehr abhängig von Gegensätzen, als sei nur noch Wasser in kosmischer Ausbreitung vorhanden. Der Lebensgeist als Verbindung der Seele mit allem dominiert in reiner Empfänglichkeit.

Und nun zu den Planetensymbolen des Geistes:

♀ Bei der *Venus* (Kupfer) steht die Sonne über den Gegensätzen der Elemente. Das Bewusstsein, der Geist, prägt die elementaren Gegensätze. Sie sind die formgebende Ursache und werden später in Gestalt des Goldes zum vollendeten Gleichgewicht geführt.

♂ *Mars* (Eisen) repräsentiert das Gegenteil dessen, was durch die Venus symbolisiert wurde: Erstarrung, Versenkung des Geistes im Körper. Das Bewusstsein ist im finsteren Erdreich vergraben. Nicht-Denken ist notwendig und gefordert.

☉ Die *Sonne* (Gold) symbolisiert den reinen Geist (quasi die Erleuchtung).

HERABSTEIGEN DES GEISTES, AUFSTEIGEN DER SEELE UND VEREINIGUNG IM GROSSEN UND KLEINEN WERK

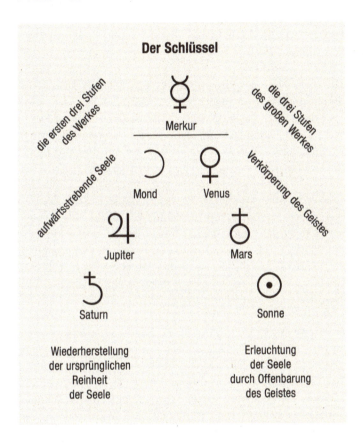

Der Schlüssel

die ersten drei Stufen des Werkes

die drei Stufen des großen Werkes

aufwärtsstrebende Seele

Verkörperung des Geistes

☿ Merkur

☽ Mond

♀ Venus

♃ Jupiter

♂ Mars

♄ Saturn

☉ Sonne

Wiederherstellung
der ursprünglichen
Reinheit
der Seele

Erleuchtung
der Seele
durch Offenbarung
des Geistes

Die erste Stufe des kleinen Werkes wird von Saturn beherrscht.
Die Seele begibt sich zur Läuterung ins Dunkel der Materie.
Synonyme Ausdrücke und Symbole sind: Umnachtung *(nox*

profunda), Schwärzung, Fäulnis, Abtötung, Rabenstadium, Totenschädel, Grab. Es gilt hier das Gleichnis vom Weizenkorn, das allein in der Erde bleiben und als Form sterben muss, damit es zur Entfaltung der Frucht kommen kann.

Die zweite Stufe des kleinen Werkes wird von Jupiter beherrscht. Die Seele erhebt sich über das Dunkle, um neue Kraft zu entfalten.

Die dritte Stufe des kleinen Werkes wird von der Mondsichel dominiert. Weit über dem Kreuz stehend, in vollendetem Weiß – so konnte sich die Seele vollkommen entfalten und wird nicht mehr vom Chaos abgelenkt. Sie ist bereit, das »göttliche Wort« zu empfangen. Dies wird oft im Bild der auf der Mondsichel thronenden oder stehenden Jungfrau symbolisiert.

Die vierte Stufe des kleinen Werkes ist die erste Stufe des großen Werkes. Sie wird von der Venus beherrscht. Die formgebende Kraft der Vernunft prägt erneut das Kreuz der Elemente und bewirkt damit eine »Kristallisierung«, eine Neuschöpfung der seelisch-körperlichen Form. Die Kupferphase zeigt bereits etwas vom Glanz des Goldes – aber der Kupferglanz ist vergänglich.

Die fünfte Stufe des kleinen ist die zweite des großen Werkes und wird von Mars beherrscht. Im Zeichen Mars steht die Sonne in der gleichen Stellung wie der Mond im Zeichen Saturn. Der Geist steigt herab bis in jede Schicht des Körpers und der Materie. Das bedeutet, dass die Schwelle zur letzten Vollendung überschritten wird und die Wandlung des Körpers in etwas vom Geist Beherrschten stattfindet – die »Fleischwerdung des göttlichen Wortes«.

Auf der sechsten Stufe des kleinen und der dritten Stufe des großen Werkes dominieren die Sinne. Hier findet die Vollendung des großen Werkes statt. Es kommt zur vom Geist der Wahrheit beherrschten Einheit von Mikrokosmos und Makrokosmos. Denn wenn nun noch eine Verschmelzung zwischen der vom Mond dominierten dritten Stufe des kleinen Werkes und dieser von der Sonne dominierten dritten Stufe des großen Werkes stattfindet – symbolisiert im Hermaphroditen oder Androgynen –, sind die Gegensätze aufgehoben, und alles ist möglich.

Achterberg, Jeanne (1987): *Die heilende Kraft der Imagination. Heilung durch Gedankenkraft*, Scherz Verlag, München, Bern, Wien

Aharanov, Y. & Bohm, D. (1959): »Significance of Electromagnetics Potentials in the Quantum Theory« in: *Physical Review* Second Series, 115 (3), Aug. 1

Ball, Phillip (1999): »Tempus Fugit«, Nature Science update, 19. August 1999, in: https://www.nature.com/articles/news990819-11

Baumer, Hans (1987): Sferics. Die Entdeckung der Wetterstrahlung. Rowohlt, Hamburg

Becker, R. O. & Murray, G. (1970): »The Electrical Control System Regulating Fracture Healing in Amphibians« in: *Clinical Orthopaedics and Related Research* No. 73

Bem, Daryl & Team, Cornell University (2010): Bericht in *www.psychology-today.com* 22.10.2010, Publikation in Vorbereitung: *Journal of Personality and Social Psychology*

Die Bibel, Einheitsübersetzung. Altes und Neues Testament, Herder, Freiburg, Basel, Wien 1980

Biermann, D. J. & Houtkeeper, J. M. (1975): »Exploratory PK tests with programmable high speed random number generator« in: *European Journal of Parapsychology* 1 (1): 3–14 https://www.fourmilab.ch/rpkp/bierman.html

Bloch, Ernst (1994): »Tagtraum und Nachttraum« in: Bartels, Martin (Hg.): *Traumspiele*, Junius, Hamburg

Böckeller, M. (1929): »Die mystische Begabung der Heiligen Hildegard. Festschrift Bingen«, zitiert in: Hartmann, H. & Mislin, H. (s. u.)

Bohm, D. & Weber, R. (1982): »Nature as Creativity« in: *ReVision* 5, Nr. 2

Bohr, Niels (1958): *Atomic Physics and Human Knowledge*, John Wiley & Sons, New York

Braden, Gregg (2008): *Der Realitätscode. Wie Sie Ihre Wirklichkeit verändern können*, KOHA-Verlag, Burgrain

Braud, W. (1999): »Transcending the limits of time« in: *The Inner Edge: A Resource for Enlightened Business Practice* 2 (6): 16–18

Ders.: (2000): »Wellness implications of retroactive intentional influence: exploring an outrageous hypothesis« in: *Alternative Therapies* 6 (1): 37–48

Brooks, M. (2004): »The weirdest link« in: *New Scientist* 27. März; 181: 32–35 Zitiert aus: McTaggart (2007): *Intention. Mit Gedankenkraft die Welt verändern*, VAK, Kirchzarten, 226

Burckhardt, Titus (1960): *Alchemie, Sinn und Weltbild*, Walter-Verlag, Olten und Freiburg im Breisgau

Bürgin, L. (2007): *Der Urzeit-Code*, F. A. Herbig, München

Byron, T. (1976): *The Dhammapada: The Sayings of Buddha*, Vintage Books

Calmers, Matthew (2002): »Second law of thermodynamics ›broken‹«, www.*newscientist.com*, 19. Juli 2002, https://www.newscientist.com/article/dn2572-second-law-of-thermodynamics-broken/

Carrel, A. (1935): *Man the Unknown*, Harper & Row, N. Y. Deutsche Ausgabe (1936): *Der Mensch, das unbekannte Wesen*, Stuttgart, Berlin

Chambers R. (1960): »Shift of an Electron Interference Pattern by Enclosed Magnetic Flux« in: *Physical Review Lett.* Vol. 5

Charon, J. E. (1981): *Tod, wo ist dein Stachel?*, Paul Zsolnay, Wien, Hamburg

Chu, S. Y. (1993): »Statistical origin of classical mechanics and quantum mechanics« in: *Physical Review Letters* 71: 2847

Conforto, G. (2006): *Das organische Universum*, Mosquito Verlag, Potsdam

Claus, David B. (1981): *Toward the Soul. An Inquiry into the Meaning of Psyche before Plato*, Yale University Press, New Haven

Cramer, J. (1986): »The Transactional Interpretation of Quantum Mechanics« in: *Reviews of Modern Physics* 58

Davies, Paul (1990): *Die Urkraft*, DTV, München

Ders.: & Gribbin, John (1993): *Auf dem Weg zur Weltformel*, Komet Verlag, Köln

Ders.: (2004): »Quantum theory and the ascent of life«, 11. Dezember 2004, Magazin, Ausgabe 2477

Dirac, P. A. M. (1928): »The quantum theory of the electron« in: *Proc. R. Soc.* London A 1928; 117: 610–624

Ders.: (1942): »The physical interpretation of quantum mechanics« in: *Proc. R. Soc.* London A, Vol. 180: 1–40

Dobbs, Betty J. T. (1975): *The Foundations of Newton's Alchemy*, Cambridge University Press

Ders.: (1991): *The Janus faces of genius. The role of alchemy in Newton's thought*, Cambridge University Press

Dossey, Larry (1987): *Medizin in Raum und Zeit*, Rowohlt, Reinbek

Ders.: (2002): »How healing happens: exploring the nonlocal gap« in: *Alternative Therapies in Health and Medicine* 8 (2): 12–16; 103–110

Douglas-Klotz, Neil (2007): *Das Vaterunser. Meditationen und Körperübungen zum kosmischen Jesusgebet*, Droemer Knaur, München

Driesch, Hans (1903): *Die Seele als elementarer Naturfaktor*, Leipzig

Ders.: (1924): *Metaphysik*, Breslau

Ders.: (1935): *Die Überwindung des Materialismus*, Zürich

Driessen, A. & Suarez, A., (Hg.) (1997): *Mathematical Undecidability, Quantum Nonlocality and the Question of the Existence of God*, Kluwer Academic Publishers, Dordrecht, NL

Dürr, Hans-Peter (2009): »Zerrissene Wirklichkeit. An den Grenzen der Wissenschaft« in: *Raum & Zeit*, Sonderheft: »Energie der Zukunft«, 2/2009

Eddington, Arthur S. (1931): *Das Weltbild der Physik und ein Versuch seiner philosophischen Deutung*, Braunschweig

Emrich, Hinderk M. (1992): »Konstruktivismus: Imagination, Traum und Emotionen« in: Schmidt, Siegfried J. (Hg.): *Kognition und Gesellschaft*, Suhrkamp, Frankfurt

Ewald, Günter (2006): *Nahtoderfahrungen. Hinweise auf ein Leben nach dem Tod?*, Topos, Kevelar

Fackelmann, K. A. (1989): »Hostility Boosts Risk of Heart Trouble« in: *Science News* 135, 4, 28. Januar 1989

Fechner, Gustav Theodor (1848): *Nanna und das Seelenleben der Pflanze*, Reprint, gekürzt, Inselbücherei Nr. 343, Leipzig 1920

Ders.: (1851): *Zend-Avesta oder Gedanken über die Dinge des Himmels und des Jenseits vom Standpunkt der Naturbetrachtung,* Reprint Insel-Verlag, Leipzig 1919

Ders.: (1860): *Elemente der Psychophysik,* 2 Bde., Leipzig

Ders.: (1861): *Über die Seelenlage. Ein Gang durch die sichtbare Welt, um die unsichtbare zu finden,* Leipzig

Ders.: (1864): *Über die physikalische und philosophische Atomlehre,* 2. Aufl. Leipzig

Ders.: (1887): *Das Büchlein vom Leben nach dem Tode,* 3. Aufl. Leipzig

Feng J. & Trodden M.: »Der verborgene Bauplan des Kosmos« in: *Spektrum der Wissenschaft,* Januar 2011, 38–46

Fisher, R. A. (1983): *Optical Phase Conjugation,* Academic Press, NY

Friedrich, G. (Hg.) (2007): *Das Thomas-Evangelium,* Symposium Stiftung Rosenkreuz

Frolov, Alexander, V. (1996): »The work is created by means of potential field« in: Frolov, A. V. & Smirnov, A. P. (ed.): *Proceedings of Internatio-nal Conference »New Ideas in Natural Sciences«,* Pik, St. Petersburg, 371

Gariaev, Peter P. (1994): *Wave based genome* (in Russisch), Moskau. (*Wave Genetic Code* (1997) in Englisch), Moskau

Gariaev, Peter P., Birshtein, Boris I., Iarochenko, Alexander M., Marcer, Peter J., Tertishny, George G., Leonova, Katherine A., Kaempf, Uwe (2003): »The DNA-wave Biocomputer« in: *JNLRMI* Vol. II Nr. 1 Februar 2003

Gellinas, R. C. (1984): »Apparatus and method for transfer of information by means of curl-free magnetic vector potential field«. US Patent 4,432,098 14. Feb. 1984

Gerstner, Ed (2002): »Second law broken«. *Nature Science* update, 23. Juli 2002, https://www.nature.com/articles/news020722-2

Gibson, J. J. (1980): *The Ecological Approach to Visual Perception,* Cambridge, MA

Girstenbrey, W. (1986) Editorial. Fortschr. Med. 104, 8, 15

Goleman, Daniel (1985): »New Focus on Multiple Personality« in: *New York Times,* 21. Mai 1985

Ders.: (1988): »Probing the Enigma of Multiple Personality« in: *New York Times,* 25. Juni 1988

Görnitz, Thomas (2007): »Was sagen uns die Quanten?« in: *Spektrum der Wissenschaft* 3/07, 40–47

Gribbin, J. (1996): *Schrödingers Kätzchen und die Suche nach der Wirklichkeit,* S. Fischer, Frankfurt

Gruber, Elmar R. (1979): »Conformance behaviour involving animal and human subjects« in: *European Journal of Parapsychology* 3 (1): 36–50

Ders.: (1980): »PK effects on pre-recorded group behavior of living systems« in: *European Journal of Parapsychology* 3 (2): 167–175

Gupta, L. D./Sharma, N. R./Mathur, T. C. (1936): *An Inquiry into the Case of Shanti Devi,* International Aryan League, Delhi

Haggard, Patrick & Martin Eimer (1999): »On the Relation Between Brain Potentials and the Awareness of Voluntary Movements« in: *Experimental Brain Research* 126: 128–133

Hartmann, H. & Mislin, H. (1985): *Die Spirale im menschlichen Leben und in der Natur – eine interdisziplinäre Schau,* Birkhäuser AG, Basel, Rheinach

Hestenes, D. (1983): »Quantum mechanics from self-interaction« in: *Found. Physics* 1983, 15

Hu Huping & Wu Maoxin (2006): Spin-Mediated Consciousness Theory and Its Experimental Support by Evidence of Biological, Chemical and Physical Nonlocal Effects. arxiv.org/ftp/quant-ph/papers/0208/0208068.pdf

Hurley T. J. (1985): »Inner Faces of Multiplicity« in: *Investigations* 1, No. ¾

Itano, W. M. (2009): »Perspectives of the quantum zeno paradox« in: *Journal of physics* 196, 2009: 1–8

Jahn, R. G. et al. (1997): »Correlation of random binary sequences with pre-stated operator intention: a review of a 12-year program« in: *Journal of Scientific Exploration* 11 (3): 345–367

Jaynes E. T.: »Probability in Quantum Theory« in: *Complexity, Entropy, and the Physics of Information*. (Hg.) W. H. Zurek, Addison-Wesley, Redwood City, CA, 1990

Jean, Jean (1931): »The Philosophy of Nils Bohr« in: *Bulletin of Atomic Physicists* Vol. XIX, 7

Jibu, M. & Yasue, K. (1993): »The basis of quantum brain dynamics« in: K. H. Pribram (Hg.): *Rethinking Neural Networks: Quantum Fields and Biological Data*, Lawrence Erlbaum Hillsdale, NJ, 121–145

Kiehn, R. M. (1999): »An extension to Bohm's quantum theory to include non-gradient potentials and the production of nanometer vortices« auf: http://www22.pair.com/csdc/pdf/bohmplus.pdf. 1999

Kittler, G. D. (1970): *Edgar Cayce on the Dead Sea Scrolls,* Warner Books, New York

Klintman, H. (1983 und 1984): »Is there a paranormal (precognitive) influence in certain types of perceptual sequences?« in: *European Journal of Parapsychology* 5:19–49; 5:125–140; zitiert in Radin, D. I. (2000): *Technical report of Boundary Institut* 1

Krippner, S. (2005): »The technologies of shamanic states of consciousness« in: Schlitz, M./Amorok, T./Micozzi, M. S.: *Consciousness and Healing: Integral Approaches to Mind-Body Medicine,* Elsevier Churchill Livingstone, St. Louis, MO

Laitman, Michael (2007): *Quantum Kabbala. Neue Physik und kabbalistische Spiritualität,* Allegria, Berlin

Latour, S. (1985): »Die Spirale im mythischen Denken« in: Hartmann, H., Mislin, H.: *Die Spirale im menschlichen Leben und in der Natur – eine interdisziplinäre Schau,* Birkhäuser, Basel, Rheinach, 73f.

Lawrie, Jan D. (1990): *A unified grand tour of theoretical physics,* CRC Press

Leibovici, L. (2001): »Effects of remote, retroactive intercessory prayer on outcomes in patients with blood stream infection: randomized controlled trial« in: *British Medical Journal* 323 (7327): 1450–1

Lepadatu, Costinel (2007): *Quantum Theory as a Space-Time Theory,* Institute of Chemical Physics, Bukarest, Rumänien, http://www.journaloftheoretics.com/second-index.htm

Lazar, S. W. & Benson, H. (2000): »Functional brain mapping of the relaxation response and meditation« in: *NeuroReport*, 11: 1581–85

Libet, Benjamin, Curtis A. Gleason, Elwood W. Wright & Dennis K. Pearl (1983):

»Time of Conscious Intention to Act in Relation to Onset of Cerebral Activities (Readiness-Potential): The Unconscious Initiation of a Freely Voluntary Act.« *Brain* 106, 623–642

Libet, Benjamin (1985): »Unconscious Cerebral Initiative and the Role of Conscious Will in Voluntary Action.« *The Behavioral and Brain Sciences* VIII, 529–539

Lichstein, K. L., E. Lipshitz (1982) Psychophysiological Effects of Noxious Imagery: Prevalence and Prediction. Behavior Research and Therapy 20, 339–345

von Lippman, E. O. (1938/39): *Some Remarks on Hermes and Hermetics* in: Ambix 2/3

Löber, B. (2007): »Die Rückkehr ins Lichtreich« in: Friedrich, G. (Hg.): *Das Thomas-Evangelium*, Symposium Stiftung Rosenkreuz 2007, 46

Locke, S. E., Horning-Rohan, M. (1983): *Mind and Immunity: Behavioral Immunology. An Annotated Bibliography 1976–1982*, New York: Institute for the Advancement of Health

Lonnerstrand, Sture (1998): *I had lived before – The true story of the reincarnation of Shanti Devi*, Ozark Mountain Publishing, Arkansas

Loyd, Seth (2006): *Programming the Universe: A Quantum Computer Scientist Takes on the Cosmos*, New York: Alfred A. Knopf

Ludwig, Wolfgang (1994): *SIT – System-Informations-Therapie. Schwingungsmedizin in der Praxis*, Spita, Balingen

Luhmann, Niklas (1996): *Die Realität der Massenmedien*, Westdeutscher Verlag, Opladen

Malin, Shimon (2003): *Dr. Bertlmanns Socken. Wie die Quantenphysik unser Weltbild verändert*, Reclam, Leipzig

Maskowski, A. (1922): *Einstein – Einsicht in seine Gedankenwelt*, Hoffmann und Campe, Hamburg

Matthieu, Ricard, Thuan & Trinh Xuan (2001): *Quantum und Lotus. Vom Urknall zur Erleuchtung*, Goldmann Arkana, München

McMahon, C. E. (1976): »The Role of Imagination in the Disease Process: Pre-Cartesian History« in: *Psychological Medicine* 6, 179–184

McTaggart, Lynne (2007): *Das Nullpunkt-Feld. Auf der Suche nach der kosmischen Ur-Energie*, Goldmann, München

Meister Eckehart (1934): *Schriften*, Eugen Dietrich Verlag, Jena

Miller, Jeff & Judy Arnel Trevena (2002): »Cortical Movement Preparation and Conscious Decisions: Averaging Artifacts and Timing Biases.« *Consciousness and Cognition* 11, 308–313

Murray D. G. (1967): »A Method for Producing Cellular Dedifferentiation by means of very small Electric Currents« in: *Transactions of the New York Academy of Science*, Vol. 29

Neuser, W. & Neuser-von Oettingen, K.: »Quanten-Philosophie« in: *Spektrum der Wissenschaft*, Akademischer Verlag, 1997

Olshansky, B. & Dossey, L. (2003): »Retroactive prayer; a preposterous hypothesis?« *British Medical Journal* 327: 20–27

Parnia, S. et al. (2001): »A qualitative and quantitative study of the incidence, features and aetiology of near death experiences in cardiac arrest survivors« in: *Resuscitation*, 48, 2001, www.elsevier.com/locate/ resuscitation

Penrose, R. (1960): »A spinor approach to general relativity« in: *Ann. Phys.* 1960, 10

Ders.: (1967): »Twistor algebra« in: *J. Math. Phys.* 1967, 8

Ders.: (1997): »Das Große und das Kleine und der menschliche Geist« in: *Spektrum der Wissenschaft*, 1997, 69

Pepper, D. M. (1982): »Nonlinear Optical Phase Conjugation« in: *Optical Engineering* 21(2) März/April, 156–183

Ders.: (1986): »Applications of Optical Phase Conjugation« in: *Scientific American* 254 (1), Jan. 1986: 75

Phillips, DPTE, Wagner LM (1993): »Psychology and Survival« in: *Lancet* 342, 1142–1145

Puthoff, H. E. & Targ, R. (1976): »Perzeptiver Kanal der Informationsübertragung für weite Entfernungen« in: *Berichte des Instituts der Elektronik- und Radiotechnikingenieure die USA*, 1976, 3, Bd. 64

Ders.: (1989): »Gravity as a Zero-Point-Fluctuation Force« in: *Physical Review A*, Vol. 39: 2333–2342

Ders.: (1990): »The Energetic Vacuum: Implications for Energy Research« in: *Speculations in Science and Technology*, 13(4): 247–257

Ders.: (1996): »CIA-initiated Remote Viewing program at Stanford Research Institute« in *Journal of Scientific Exploration* 10: 63–76

Ders.: (2001): »CIA-Initiated Remote Viewing At Stanford Research Institute«, Intelligencer: *Journal of U.S. Intelligence Studies*, Sommer 2001

Raymond J. (1978): »Jack Schwarz: The Mind over Body Man« in: *New Realities* 11, 1

Remnant, P. (1979): »Descartes: Body and Soul« in: *Canadian Journal of Philosophy* 9

Rosso E. (2002): »The Biological Basis of the Placebo Effect« in: *The Scientist* Dez. 9

Roth, Gerhard (1987): »Erkenntnis und Realität: Das reale Gehirn und seine Wirklichkeit« in: Schmidt, Siegfried J. (Hg.): *Der Diskurs des Radikalen Konstruktivismus*, Suhrkamp, Frankfurt

Ders.: (1991): »Neuronale Grundlagen des Lernens und des Gedächtnisses« in: Schmidt, Siegfried J.: *Gedächtnisforschungen: Positionen, Probleme, Perspektiven*, Suhrkamp, Frankfurt

Ders.: (1992): »Das konstruktive Gehirn: Neurobiologische Grundlagen von Wahrnehmung und Erkenntnis« in: Schmidt, Siegfried J.: *Kognition und Gesellschaft*, Suhrkamp, Frankfurt

Ders.: (1995): *Das Gehirn und seine Wirklichkeit*, Suhrkamp, Frankfurt

Ders.: (1998): »Ist Willensfreiheit eine Illusion?« in: *Biologie in unserer Zeit* 28. Jahrgang, Nr. 1

Sachs, Robert G. (1987): *The Physics of Time Reversal*, University of Chicago Press, Illinois

Schempp, Walter (1993): »Analog VLSI Network Models, Cortical Linking Neural Network Models, and Quantum Holographic Neural Technology« in: Karl H. Pribram (Hg.): *Rethinking Neural Networks: Quantum Fields And Biological Data*, Lawrence Erlbaum, Hillsdale NJ, 223–289

Schewe, Phil, James Riordon & Ben Stein (2002): »Pushing the Second Law to the Limit« in: *The AJP Bulletin of Physics News* No. 598, 17. Juli 2002. American Institute of Physics www.Aip.org/enews/ physnews/2002/508.html

Schmidhuber, Jürgen (1997): »A Computer Scientist's View of Life, The Universe and Everything« in: *Foundations of Computer Science: Potential-Theory-Cognition,* Christian Freksa (Hg.), Springer Verlag, Berlin

Schmidt, H. & Stapp, H. (1993): »Study of PK with pre-recorded random events and the effects of pre-observation« in: *Journal of Parapsychology* 57: 351

Ders.: (1994): »Thoughts and Experiments on Mind-Matter Interaction« in: *Frontier Perspectives* Vol. 4, No 1

Ders.: (1997): »Random generators and living systems as targets in retro-PK experiments« in: *Journal of the American Society for psychical Research* 912 (1): 1–13

Schmidt, Siegfried J. (1994): »Konstruktivismus in der Medienforschung: Konzepte, Kritiken, Konsequenzen« in: Merten, Klaus u. a. (Hg.): *Die Wirklichkeit der Medien,* Westdeutscher Verlag, Opladen

Schmieke, Marcus (2009): Gödels Theorem und darüber hinaus
http://veden-akademie.de/index.php?article_id=89&clang=0,
http://www.scienceblogs.de/astrodicticum-simplex/2009/07/kein-weltunter-gang-am-21122012-teil-2.php

Schneider, J., Smith, C. W., Whitcher, S. (1983): *The Relationship of Mental Imagery to White Blood Cell (Neutrophil) Function: Experimental Studies od Normal Subjects.* Michigan State University, College of Medicine, East Lansing

Schrödinger, Erwin (1935): »Die gegenwärtige Situation in der Quantenmechanik« in: *Die Naturwissenschaften* 23: 807–812; 823–828; 844–849

Ders.: (1989): *Geist und Materie,* Diogenes Verlag, Zürich

Ders.: (2008): *Was ist Leben? Die lebende Zelle mit den Augen des Physikers betrachtet,* Piper, München, 9. Auflage

Seligman, M. E. P. (1975): *Helplessness,* W. H. Freeman, San Francisco

Sen, D. K. (1968): *Fields and / or Particles,* Academic Press, London/ New York

Shaw, W. A. (1940): »The Relation of Muscular Action Potentials to Imaginal Weight Lifting« in: *Archives of Psychology,* 247–250

Siegel, Ronald K. (1995): *Halluzinationen. Expedition in eine andere Wirklichkeit,* Eichborn, Frankfurt

Snel, F. W. & Van der Sijde, P. C. (1990): »The effect of retro-active distance healing on Babeia rodhani (rodent malaria) in rats« in: *European Journal of Parapsychology* 8: 123–130

Solomon, D. (2006): »Some new results concerning the vacuum in Dirac's hole theory« in: *Physica Scripta* Vol. 74: 117–122

Stelter, Alfred (1984): *Psi-Heilung,* Knaur, München

Stevenson, Ian (1992): *Reinkarnation. Der Mensch im Wandel von Tod und Wiedergeburt. 20 wissenschaftlich bewiesene Fälle,* Aurum, Braunschweig (Neuauflage)

Strassmann, Rick (2004): *DMT – Das Molekül des Bewusstseins: Zur Biologie von Nahtod-Erfahrungen und mystischen Erlebnissen,* AT Verlag, Aarau

Suarez, A. (2003): Entanglement and Time, *quant-ph/0311004*

Ders.: (2008 a): Quantum randomness can be controlled by free will – a consequence of the before-before experiment, *arXiv: 0804.0871v1 [quant-ph]*

Ders.: (2008 b): Nonlocal »Realistic« Leggett Models Can be Considered Refuted by the Before-Before Experiment. *Found Phys (2008) 38: 583-589 DOI 10.1007/s10701-008-9228-y*

Sutton, C. (1985): »Soviet Neutrinos Have Mass« in: *New Scientist* 105, 1446, 7. März

Thomson, Dietrick E. (1984): »Anomalons Get More and More Ano-malous« in: *Science News* 125, 25. Feb.

Tischner, Rudolf (1922): *Vierte Dimension und Okkultismus von Friedrich Zöllner*, Leipzig

Todt, U. (2008): *Martinus Leben und Werk, Band II Sein Werk*, Novalis, Schaffhausen

Trevena, Judy Arnel & Jeff Miller (2002): »Cortical Movement Preparation before and after a Conscious Decision to Move.« *Consciousness and Cognition* 11, 162–190

Van Lommel, Pim, van Wees, R., Meyers, V. & Elfferich, I. (2001): »Near-death experince in survivors of cardiac arrest: a prospective study in the Netherlands« in: *The Lancet* 358, 9298, 15.12.2001, www.thelancet.com

Van Lommel, Pim (2010): *Endloses Bewusstsein. Neue medizinische Fakten zur Nahtoderfahrung*, Walter, Düsseldorf

Van Ruysbeek, E. und Messing, M. (1993): *Das Thomasevangelium – Seine östliche Spiritualität*, Walter Verlag, Düsseldorf

Voelker, Rebecca (1996): »Nocebos Contribute to a Host of Ills.« in: *Journal of the American Medical Association* 275, 5: 345ff.

Waldrich, Hans-Peter (1993): *Grenzgänger der Wissenschaft*, Kösel, München

Walker, E. H. (1970): »The nature of consciousness« in: *Mathematical BioSciences* 7: 131–178

Wang, G. M., E. M. Sevick, Emil Mittag, Debra J. Searles & Denis J. Evans (2002): »Experimental Demonstration of Violations of the Second Law of Thermodynamics for Small Systems and Short Time Scales« in: *Phys. Rev. Lett.*, 89 (5), 29. Juli, 050601

Warnke, Ulrich (1998): *Der archaische Zivilisationsmensch IV: Die geheime Macht der Psyche. Quantenphilosophie – die Renaissance der Urmedizin*, Popular Academic Verlag, Saarbrücken (3. Aufl. 2001)

Ders.: (2000): »Heilung durch Quanten- und Energiemedizin« in: Sauer, Ed. *Fehlzeitensteuerung*, Deutscher Sparkassen Verlag, Stuttgart

Ders.: (2000): »Quantenphysikalische Phänomene – Grundlage neuer medizinischer Möglichkeiten« in: *Das rechte Maß der Medizin* 05.02.00, Akademie für medizinische Fortbildung der Ärztekammer Schleswig-Holstein, Verlag Evangelische Akademie, Bad Segeberg

Ders.: (2000): »Ein naturwissenschaftlicher Ansatz zur Einheit von Körper und Geist in der Medizin« in: Möller, P. A. (Hg.): *Verantwortung und Ökonomie in der Heilkunde*; Kongress: Medizinische Ethik im 21. Jahrhundert. Zur Anthropotechnik der Menschlichkeit. Peter Lang Verlag, Frankfurt

Ders.: (2001): *Der archaische Zivilisationsmensch V: Diesseits und Jenseits der Raum-Zeit-Netze. Ein neuer Weg in der Medizin*, Popular Academic Verlag, Saarbrücken

Wheeler J. A. / Feynman R. P. (1949): »Classical Electrodynamics in Terms of Direct Interparticle Action« in: *Reviews of Modern Physics* 1949, 21

Ders.: (1989): Vortrag mit dem Titel »God is the Machine« in: www.wired.com/wired/archive/10.12./holytech.html

Wheeler J. A. / Misner C. / Thorne, K. S. (1973): *Gravitation*, Freeman, San Francisco

Whittaker, E. T. (1903): »On the partial differential equations of mathematical physics« in: *Mathematical Annals* 57

Ders.: (1904): »On an Expression of the Electomagnetic Field Due to Electrons by Means of Two Scalar Potential Functions« in: *Proceedings of the London Mathematical Society,* Series 2, Vol 1

Wilber, Ken (1984): *Halbzeit der Evolution,* Scherz, Bern/München/Wien

Ders.: (1984): *Quantum Questions: Mystical Writings of The World's Great Physicists,* Shambhala Publications, Boston

Wittgenstein, Ludwig (1914–1916): *Schriften I (Tractatus logico-philosophicus/ Tagebücher/Philosophische Untersuchungen),* 4. Aufl., Frankfurt 1980

Wolf, Fred Alan (1991): *Parallele Universen,* Insel Verlag, Leipzig, Frankfurt/ Main.

Yam, Philip (2003): »Das zähe Leben von Schrödingers Katze« in: *Spektrum der Wissenschaft* Digest ND 3: Quantenphänomene

Zeilinger, Anton (2003): *Einsteins Schleier,* C. H. Beck Verlag, München

Zöller-Greer P. (2007): »Ich habe einfach nicht genug Glaube, um Atheist zu sein« in: *Professorenforum-Journal* 8,2

Zöllner, Friedrich (1878/1879/1981): *Wissenschaftliche Abhandlungen I, II, III (Die transcendentale Physik und die sogenannte Philosophie),* IV Leipzig

Ders.: (1881): *Naturwissenschaft und christliche Offenbarung,* Gera

Anmerkung:
Leider ist es möglich, dass manche der angegebenen Internetseiten nach einiger Zeit nicht mehr (oder zumindest nicht mehr unter den angegebenen Adressen) auffindbar sind.

REGISTER

BILDNACHWEISE

Grafik S. 71:
Aus: Warnke, Ulrich (1997): *Gehirn-Magie. Der Zauber unserer Gefühls-welt,* Popular Academic Verlagsgesellschaft, Saarbrücken, S. 47

Grafik S. 159:
Aus: Gribbin, John (1996): *Schrödingers Kätzchen und die Suche nach der Wirklichkeit,* S. Fischer, Frankfurt, S. 334

Grafik S. 162:
nach Wolf, Fred Alan (1991): *Parallele Universen. Die Suche nach anderen Welten.* Insel Verlag, Leipzig, Frankfurt/Main, S. 201

Grafik S. 172:
Aus Baumer, Hans (1978): *Sferics. Die Entdeckung der Wetterstrahlung.* Rowohlt, Hamburg, S. 187